# L'ESPRIT
## DANS L'HISTOIRE

# LIBRAIRIE DE E. DENTU, ÉDITEUR

### PALAIS-ROYAL

## DU MÊME AUTEUR :

L'Esprit des autres recueilli et raconté, 6ᵉ édition.
1 vol. in-18 . . . . . . . . . . . . 5 fr. »
La Comédie de Jean de la Bruyère. 2 vol. in-18   6 fr. »
Histoire du Pont-Neuf. 2 vol. in-18 . . . 6 fr. »
Le Vieux-Neuf. Histoire ancienne des inventions et découvertes modernes. 3 vol. in-18 . . . . 15 fr. »
Paris-Capitale, 1 vol in-18 . . . . . . 3 fr. 50

Paris. — Typ Ch. Unsinger, 83, rue du Bac.

# L'ESPRIT

## DANS L'HISTOIRE

### RECHERCHES ET CURIOSITÉS

## SUR LES MOTS HISTORIQUES

PAR

### ÉDOUARD FOURNIER

QUATRIÈME ÉDITION

PARIS

E. DENTU, ÉDITEUR

LIBRAIRE DE LA SOCIÉTÉ DES GENS DE LETTRES

PALAIS-ROYAL, 15-17-19, GALERIE D'ORLÉANS

1882

Tous droits réservés.

# L'ESPRIT DANS L'HISTOIRE

I

Je veux tenter de faire aujourd'hui, pour les *mots* soi-disant *historiques* qui courent par le monde et dans la plupart des ouvrages sur l'histoire de France, ce que j'ai entrepris pour les *citations* dans le petit livre *l'Esprit des autres*. Je veux encore ici, mais dans une matière plus sérieuse, tâcher de rendre à chacun ce qui lui appartient, et surtout de lui enlever ce qui ne lui appartient pas ; car, je le prévois d'avance, j'aurai plutôt à dépouiller le mensonge qu'à enrichir la vérité. Heureusement celle-ci trouve surtout son compte dans chaque erreur que l'on détruit. Elle gagne tout ce que l'autre perd.

II

Je me donne là, je le sais, un labeur rude et téméraire ; cependant, tant est vif mon désir de démolir le faux et d'arriver au vrai, tant est grande ma haine pour les banalités rebattues, pour les héroïsmes non prouvés, pour les scandales et pour les crimes sans authenticité, je voulais étendre ce petit travail bien au-delà des limites que je me suis définitivement assignées, et qui sont celles de l'*histoire de France*.

C'est à l'histoire tout entière que je voulais d'abord me prendre, principalement pour les époques anciennes, les beaux temps des mensonges ; mais j'ai reculé devant ce grand effort, après l'avoir un peu mesuré.

J'avoue toutefois qu'il m'en coûte d'y renoncer et de circonscrire ma tâche. Il eût été si bon de dauber d'importance sur ces immortelles erreurs ! Refaisant en grand le livre ébauché au XVIIe siècle par l'abbé Lancelotti, *Farfalloni de gli antichi historici* [1], j'aurais trouvé tant de plaisir et peut-être tant d'honneur à émietter l'un après l'autre tous ces menus mensonges de l'antiquité, toutes ces fables légendaires du moyen âge, nos siècles héroïques à nous autres gens des temps modernes : je me serais si bien complu à repasser, flambeau en main, à travers ces ombres menteuses, qui ne se sont faites si épaisses et si impénétrables que pour mieux cacher des erreurs, que pour voiler plus sûrement de faux héros !

[1]. *Venezia*, 1636. — Il en parut chez Costard, en 1770, sous ce titre : *Les Impostures de l'histoire ancienne et profane*, 2 vol. in-12, une traduction due à l'abbé J. Oliva, et revue par le président Rolland et Charpentier sur le manuscrit cédé à Costard par Luneau de Boisjermain (Barbier, *Dict. des Anonymes*, 2º édit., t. II, p. 166). — Baudelot, dans sa querelle avec l'abbé de Vallemont (*V. Mém.* de d'Artigny, t. II, p. 221), attaqua vivement Lancelotti pour son livre, mais l'abbé le défendit bien (*Réponse à M. Baudelot*, 1705, in-12, p. 57) : « Les *Farfalloni* de Lancelotti, dit-il, sont un livre des plus agréables, et ils renferment une critique fine, judicieuse et savante. Rien n'est plus sensé que son système, par lequel il pose que les plus exacts et les plus sages des anciens historiens contiennent des faits ridicules, et qu'il faut mettre au rang des contes les plus fabuleux. »

J'aurais, par exemple, abordé franchement l'histoire grecque. J'aurais dit à l'égyptien Cécrops : Vous en avez menti quand vous avez prétendu que vous veniez d'Égypte ; au phénicien Cadmus : Il n'est point vrai que vous soyez arrivé de Phénicie [1]. J'aurais cherché ce qu'il faut croire de la grande affaire des Thermopyles [2]. M'aventurant dans une autre série de souvenirs, j'aurais dit à Ésope son fait ; tout au moins l'aurais-je dépouillé de sa bosse proverbiale, et cela de par l'autorité tout académique de M. de Méziriac [3]. Pour le procès que les fils de So-

1. Pour ces deux faits, *V. De la Colonisation de l'ancienne Grèce*, par Henri Schnitzler, dans le tome Ier de la *Littérature grecque*, par Schœll.

2. *V.*, à ce sujet, l'introduction au *Voyage du Jeune Anacharsis*, 1re édit., p. 134 et p. 252, note VII°. L'abbé Barthélemy prouve qu'au lieu de trois cents hommes, c'est sept mille au moins que Léonidas commandait, selon Diodore ; et même douze mille, s'il fallait en croire Pausanias. Voyez aussi un curieux article du *Magasin pittoresque*, juin 1844, p. 190. Le combat des trois cents Spartiates y est mis au rang des préjugés et des erreurs historiques, ainsi que le fameux *colosse de Rhodes*.

3. *Vie d'Ésope*, dans les *Mémoires* de Sallengre, t. I, p. 91. — *Dict. de Bayle*, in-fol., t. IV, p. 389. — Bentley, *Dissertation sur les Fables d'Ésope*. — Un autre *bossu* d'esprit, le jongleur Adam de la Halle, se trouve avoir été non moins gratuitement paré de l'éminence ésopique. Dans une de ses pièces, *C'est du roi de Sézile* (mss. de La Vallière), il dit de lui-même :

On m'appelle *bossu*, mais je ne le suis mie.

phocle firent à leur père ¹, j'en aurais appelé devant la Vérité. Je me serais encore curieusement enquis de ce qu'était Sapho, et peut-être aurais-je ramené son fameux suicide du saut de Leucade à la réalité toute prosaïque d'une mort très naturelle ². J'aurais voulu chercher un peu ce qu'il y a de vrai dans l'histoire de Denys le Tyran devenu maître d'école à Corinthe ³, et aussi dans la fameuse lettre que Philippe aurait écrite à Aristote pour le charger de l'éducation de son fils Alexandre ⁴ : serrer de près, en

Simple erreur de *forme*. Ce qui est plus grave, c'est celle de M. Beuchot, qui, dans sa *Biographie universelle*, confond le trouvère Adam de la Halle avec le chanoine Adam de Saint-Victor, mort cent ans auparavant.

1. *Mélanges* de Malte-Brun, t. III, p. 55.
2. *Les Saisons du Parnasse*, t. VI, p. 164. — *Sapphonis Mytilenææ Fragmenta*, par C.-F. Neue, 1827, in-4°. — M. J. Mongin, dans son remarquable art. *Sapho* de l'*Encyclopédie nouvelle*, a dit : « L'histoire merveilleuse du jeune Phaon, telle que la rapporte Polyphatus, et la *tradition du saut de Leucade* sont des récits populaires qui ne manquent pas, je crois, d'une certaine antiquité; mais c'est après coup, et au temps de l'épicuréisme qu'ils auront été rattachés au nom de Sapho. Pour ce qui est au moins du saut de Leucade, la chose m'est évidemment prouvée. »
3. *V.* le curieux travail de M. Boissonade, *Notice des Manuscrits*, t. X, p. 157 et suiv.
4. M. Egger, dans un article du *Journal des Savants* de 1861, a coulé à fond cette anecdote, ainsi que la plupart des faits sur lesquels s'était appuyé l'allemand R. Geier pour écrire près de 250 pages avec ce titre : *Alexandre et*

compagnie de MM. Littré, Rossignol et Paul de Rémusat, l'histoire d'Hippocrate refusant les présents d'Artaxercès [1]; voir ce qu'étaient le prétendu tonneau [2] de Diogène et sa fameuse lanterne [3], enfin mille autres choses encore; car je ne détaille ici,

*Aristote dans leurs rapports réciproques, d'après les documents originaux.*

1. « Rien n'est mieux établi, dit M. Littré, que la fausseté de toute cette histoire, concernant Hippocrate et le roi des Perses. » (*Œuvres* d'Hippocrate, t. I, p. 429.) — « Le seul fondement de ce récit est la prétendue correspondance d'Hippocrate et du roi de Perse, par l'intermédiaire du satrape Histanès. Ces lettres sont l'œuvre d'un faussaire. » (P. de Rémusat, *Les Sciences naturelles*, in-18, p. 140.) Ce qu'on savait de la vie d'Hippocrate, qui fut vraiment le médecin des pauvres ; ce que l'on connaissait « de l'exclusion absolue des riches et des grands de sa clientèle hippocratique », ainsi que l'a dit M. Rossignol, a donné lieu à ce conte. (*Journal de l'Instruction publique*, 7 juillet 1858, p. 427.)

2. Spon, *Miscellanea*, p. 125. — *Notices et Extraits des manuscrits*, t. X, p. 133-137. — Spon a donné, d'après un monument ancien, la figure de l'amphore fêlée dans laquelle Diogène s'était fait un gîte. Elle a été reproduite à la p. 50 du t. I de notre *Histoire des hôtelleries et cabarets*.

3. Les lanternes existaient, puisqu'il en est parlé dans l'*Agamemnon* d'Eschyle (v. 284) et dans un fragment d'Aristophane, cité par Pollux (*Onomasticon*, l. IX, 2, 26); mais cela ne suffit pas pour la vérité de l'anecdote. Diogène Laërce n'en a pas parlé, et par conséquent je n'y crois guère. M. Ch. Loriquet est de mon avis. (*Essai sur l'Éclairage des anciens*, Reims, 1853, in-8°, p. 34.)

bien entendu, que le très maigre sommaire de mon programme.

Pour l'histoire romaine, j'aurais fait bien davantage, sans même avoir besoin de recommencer les destructions historiques de Niebühr, ni ces profanations dont s'indignait Ampère, lorsqu'il voyait par exemple ce qu'on aurait voulu faire, en Allemagne, de l'histoire de Lucrèce : « Il y a, dit-il[1], des savants allemands qui ont supposé que Lucrèce, vraiment coupable, s'était tuée pour se dérober au jugement de ses proches. C'est, ajoute-t-il, renouveler le crime de Sextus, comme Voltaire, en souillant le nom de Jeanne d'Arc, a imité les soldats qui voulurent la déshonorer dans sa prison. La pureté de la Pucelle d'Orléans, la chasteté de Lucrèce font partie du trésor moral de l'humanité. »

C'est aussi juste que bien dit, la légende de Lucrèce n'aurait donc certainement eu à craindre de ma part aucun attentat.

Pour beaucoup d'autres, dans l'entreprise de rectification dont j'esquisse le sommaire, ma discrétion n'eût pas été si grande.

J'aurais tâché de prouver le fort et le faible de la *légende* des Horaces et des Curiaces [2], ainsi que la

[1]. *L'Histoire romaine à Rome*, 1855, in-8°, t. II, p. 242.
[2]. *Magasin pittoresque*, juin 1844, p. 190. — Du temps

fausseté de l'invention intéressée à laquelle l'imaginaire Mucius Scævola dut une immortalité dont les réfutations de Beaufort auraient dû avoir raison depuis cent trente ans déjà [1].

Dans l'histoire des fils de Brutus envoyés à la mort par leur père, j'aurais montré sans peine le crime et la férocité où l'on a cherché la vertu et la force d'âme [2]; dans celle de Virginie et d'Appius

---

même de Tite-Live, on était déjà si peu sûr de la vérité du fait, que l'historien écrit : « On ne sait auquel des deux peuples appartenaient, soit les Horaces, soit les Curiaces. » (*Décades*, liv. I, ch. xxiv.) M. H. Taine constate cette incertitude de Tite-Live, et peu s'en faut qu'il ne l'en félicite : « Il est encore mieux en garde, dit-il, contre la vanité d'auteur, que contre les préférences du citoyen. Il avoue librement ses incertitudes et ses ignorances, ne voulant point paraître plus instruit qu'il n'est, ni affirmer au delà de ce qu'il sait. » (*Essai sur Tite-Live*, 1856, in-18, p. 46.)

1. Beaufort, *Dissertation sur l'Incertitude des cinq premiers siècles de Rome*, 1738, in-8°, p. 330. — « A chaque page, écrit d'après lui M. H. Taine (*Essai sur Tite-Live*, p. 93-94), on reconnaît d'anciennes légendes, inventées ou embellies par amour-propre : celle de Mucius Scævola, par exemple. Les Mucii plébéiens trouvèrent commode de se donner une origine patricienne, et d'expliquer leur surnom de Scævola. » — Bien avant Beaufort, Catherinot avait eu raison de ce mensonge. (*V.* ses *Opuscules*, in-4, t. II.)

2. *Bibliotek fur Denker...* 1786. — *Esprit des journaux*, juin 1786, p. 414.

Claudius, qui est une question de droit [1] autant qu'une question d'histoire, je me serais mis en peine de savoir qui a dit vrai de Denis d'Halicarnasse ou de Tite-Live ; et, pour une fois, c'est celui-ci peut-être qui se serait le plus rapproché de la vérité [2], en s'éloignant le moins de la vraie question juridique, si utile à bien connaître dans cette affaire, comme dans celle des Gracques [3].

1. M. de Caqueray, professeur de Droit romain à la faculté de Rennes, a donné *l'explication juridique du récit de Tite-Live* dans le *Journ. génér. de l'Instruction publique* du 30 avril 1862, p. 301-303.

2. On peut consulter à ce sujet une excellente brochure de 96 pages in-8°, publiée à Vienne en 1860, sous ce titre : *Der Prozess der Virginia*. L'auteur, M. V. Puntschard, prouve que le récit de Tite-Live est le seul authentique, le seul croyable.

3. On ne comprend l'action des deux Gracchus qu'en sachant bien ce qu'ils demandaient. Qu'était-ce que leur *loi agraire ?* une simple et très juste revendication. L'*ager publicus*, propriété commune de la plèbe latine, avait été peu à peu usurpé par quelques grandes familles pour créer les *latifundia*, dont la culture, livrée aux esclaves, excluait les travailleurs libres. Au nom de la plèbe spoliée, les Gracques réclamèrent l'*ager publicus* usurpé. Voilà leur crime, on devrait dire leur vertu. Ils furent vaincus, et l'*ager publicus* périt avec eux, au profit des grands propriétaires qui furent la plaie de l'Italie. Pline avait bien raison de dire : *Latifundia perdidere Italiam*. V. sur tout cela un très bon article de M. Rapetti, *Moniteur*, 9 juillet 1862.

J'aurais aussi étudié à fond dans son mensonge probable la fable héroïque de Régulus[1]. Je me serais ingénié, avec Montesquieu, de découvrir ce qu'il y a de vrai ou plutôt de complètement faux dans l'opinion qui accuse Annibal d'avoir commis une lourde faute en n'attaquant pas Rome après la bataille de Cannes, et en s'allant perdre dans les délices de Capoue[2]. J'aurais voulu voir, en compagnie de Dutens, s'il fut possible au héros carthaginois de fondre des rochers avec du vinaigre[3], et si

---

1. *V.* une *Dissertation* de M. Rey dans les *Mém. de la Société des antiquaires*, t. XII, p. 154-162. — « Tite-Live atteste le fait », lit-on dans Moréri (art. RÉGULUS) : or, la *décade* où Tite-Live en aurait pu parler est perdue ! L'erreur vient de Cicéron et de Florus. Polybe, « si voisin des faits, si exact », et qui, ayant ainsi plus d'autorité, aurait dû obtenir plus de créance, proteste, sur ce point, par son silence. — « Si l'on pouvoit, dit Beaufort, conjecturer le vrai à travers tant de contes, on trouveroit peut-être que ce supplice de Régulus fut supposé pour excuser celui que ses fils firent subir aux prisonniers carthaginois. » (*Dissertat. sur l'Incertitude des cinq premiers siècles de Rome*, p. 436.) Beaufort n'est guère connu chez nous. Les Allemands en ont profité pour nous faire croire que ce qu'ils lui prenaient venait d'eux. C'est de Beaufort et de Lévesque que Niebuhr est sorti. *V.* à ce sujet un article de Ch. Labitte, dans la *Revue des Deux-Mondes*, 1er oct. 1840, p. 135.

2. Montesquieu, *Grandeur et décadence des Romains*, ch. IV.

3. *Dutensiana*, p. 35. — *V.* aussi : Eus. Salverte, *Les Sciences occultes*, édit. Littré, p. 448, et l'*Intermédiaire*, année

le même dissolvant fut assez énergique pour réduire en liqueur l'une des perles qui pendaient aux oreilles de Cléopâtre [1]. Je me serais fait un devoir d'élucider, après le savant Mongez [2], ce qu'il y a de fausseté romanesque dans le récit de Claudius Donatus, qui veut qu'Octavie soit tombée pâmée de douleur en écoutant Virgile lui lisant le *Tu Marcellus eris*. Je vous aurais aussi fait prouver, par un très curieux passage de Bulwer, comment Archimède ne dut pas dire : « Donnez-moi un point d'appui, et avec un levier je remuerai le monde : » il était trop grand mathématicien pour cela [3]. M. Alfred Maury, invo-

---

1864, p. 143, 175. — M. Rey a publié, dans le *Recuei industriel de Moléon* (1828), une *Dissertation sur l'emploi du vinaigre à la guerre.*

1. *V.* la traduction du livre de J. Oliva, cité plus haut, p. 3. — La manière dont mourut Cléopâtre a été aussi mise en question. M. Georges, de Château-Renard, la prit, en 1846, pour sujet d'une étude présentée à la *Société des Belles-Lettres d'Orléans*, et analysée dans le 7ᵉ volume, p. 64-79, des *Mémoires* de cette Société, par M. L. de Sainte-Marie, dont voici la conclusion : « Comme M. Georges, nous pensons que la reine et ses femmes eurent recours au poison dans un breuvage. »

2. *Moniteur* du 10 août 1819, et *Mém. de l'Acad. des Inscript.*, nouv. série, t. VII. M. Quatremère lut à la même Académie un Mémoire qui condamnait celui de Mongez.

3. *Revue de Paris*, août 1833, p. 210 : ce qu'y dit Bulwer n'est que la reproduction d'un très curieux calcul de Fergusson, *Astronomy explained*, London, 1803, in-8°, ch. VII,

qué à propos, serait venu vous démontrer que César ne dit pas et ne put pas dire au pilote qu'effrayait la tempête: *Quid times? Cæsarem vehis* (Pourquoi craindre? tu portes César) [1], et Lebeau [2], tout classique qu'il est, m'eût aidé à prouver très facilement que la disgrâce de Bélisaire et son aveuglement, sur lequel nous nous sommes tant apitoyés, sont, en dépit du poëte J. Tzetzès, encore du roman dans l'histoire. J'aurais enfin passé au crible les vertus de Scipion l'Africain : sa fameuse continence, exa-

---

p. 83. — On va répétant qu'Archimède, lorsqu'il eut trouvé la fameuse vis qui porte son nom, courut dans Syracuse en criant : *Eurêka*. C'est lorsqu'il eut découvert *la gravité spécifique*, à l'occasion de la couronne de Hiéron, qu'il poussa ce cri triomphant. Une autre question a souvent été posée aussi au sujet d'Archimède. A-t-il incendié la flotte romaine avec des miroirs? Un article du *Magasin Encyclop.* (1802, t. II, p. 534) a traité ce point avec esprit et savoir.

1. *Revue de Philologie,* vol. I, n° 3, et *Revue de Bibliographie,* avril 1845, p. 331. — M. Maury se demande pourquoi César n'en a pas parlé dans ses *Commentaires*; puis il prouve qu'en effet, vu le peu de vérité de l'aventure, il lui eût été assez difficile d'en faire mention. Napoléon n'y croyait pas non plus et s'en moquait. (*Souvenirs diplom.* de lord Holland, tr. franç., 1851, in-12, p. 233.)

2. *Hist. du Bas-Empire,* l. XLIX, ch. LXVII. — *V.* aussi le P. Griffet, *Traité des différentes sortes de preuves qui servent à établir la vérité de l'histoire,* 1770, in-8°, p. 194.

minée ainsi d'un peu près, eût peut-être couru de grands risques [1].

Quant à quelques autres contes, comme celui de Porcia qui se tue en avalant des charbons, il m'eût suffi d'en prouver l'invraisemblance [2]. Le possible est l'important. Si l'on prouve par exemple que Julien, blessé à mort, n'eut la force que de pousser quelques cris inarticulés, on n'aura plus besoin de disserter longuement pour savoir laquelle des deux phrases : « Tu as vaincu, Galiléen! » ou celle-ci : « Soleil, tu m'as trompé! » il prononça en mourant. On mettra tout le monde d'accord, en faisant voir qu'il ne put rien dire [3]. Or, pour Julien, comme pour

---

1. *V.* un fragment des *Annales* de Valerius, dans les *Noctes Atticæ* d'Aulu-Gelle, liv. VI, ch. VIII. — Napoléon rangeait encore ce conte parmi « les niaiseries historiques, ridiculement exaltées par les traducteurs et les commentateurs. » (*Mémorial de Sainte-Hélène*, sous la date du 21 mars 1816.)

2. C'est ce qui a déjà été fait dans le *Carpenteriana*, 1741, in-8°, p. 159-161. Martial dit que Porcia s'étouffa en avalant les cendres du foyer ; cela du moins est possible. La vérité n'est pas toujours aussi heureuse avec ce poète. Elle est plus souvent altérée que rétablie dans les *épigrammes* qu'il a faites sur des événements ou sur des mots historiques. C'est lui qui a gâté, par exemple, le mot qu'Arria dit à Pœtus. (*V.* une note du *Tacite* de l'édit. Nisard, p. 514.)

3. M. Albert de Broglie est de cet avis, dans son excellent travail sur Julien (*Correspondant*, 25 fév. 1859, p. 295-

Desaix, quinze siècles plus tard, c'est ce qu'il y a de plus probable.

Plus d'un grand homme eût perdu à mon analyse quelque vertu peu authentique, quelque belle parole devenue célèbre sans contrôle ; en revanche, il serait arrivé aussi que les maudits de l'histoire, à la scélératesse plus fameuse que suffisamment prouvée, se seraient souvent bien trouvés de mon examen, et en seraient sortis déchargés de quelques crimes. Il y aurait eu ainsi compensation, et d'ailleurs, comme a dit Lessing, « il faut rendre justice même au diable. »

Je ne réponds point, par exemple, que Néron, bien que je n'eusse pas refait, en sa faveur, le plaidoyer de Cardan [1], n'eût pas été quelque peu innocenté ; mais ce qui est tout à fait certain, c'est que, par la haute autorité de Heyne [2], *le farouche* Omar — l'épithète est consacrée — serait sorti absous du

---

300). — Il existait déjà, sur ce sujet, une dissertation de Christ.-Aug. Heumann : *Dissertatio in quâ fabula de Juliani voce extremâ :* VICISTI, GALILÆE, *certis argumentis confutatur, ejusque origo in apricum profertur.* Gœtting., 1740, in-4°. « *In apricum* » doit se traduire par *lumineusement*.

1. Je veux parler de son curieux traité : *Neronis Encomium*. Amsterd., Blaeu, 1640, in-12.

2. *Opuscula Academica*, t. I, p. 129, et t. VI, p. 438.

grand crime qui l'a rendu fameux : l'incendie de la bibliothèque d'Alexandrie. Ici, je trouve deux impossibilités pour une : Omar ne vint pas à Alexandrie ; et s'il y fût venu, il n'eût plus trouvé de livres à brûler. La bibliothèque avait cessé d'exister depuis deux siècles et demi [1] !

Dans les temps les plus rapprochés de nous, que de fables dignes des temps anciens j'aurais trouvées encore : ainsi la fameuse phrase, *e pur' si*

---

[1]. Avant Heyne, Renaudot et Gibbon avaient justifié Omar de cet acte de vandalisme, mais on ne prit pas la peine de les écouter, pas plus qu'on n'écouta Heyne, pas plus qu'on ne m'écouta moi-même pour ce que j'avais dit à ce sujet dans la première édition de ce livre. Six mois après qu'il avait paru, en mars 1857, M. le baron Ch. Dupin, rendant compte, à l'Académie des sciences, des Mémoires de MM. Linant-Bey, Paulin Talabot, etc., sur le canal maritime de Suez, écrivit : « Omar, le compagnon de Mahomet, ayant conquis la vallée du Nil, son lieutenant Amrou lui présenta l'idée d'un canal direct de Suez à Peluze... Mais, ajouta M. Ch. Dupin, un conquérant ignare, qui brûlait la bibliothèque d'Alexandrie, cet esprit borné n'était pas fait pour comprendre une si grande idée. » Or, Omar ne conquit pas la vallée du Nil ; Amrou ne lui présenta pas le plan d'un canal, puisque ce canal existait déjà, et qu'il n'y eut besoin que de le nettoyer, ce qu'Amrou fit faire en effet ; Omar enfin, nous l'avons dit, ne brûla pas la bibliothèque d'Alexandrie. En tout cela, c'est la plus grosse erreur ; et, comme l'a fort bien dit M. Tamizey de Larroque, il n'est pas pardonnable à un académicien de l'avoir répétée. (*La Correspondance litté-*

*muove*, que Galilée ne dit pas, et ne put pas dire [1] ;
l'épisode de sa prison qui, tout bien examiné, se
réduit à quelques jours d'une assez bénigne captivité
dans le palais d'un ambassadeur ami [2], puis dans les

raire, 5 fév. 1858, p. 84.) On a trop médit aussi des
Barbares, notamment des Vandales ; Rome, après leur
passage, était encore magnifique et peuplée de monuments.
(*V.* le *Mémoire* de l'abbé Barthélemy *sur les anciens monuments de Rome*, et surtout un très curieux article de
M. Ampère, *Revue des Deux-Mondes*, 15 nov. 1857, p. 228-
229.) — Les Barbares n'ont détruit dans Rome que l'empire romain ; il est vrai que cette ruine entraîna peu à peu
toutes les autres.

1. Aucun des personnages contemporains les mieux informés ne lui attribue ces paroles, et ce qu'on sait de ses
aveux et de ses renonciations éloigne toute idée qu'il eût
osé même dire ces quatre mots. (Biot, *Mélang. scient. et
litt.*, t. III, p. 44.)

2. Barbier, *Examen critique des Biographies*, t. I, p. 365.
*V.* aussi Libri, *Hist. des sciences en Italie*, t. IV, p. 259 et
suiv. ; Biot, *Mélang. scient. et litt.*, t. III, p. 18, 19, 24,
28, 32, et l'ouvrage de M. Philarète Chasle, *Galileo Galilei, sa vie, son procès et ses contemporains*, liv. III. Ce livre
a soulevé de vives critiques, mais aucune, même la plus
nette, celle de M. Trouessard dans la *Revue de l'Instruction
publique* (6 mars 1862, p. 778-782), n'a suffisamment
prouvé que le fait qui nous occupe, et que M. Chasle a
nié, comme nous, ne fût pas niable. La publication posthume du docteur Parchappe, continuée par son ami
M. Fréd. Baudry, *Galilée, sa vie, ses découvertes et ses travaux*, n'a pu davantage arriver à une conclusion contraire,
ainsi que M. Ernest Renan lui-même en est convenu dans
les *Débats*. — Ce qu'on a dit de la prison du Tasse n'est

plus beaux appartements du Saint-Office; ainsi encore toute l'histoire des *Vêpres siciliennes*, notamment l'épisode du médecin Procida, qui, bien loin d'être le chef du massacre, ne put même pas y prendre part[1]; quelques aventures de Christophe Colomb aussi : la fable de l'œuf qu'il aurait brisé pour le faire tenir debout[2]; l'anecdote de ses trois jours d'attente et d'angoisses au milieu de l'équipage menaçant auquel il a promis la terre, petit drame très émouvant dans le récit qu'en a donné Robertson[3], mais qui s'est trouvé n'être qu'un gros mensonge après l'examen qu'en a fait M. de Humboldt[4].

pas plus prouvé. Il suffit de lire les *Lettres* du poète pour voir que ce n'est qu'un mensonge attendrissant. Le Tasse était fou : on l'enferma, mais avec tous les égards possibles. Il eut de beaux appartements pour prison. (Valery, *Voyages en Italie*, 1833, in-8°, t. II, p. 93-95 ; et, du même, *Curios. et Anecd. italiennes*, 1842, in-8°, p. 271. V. aussi un article de M. P. Deltuf, *Rev. franç.*, 20 déc. 1858, p. 357-367.)

1. *Revue des Deux-Mondes*, 1ᵉʳ nov. 1843, p. 480-483. V. aussi un article d'Hoffmann dans le *Journal des Débats*, 1ᵉʳ déc. 1815.
2. Navarette, *Les Quatre Voyages de Colomb*, in-8, t. I, p. 116, et un article de M. Berger de Xivrey dans la *Revue de Paris*, 25 nov. 1838, p. 269.
3. *Hist. d'Amérique*, t. I, p. 117.
4. *Examen critique de l'histoire de la géographie du nouveau continent*, t. I, p. 245.

J'aurais encore cherché querelle au même Robertson pour tout ce qu'il a dit touchant le séjour de Charles-Quint au monastère de Yuste, son amour des horloges, son enterrement anticipé, etc., et mille autres fables dont il m'eût été d'autant plus facile d'avoir raison que les excellents livres de MM. Mignet et Amédée Pichot semblent publiés tout exprès pour m'aider dans cette réfutation [1]. Que vous dirais-je de plus ? Me prenant aussi corps à corps avec la légende de Guillaume-Tell, je l'aurais renvoyée parmi les contes du Danemark, comme on s'en avisa justement dès l'année 1760 [2]; et, ne croyant en cela faire tort qu'à un trop éternel mensonge et point du tout à une nation qui, pour perdre son héros traditionnel, n'en restera pas moins très héroï-

---

1. *V.* aussi dans le *Bull. de l'Alliance des Arts* (10 oct. 1843, p. 123), un article dans lequel on analyse avec grand soin la lettre écrite par M. H. Wheaton au secrétaire de l'Institut national de Washington, touchant ces erreurs de l'historien de Charles-Quint. M. Wheaton, dans sa réfutation, s'autorise de l'ouvrage de D. Thomas Gonzalez ainsi que des mss. de Quesa et de Velasquez de Molina, secrétaire privé de l'empereur. Mais l'ouvrage le plus excellent à consulter sur ce sujet est celui de M. Stirling, *Last days of Charles V.*

2. C'est le fils aîné de Haller, qui, dans un petit écrit intitulé *Fables Danisch*, essaya de prouver ainsi la fausseté du fait. Son livre, qui fut condamné au feu, est aujourd'hui très rare.

que, je n'aurais pris nul souci des brochures qu'ont publiées pour le revendiquer le baron de Zurlauben[1] et MM. X. Zuraggen[2] et J.-J. Hisely[3], non plus que de je ne sais quelle charte imaginée tout exprès par les jésuites de Fribourg[4].

1. Il publia à Paris, chez Vente, en 1767, une lettre in-12 intitulée *Guillaume Tell,* à propos de la tragédie de Lemierre, où il fit l'historique complet de ce qui aurait précédé et suivi la conspiration. *V.* le *Journal encyclopédique* du 15 av. 1767, p. 140.
2. *Vertheidigung der Wilhelm Tell,* Fluelen, 1824, in-8.
3. *Guillaume Tell et la Révolution de 1307,* etc., Delft, 1828, in-8.
4. *Bull. de l'Alliance des Arts,* t. III, p. 155. — La légende dont celle-ci n'est qu'une imitation transposée remontait à 965. On la trouve parmi les traditions populaires du Danemark recueillies par Saxo Grammaticus (Leipzig, 1771, p. 286). Haller, dans sa réfutation, *Fables Danisch,* s'appuyait surtout de cette similitude. (*V. l'Artiste,* juillet 1843.) — J'ajouterai que là-dessus les Suisses n'entendent pas raillerie. Il y a quelques années, dans une réunion de savants à Altorf, ville d'ailleurs assez mal choisie pour élever des doutes sur la réalité de Guillaume Tell, l'archiviste M. Schnelles, qui présidait, ayant contesté son existence, il y eut soulèvement de tous les savants du canton d'Uri, et presque émeute dans la ville, ce qui força M. Schnelles à décamper avec ses doutes. (*V.* le *Moniteur* du 20 sept. 1864.) — Selon M. Just Olivier, dans un article de la *Revue des Deux-Mondes* (15 mai 1844, p. 595), *Nouvelles Recherches sur Guillaume Tell* : « La légende, la poésie sont partout dans l'histoire de Tell : dans le premier mot qu'on dit de lui, dans le premier mot qu'il prononce, dans

L'histoire d'Angleterre m'aurait enfin fourni une très ample matière : par exemple, l'examen approfondi de la mort des enfants d'Édouard qui, selon Buck et Walpole [1], ne furent peut-être point assassinés par les ordres de Richard III ; la mort aussi du duc de Clarence, qui, bien qu'on le répète depuis quatre siècles sur la foi de Commines et d'un quatrain menteur, ne fut pas noyé dans un tonneau de malvoisie [2] ; le conte pittoresque de Cromwell se

l'orage sur le lac, comme dans la terrible épreuve proposée à son adresse. »

1. V. son livre, *Essai hist. et crit. sur la vie de Richard III*, traduit par M. Rey, Paris, 1819, in-8 ; *Lettres inédites de madame du Deffand*, 1859, in-8, t. I, p. 63, et une lettre de Voltaire à Walpole, à la suite du *Voltaire à Ferney* de M. Evar. Bavoux, 1860, in-8, p. 410.

2. John Bayley, *the Historie and Antiquities of the Tower of London*. — Paulmy, *Mél. d'une grande Bibliot.* (Lecture des poètes françois), t. IV, p. 319. — Michelet, *Hist. de France*, t. VI, p. 453. — Rabelais, liv. IV, ch. XXXIII, *ad fin.*, note de Le Duchat. — L'erreur, sur ce point, semble être venue de l'anecdote racontée par l'Anglais Fabyan, dont Commines, qui la répéta (liv. I, ch. VII), comprit mal le sens. Selon M. James Gardnair, qui, en 1857, reprit ce passage de Fabyan pour le commenter, c'est ainsi qu'il faudrait le lire : « Le duc de Clarence fut mis à mort secrètement, et son corps, enfermé dans une tonne qui avait contenu du malvoisie, a été jeté dans la Tamise près de la Tour de Londres. » V. pour les preuves de cette opinion très plausible, le *Mag. pitt.* de 1867, p. 95.

faisant ouvrir le cercueil de Charles I[er][1] ; la question si souvent débattue de l'exhumation du cadavre du sombre Protecteur et des ouvrages infligés à ses restes par l'ordre de Charles II [2]. Quoi donc encore ? L'anecdote funèbre de Young « dérobant une sépulture pour sa fille Narcissa aux catholiques de Montpellier, » mensonge mélancolique, dont la découverte de l'extrait de mort d'Élisabeth Lee (Narcissa) dans les archives de Lyon, où elle mourut réellement, démontra l'évidence [3] ; enfin l'histoire si intéressante et faisant si bien tableau, mais, hélas! si peu vraie, de Milton dictant à ses filles son *Paradis perdu*. Pour celle-ci, elle n'est pas même possible, puisqu'en effet Milton, selon Samuel Johnson, n'avait

1. Par le procès-verbal de l'ouverture du cercueil de Charles Ier, qui ne fut retrouvé que sous Georges IV, il paraît évident qu'il n'avait jamais été ouvert auparavant. (*Rev. britann.*, mars 1838, p. 179-181.)

2. *Gentlemen's Magazine*, mai 1825, p. 350. — Henry Halford, *Essays and Orations*.

3. M. Alfred de Terrebasse en a fait l'objet d'un intéressant article inséré dans la *Revue de Paris* (15 avril 1832, p. 176-180), et l'on trouve sur le même point, avec les mêmes conclusions négatives, une note de M. L. Benoît dans le *Bulletin de la Société de l'Histoire du protestantisme français*, nov.-déc. 1862, p. 463. — Lemontey, d'ordinaire si exact, avait autorisé et popularisé l'erreur. *Hist. de la Régence*, t. II, p. 150, note.

jamais voulu que ses filles apprissent à écrire [1] !

Oui, tout cela, certes, eût été excellent à développer dans la pleine lumière des preuves curieuses et imprévues ! Il faut pourtant, de toute nécessité, que je me l'interdise. Je me suis fait la promesse de ne toucher ni à l'*histoire ancienne*, ni à l'*histoire étrangère*.

L'histoire de France est aujourd'hui mon seul domaine; encore dois-je surtout m'en tenir à la réfutation des *mots* et n'aborder qu'incidemment celle des faits. C'est le mensonge *parlé*, et faisant pour ainsi dire axiome historique, que je prends à partie, plutôt encore que le mensonge en épisode et en action.

Le premier est le plus vivace des deux, et celui qui tient le plus profondément. Ailleurs les paroles volent; ici c'est tout le contraire, elles restent et s'incrustent; or Bacon a dit : « Ce n'est pas le mensonge qui passe par l'esprit, qui fait le mal, c'est celui qui y rentre et qui s'y fixe [2]. »

Les noms illustres sous le couvert desquels se faufile l'erreur augmentent son danger en ajoutant à sa fortune. On dirait qu'ainsi patronnée elle est

---

[1]. *Vie de Milton*, trad. franç., Paris, 1813, in-12, t. I, p. 95.

[2]. *Politique*, 2ᵉ partie, édit. de 1742, p. 18.

à l'abri de toute attaque, et que chacun doit lui tirer respectueusement son chapeau. Allez donc dire, par exemple, que Cromwell ne mourut pas de la pierre, après cette admirable phrase des *Pensées* de Pascal[1] : « Rome même alloit trembler sous lui, mais ce petit gravier, qui n'étoit rien ailleurs, mis en cet endroit, le voilà mort, sa famille abaissée et le roi rétabli. » Il fallait à M. Havet toute sa conscience de commentateur pour oser signaler une erreur sous cette éloquence[2] : il nous faut tout notre courage pour dire qu'il a bien fait.

Nous devons dire aussi que, bien que la vérité soit une, il y a mensonge et mensonge. Tous ne tirent pas également à conséquence. Il est même telles inventions qui, une fois reconnues pour ce qu'elles sont, me semblent devoir rester dans la circulation à cause des beaux exemples qu'elles propagent et de l'honneur qui en ressort pour l'humanité. En ce point la poésie, qui les transmet et les colore, est, je ne dirai pas, comme Aristote, « plus vraie que l'histoire, » mais aussi utile.

Il est bon que l'enfant, à qui s'adressent ces choses, ait de l'homme la meilleure opinion possible ; il faut donc, pour lui, recourir aux fables, et même lui

---

1. 2ᵉ partie, art. 6, § 7.
2. P. 39 de son édit. des *Pensées* de Pascal.

laisser croire que ce sont des vérités, jusqu'au temps où le spectacle des réalités humaines lui fera penser ou que l'homme est bien déchu, ou que ces belles choses ne furent jamais vraisemblables : « Les anciens historiens, dit Rousseau [1], sont remplis de vues dont on pourroit faire usage quand même les faits qui les présentent seroient faux... Les hommes sensés doivent regarder l'histoire comme un tissu de fables, dont la morale est très appropriée au cœur humain. » Puisque pour la morale et la règle du devoir, l'idéal n'est ainsi qu'en des mensonges sublimes, laissons passer ceux qui sont créés, et tirons-en des leçons que la vérité, telle que les hommes l'ont forcée d'être, ne saurait pas fournir. Tant pis pour l'humanité si rien n'est vrai de ce que l'on croit beau dans les actions humaines ! La meilleure preuve de notre infériorité, et du besoin que nous ressentons d'une nature supérieure, où le vrai sera enfin dans le beau et dans le grand, se trouve là.

Il est encore d'autres mensonges pour lesquels il convient d'être indulgent : ce sont ceux qui naissent d'eux-mêmes, comme les fleurs héroïques d'une époque dont ils transmettent couleur et parfum. Ils n'ont rien du mensonge officieux, créé par l'imagi-

---

[1]. *Émile*, édit. Pourrat, 1838, in-8, t. I, p. 307.

nation de celui dont il sert les intérêts; ils surgissent naturellement dans l'ardent esprit du peuple, et les légendes y trouvent une matière extensible et souple, tandis que l'histoire cherche où se prendre dans ce que lui apporte l'insaisissable et rigide vérité. Ils ne sont pas pour le souvenir fidèle, mais pour le sentiment charmé. Nés de l'imagination, c'est à elle qu'ils retournent pour l'aider à répandre la lumière et les couleurs sur les aridités du réel. Il leur suffit d'être conformes au génie du peuple dont ils grossissent les traditions, et à l'esprit du temps où ils naissent. M. Michelet[1] a dit d'un récit légendaire qui satisfaisait à toutes ces conditions : « Il peut bien n'être pas réel, mais il est éminemment, c'est-à-dire parfaitement conforme au caractère du peuple qui l'a donné pour historique. » Selon le même historien, inventer ainsi, dans le sens de la réalité, ce n'est pas commettre un mensonge.

Napoléon était du même avis, lorsque trouvant dans les tragédies de Corneille des héros supérieurs à ce qu'il leur était possible d'être, mais toujours

---

1. *Hist. romaine*, édit. belge, in-12, t. I, p. 257. — « Ces mensonges, dit aussi M. Valery, peignent l'esprit ou les mœurs d'une époque, et servent ainsi à la vérité. » (*Études morales, polit. et litt.*, 1823, in-8, p. 79.)

grandis d'après la mesure logique de leur caractère, et devenus par là, comme exemples, d'une vérité plus utile et plus rayonnante que la sèche vérité des historiens, il disait : « Moi, j'aime surtout la tragédie haute, sublime, comme l'a faite Corneille. Les grands hommes y sont plus vrais que dans l'histoire [1]. »

Mais inventer dans un intérêt de flatterie quelconque, ainsi que le fit Tite-Live pour embellir la nudité barbare des premiers temps de Rome [2], ou pour rendre plus illustre l'origine des familles patriciennes [3] ; faire de sa tâche d'historien un exercice oratoire, comme ce même Tite-Live, qui, la tribune

---

[1]. Villemain, *Souvenirs contemporains*, 1<sup>re</sup> partie, p. 226.

[2]. L'épisode de Porsenna, tourné par Tite-Live tout à la gloire de Rome, bien que, d'après Tacite (*Histoires*, liv. III, ch. 72) et d'après Pline, la ville se fût rendue à ce roi des Étrusques ; l'aventure d'Horatius Coclès, qui, suivant Polybe, eut pour dénouement la mort du valeureux borgne ; le combat singulier de Manlius Torquatus, qui ne doit avoir rien de réel, puisque Polybe n'en a pas parlé ; la prétendue victoire de Camille sur Brennus, lequel fut en réalité maître de Rome et ne partit qu'après l'avoir mise à rançon, tout cela rentre dans la catégorie des mensonges officieux dont je parle ici, de ces inventions fabriquées tout exprès pour la plus grande gloire de Rome.

[3]. Nous en avons eu déjà un exemple, à propos de Scævola. *V.* pour une foule d'autres, Michelet, *Hist. romaine*, édit. belge, t. I, p. 283-287.

aux harangues étant interdite, la transporta dans les *Décades,* « et fut historien pour rester orateur [1] ; » imaginer un fait pour se donner le plaisir d'une déclamation, ainsi qu'il est arrivé pour un discours prêté à Périclès [2] : voilà les véritables mensonges historiques. Aussi ne ferons-nous aucune grâce à ceux de ce genre que nous rencontrerons.

1. H. Taine, *Essai sur Tite-Live,* p. 9. — Montesquieu (*Grandeur et Décadence des Romains,* ch. v) disait à propos des bons mots prêtés à Annibal dans les *Décades* : « J'ai du regret de voir Tite-Live jeter ses fleurs sur ces énormes colosses de l'antiquité; je voudrois qu'il eût fait comme Homère, qui néglige de les parer, et qui sait si bien les faire mouvoir. » — Les harangues abondent moins dans Tacite, aussi sont-elles plus authentiques. On possède une preuve de son exactitude. Le discours de Claude au sénat, tendant à faire accorder aux Gaulois le droit d'admission parmi les sénateurs, a été retrouvé sur les tables de bronze découvertes à Lyon en 1528. Les paroles du prince y sont presque en tout point identiques à celles que Tacite lui a prêtées. (*Annal.,* l. XI, ch. XXIV.)

2. Cette harangue est celle qu'il aurait prononcée pour se défendre d'aspirer à la tyrannie, comme on l'en accusait. Elle n'a rien d'historique ; ce n'est autre chose qu'un de ces exercices oratoires qu'on faisait faire dans les écoles. Celui-ci nous vient de Pachymère. (Boissonade, *Anecdota græca,* t. V, p. 350.)

## III

Je viens de dire que je faussais compagnie à l'histoire ancienne; mais je vois tout d'abord qu'il faudra bien, malgré moi, que j'y revienne, car une bonne partie des *mots* qui font l'*esprit* de l'histoire de France, est dérobée à l'esprit des anciens. On a donné de la phrase une version tant soit peu rajeunie, on a déplacé la scène, changé les personnages, et le tour a été joué; et cela non pas une, mais vingt fois au moins. Nos historiens n'ont pas même eu le mérite d'inventer l'esprit qu'ils prêtaient à leur héros; ils l'ont pris tout fait dans quelque livre de langue morte, pour le faire courir à travers l'histoire vivante de leur temps.

L'exemple en cela leur venait des Romains. Dans

le bagage littéraire importé de Grèce à Rome, se trouva l'histoire toute faite. Il ne fallut qu'arranger à la romaine ce qui était à la grecque. Tite-Live et les autres s'en chargèrent. De cette manière, telle tradition qui figure dans les origines helléniques se retrouve plaquée sur les origines romaines.

L'héroïsme de Scævola, dont nous parlions tout à l'heure, est un plagiat fait à je ne sais quel héros grec célébré par l'historien Agatharcide [1]. Les trois Horaces et les trois Curiaces sont des Grecs déguisés en Romains et en Albins. Le combat dont on leur fait honneur eut pour véritables champions trois soldats de Tégée et trois de Phénée, dans une guerre qu'avaient entre elles ces deux petites villes d'Arcadie. Le récit du fait se trouve tout au long dans un fragment des *Arcadiques* de Démarate, conservé par Stobée [2]. « Il n'y manque aucune circonstance, dit M. Villemain [3], on y trouve jusqu'à l'amour de la sœur du vainqueur pour l'un des vaincus, et jusqu'au meurtre de cette sœur infortunée. »

1. *V.* la *Dissertation* de M. de Pouilly, *sur l'histoire des quatre premiers siècles de Rome,* dans les *Mémoires de l'Acad. des Inscript.*, ancienne série, t. VI, p. 26.
2. Id., ibid., p. 27.
3. *La République de Cicéron*, Paris, Didier, 1858, in-8, p. 147.

L'histoire de Romulus n'est qu'une version à peine modifiée de celle de Cyrus : « L'Astyage d'Hérodote, dit M. Michelet [1], craignait que sa fille Mandane ne lui donnât un fils. L'Amulius de Tite-Live craint que sa nièce Ilia ne lui donne un arrière-neveu. Tous deux sont également trompés. Romulus est nourri par une louve, Cyrus par une chienne. Comme lui, Romulus se met à la tête des bergers; comme lui, il les exerce tour à tour dans les combats et dans les fêtes. Il est de même le libérateur des siens. Seulement les proportions de l'Asie à l'Europe sont observées. Cyrus est le chef d'un peuple, Romulus d'une bande; le premier fonda un empire, le second une ville. » L'histoire de Curtius se retrouve dans les traditions phrygiennes, tout à fait semblable, ainsi qu'on en peut juger par le récit qu'en a fait Callisthène, qui vivait sous Alexandre, c'est-à-dire avant les premiers historiens de Rome [2].

Si l'histoire put être aussi complaisamment accommodée à la guise de tel peuple comme à celle de tel autre; s'arranger pour celui-ci après avoir servi pour celui-là, mais le plus souvent, il faut en convenir, à la condition de n'être vraie pour aucun des

---

1. *Hist. romaine*, édit. belge, t. I, p. 63.
2. *Mém. de l'Acad. des Inscript.*, t. VI, p. 27.

deux ; il est, à plus forte raison, tout naturel que les emprunts d'esprit, qui tiraient moins à conséquence, aient toujours pu se faire, d'un peuple à l'autre, avec la plus grande facilité. Le prêt d'une anecdote ou d'un mot devait moins coûter que celui d'un fait sérieux, d'un héroïsme, ou d'une tradition. Aussi les dettes de ce genre, que les faiseurs d'*Ana* nous ont fait contracter envers le passé, sont-elles sans nombre. Je ne parle pas seulement des facéties ordinaires, menues monnaies des conversations qu'on manie et qu'on fait circuler, sans regarder à la marque qui souvent est grecque ou romaine [1] ; mais aussi et surtout des paroles dont on a gratifié l'esprit des princes ou des grands hommes, et qui, en raison de l'importance de leurs modernes endosseurs, ont obtenu, sans contrôle et à perpétuité, droit de circulation dans l'histoire.

Voltaire s'aperçut de ces emprunts des anecdotiers, qui, acceptés par les historiens, ont jeté tant de fausse monnaie dans l'histoire. Il les en railla fort, lui qui, s'il n'eut pas en pareille affaire une

---

1. Pour un grand nombre de ces bons mots renouvelés des Grecs, nous renverrons au curieux *Ana* grec, le *Philogelos*, publié par M. Boissonade, à la suite des *Déclamations* de Pachymère, 1848, in-8. *V.* notamment les notes des pages 272, 280, 281, 284, 302.

conscience beaucoup plus rigoureuse, se donna du moins presque toujours la peine de créer de toutes pièces les belles paroles dont il fit honneur à ses personnages :

« Pour la plupart des contes dont on a farci les *Ana*, écrit-il à M. du M... [1], pour toutes ces réponses plaisantes qu'on attribue à Charles-Quint, à Henri IV, à cent princes modernes, vous les retrouvez dans Athénée et dans nos vieux auteurs. C'est en ce sens seulement qu'on peut dire : *Nil sub sole novum.* »

A cela Voltaire n'ajoute pas de preuves; mais, sans beaucoup de peine, nous allons pouvoir en donner pour lui.

---

1. *A M. du M..., membre de plusieurs académies, sur plusieurs anecdotes* (1774).

## IV

« Il n'appartient qu'aux tyrans d'être toujours en crainte. La peur ne doit pas entrer dans une âme royale. Qui craindra la mort n'entreprendra rien sur moi ; qui méprisera la vie sera toujours maître de la mienne, sans que mille gardes l'en puissent empêcher. »

Telles sont, entre autres belles paroles, celles que le bon Hardouin de Péréfixe, et après lui tous les griffonneurs du *Henriana*, de l'*Esprit de Henri IV*, etc., mettent bravement dans la bouche du chef de la dynastie bourbonienne, croyant sans doute lui faire beaucoup d'honneur. Ils n'arrivent pourtant qu'à transformer ainsi le grand roi en une sorte de perroquet à paraphrases. La longue période qu'ils lui font dérouler n'est que l'écho étendu de cette parole de Sénèque : *Contemptor suæmet vitæ, dominus alienæ*, « Qui fait bon marché de sa vie est maître de celle des autres. »

Ce n'est pas seulement pour des propos graves comme celui-ci que ces anecdotiers sont allés *gueuser*, au nom du Béarnais, dans les livres anciens; ils les ont aussi écrémés de paroles grivoises, qui, assaisonnées, épicées à la française, ont pu être mises avec plus de vraisemblance encore que le reste sur le compte de ce *diable à quatre*.

Nos jurés-experts en supposition d'esprit vous raconteront, par exemple, que Baudesson, maire de Saint-Dizier, ressemblait si fort au roi, qu'un jour qu'il était venu le complimenter, la garde, le voyant passer et le prenant pour Henri IV, battit aux champs. « Qu'est-ce à dire, sommes-nous deux Majestés céans? » s'écria le roi en mettant la tête à la fenêtre. On lui expliqua que sa ressemblance avec Baudesson, qui venait d'arriver, était cause de l'erreur et de l'aubade. Il le fit entrer aussitôt, et fut surpris tout le premier de se trouver un ménechme si parfait : « Eh! compère, lui dit-il avec son accent le plus gascon et le plus narquois, votre mère est-elle donc allée dans le Béarn? — Non, Sire, c'est mon père qui y demeura. — Ventre-saint-gris ! dit le roi gasconnant un peu moins, je suis payé. »

Maintenant, lisez Macrobe, au chapitre des *Saturnales* 1, qui rapporte les bons mots d'Auguste et les bonnes réponses qui lui furent faites, vous trouverez toute l'anecdote.... moins le *ventre-saint-gris* 2.

Je vous ferai grâce de cent autres de même espèce, sauf une seule pourtant, dont l'origine m'échappa longtemps et qu'il faut que je vous raconte.

Sully avait promesse du roi pour une audience. Il vient heurter à la porte du cabinet royal ; au lieu de le faire entrer, on lui dit que Sa Majesté a la fièvre et ne pourra le recevoir que dans l'après-dîner. Il se retire et va s'asseoir tout en grondant à quelques pas d'un petit escalier qui menait à la chambre du roi. Une belle jeune fille voilée, tout de vert vêtue, en descend bientôt furtivement et s'échappe. Le roi ne tarde pas à la suivre : « Eh! monsieur de Rosny, que faites-vous là ? dit-il un peu troublé à la vue de son ministre ; ne vous ai-je pas fait dire que j'avais la fièvre ? — Oui, Sire, mais elle est

---

1. Liv. II, ch. IV.
2. Elle avait déjà couru au moyen âge. *V.* A. de Montaiglon, *Anciennes poésies françaises*, t. IV. — Pour un mot du Dante qui fut prêté à Henri IV, *V.* le *Rabelais* de MM. Burgaut des Marets et Rathery, t. II, p. 378, note.

partie.... Je viens de la voir passer tout habillée de vert. » Le roi se sentit pris ; il lui frappa gaiement sur la joue, et ils s'en allèrent travailler.

S'il est quelque part une anecdote vraisemblable et bien faite suivant l'humeur de ceux à qui on la prête, c'est celle-ci certainement. J'ai donc été assez surpris d'apprendre qu'elle était supposée, comme tant d'autres. Elle se lit dans Plutarque [1], avec une petite différence conforme au goût des Grecs, et que le nôtre jugerait contre nature ; ce n'est pas tout, je vous dirai qu'à la prendre seulement telle qu'elle est ici, on la trouve, bien avant qu'Henri fût né, qui court déjà le monde, mise en *iambes* malins par un certain Hilaire Courtois, qui, bien que Bas-Normand, latinisait d'une assez jolie façon [2].

Oh ! le vraisemblable, le vraisemblable ! C'est la mort du vrai en histoire ; c'est l'espoir des mauvais historiens, et c'est la terreur des bons. Il ne faut pour la vérité ni deux poids ni deux mesures. Elle est nue ; qu'importe ! faites-la voir telle qu'elle est. Sa parole est franche jusqu'à la brutalité ; qu'importe encore ! laissez-lui sa brutale parole, et faites tout

---

1. *Vie de Démétrius*, ch. VI (*Œuvres* de Plutarque, trad. Pierron, t. IV, p. 246).
2. *Hilarii Cortesii Volantillæ*. Paris, 1533, in-12, p. 24.

pour qu'elle parvienne à tous. L'idéal, dont elle s'est trop parée, est un voile charmant sans doute; enlevez-le lui pourtant, et rendez-le, si c'est possible, à la poésie, qui, de nos jours, s'en est trop passée.

M. Renan a écrit[1] : « Au point de vue de la vérité historique, le savant seul a le droit d'admirer; mais au point de vue de la morale, l'idéal appartient à tous. Les sentiments ont leur valeur indépendamment de la réalité de l'objet qui les excite, et on peut douter que l'humanité partage jamais le scrupule de l'érudit qui ne veut admirer qu'à coup sûr. »

Ce n'est pas mon avis. L'exactitude, selon moi, n'est pas faite pour la dégustation exclusive des privilégiés. Ce qu'elle apporte d'utile doit profiter à tous. Sans elle, l'histoire n'a point d'enseignement pour l'humanité; et l'humanité ne doit être frustrée d'aucun des enseignements de l'histoire.

Aux derniers siècles, époque de la flatterie et des mensonges aristocratiques, on pouvait dire, à la grande indignation du P. Griffet[2] : « Le vrai est le sublime des sots; » mais aujourd'hui c'est différent. Voltaire alors pouvait se croire en droit d'écrire : « Il y a des vérités qui ne sont pas pour tous les

---

1. *Études d'hist. relig.*, 2ᵉ édit., p. 271.
2. *Traité des différentes sortes de preuves qui servent à établir la vérité de l'histoire*, p. 90.

hommes et pour tous les temps [1] ; » ou bien encore, à propos de certains faits de l'histoire de Russie : « Il n'est pas encore temps de les dire, les vérités sont des fruits qui ne doivent être cueillis que bien mûrs [2]. » La raison humaine a fait assez de progrès pour que ces réserves prudentes soient devenues inutiles. On peut aujourd'hui lui servir les vérités en primeur. Il faut surtout qu'elles lui arrivent sans avoir été frelatées d'aucune manière, et sans qu'on ait tenté de mettre à leur place le vraisemblable qui n'est que leur fantôme.

En cela, je me tiens à ce qu'a dit le P. Griffet : « Il n'y a de place dans l'histoire que pour le vrai, et tout ce qui n'est que vraisemblable doit être renvoyé aux espaces imaginaires des romans et des fictions poétiques [3]. »

Si, du moins, l'on n'en faisait abus que pour les bagatelles dont je parlais tout à l'heure, le mal serait petit et nous en ririons presque. Si l'on se contentait, par exemple, de perpétuer, sous le nom de François Ier, je ne sais quelle aventure de chasse qui quelques mille ans auparavant, avait été prêtée au

---

1. Lettre au cardinal de Bernis, du 23 avril 1764.
2. Lettre à la comtesse de Bassevitz, du 24 déc. 1761.
3. *Traité des différentes sortes de preuves*, etc., p. 42.

roi de Syrie Antiochus Sidètes[1], après avoir peut-être auparavant servi pour Nemrod, le grand chasseur; si tout le danger de ces sortes de suppositions consistait à faire répéter par Rabelais, riant dans son agonie, la parole de Demonax mourant : « Tirez le rideau, la farce est jouée[2]; » ou bien à faire dire encore, par un paysan, à Louis XIV, ce mot copié d'Apulée : « Vous aurez beau agrandir votre parc de Versailles, vous aurez toujours des voisins; » si l'on s'en tenait seulement aussi à renouveler pour Bassompierre et tels autres gens d'esprit certains mots de spirituelle paillardise qui avaient fait fortune cent ans avant eux, comme celui-ci sur la virginité : « Il est bien difficile de garder un trésor dont tous les hommes ont la clef[3]; » si même, en une question plus grave, l'on s'avisait, comme fit J.-B. Say, de prêter trop gratuitement à Christine de Suède, à pro-

---

1. Plutarque, *Apophthegmes*, édit. Didot, t. III, p. 121. — Rollin, *Hist. ancienne*, 1836, in-8, t. III, p. 27. — H. Estienne, *Précellence du langage françois*, édit. Feugère, p. 118.

2. C'est Freigius qui lui prêta le premier ce mot au t. I de ses *Commentaires sur Cicéron*. *V.* la lettre de Guy Patin à Spon, du 22 juin 1660.

3. Ce mot, dans le *Chevræana*, t. I, p. 350, est prêté à Bassompierre. Il se trouvait, bien avant que celui-ci fût né, dans le *Trésor du Monde*, Paris, 1565, in-12, liv. II, p. 59.

pos de Louis XIV et de la révocation de l'édit de Nantes, ce vieux mot fait tant de siècles auparavant pour Valentinien venant de tuer Aétius : « Il s'est coupé le bras gauche avec le bras droit [1]; » tout cela, encore une fois, ne tirerait pas à grande conséquence. Je pourrais m'en amuser, comme fit Léonard Salviati, lorsqu'il voulut prouver en se jouant que, pour les faits historiques, il suffit de ce vraisemblable que je honnis [2]. J'irais même jusqu'à dire comme Montaigne, à propos de hardiesses pareilles hasardées dans son livre : « En l'estude que je traicte des mœurs et mouvemens, les témoignages fabuleux, pourvu qu'ils soient possibles, y servent comme les vrais. » Le malheur, c'est que le même système d'invention et de supposition, la même méthode de prêts gratuits, de greffes ingénieuses qui font fleurir sur un nom l'esprit ou l'héroïsme germé sous le couvert d'un autre, c'est que toutes ces manœuvres du mensonge ont été mises en usage pour les choses les plus graves de l'histoire, aussi bien et plus souvent peut-être encore que pour ces frivolités, pour ces bagatelles : et cela, toujours à la grande joie du menteur qui tendait le piège, du mystifica-

---

1. J.-B. Say, *Traité d'économie politique*, t. I, p. 189.
2. *Il Lasca Dialogo, cruscata, ovvero barodosso di Mannozzo Rigogoli*. Firenze, 1606, in-8.

teur sournois qui riait sous cape du succès de son industrie, et s'en applaudissait d'autant mieux qu'il vous avait leurré pour une affaire plus sérieuse, et vous avait servi une bourde plus vide et plus inutile, au lieu d'une vérité nécessaire.

On ne trompe pas toujours son siècle; mais pour peu qu'on soit imprimé et qu'on ait mis un peu d'art à façonner ses menteries, l'on a pour soi tous les siècles qui suivent. La vérité se dit toujours la dernière, souvent même elle ne se dit pas du tout, tant il y a de gens qui sont de l'humeur timorée de Fontenelle et qui craignent d'ouvrir les mains. Le mensonge, fanfaron et bavard autant qu'elle est timide et muette, marche, court, vole cependant : l'avenir est à lui.

C'était bien l'espoir de cet impudent de Paul Jove, « lequel, dit Guil. Bouchet[1], estant blasmé de mensonge en son histoire, le confessa, adjoutant néantmoins qu'une chose le confortoit, qui estoit l'asseurance que dedans cent ans il n'y auroit escrit aucun, ne personne qui dist le contraire de ce qu'il avoit mis en son livre; et par ainsy que la postérité croiroit tout ce qui estoit couché dans son histoire. »

1. XIVᵉ *Sérée*, t. II, p. 57.

V

De notre temps, le roman a fait sa proie de l'histoire, et l'on a bien eu raison de s'en plaindre. Il n'agissait pourtant ainsi que par droit de légitime échange. Lorsqu'il s'arrangeait sur le domaine de la muse sévère un lot de petites vérités à transformer en mensonges, il ne faisait que lui rendre la pareille. Il s'y prenait avec elle comme elle s'y était prise avec lui, lorsque, levant sur son terrain une large dîme de romanesques inventions, elle en avait fait tout autant de bonnes vérités si bien viables, si solidement constituées, qu'elles courent encore.

« Petits poupeaux de lait, dit l'auteur du *Moyen de parvenir*[1], je vous avertis que vieilles folies devien-

---

1. Édit. de 1757, in-12, t. I, p. 132.

nent sagesses; et les anciens mensonges se transforment en de belles petites vérités dont vous savez extraire à propos l'essence vivifiante. »

Ce qui est fort bien dit, à ce point même que Beaumarchais ne crut pouvoir mieux dire, et prit tout le passage pour en grossir l'esprit de son Figaro[1]. Il pensa que la phrase était faite pour lui, et il s'en empara; elle était certes, vu la matière traitée ici, fort bien faite aussi pour nous, mais nous nous contentons de la citer.

1. « Depuis qu'on a remarqué qu'avec le temps *vieilles folies deviennent sagesses et qu'anciens petits mensonges assez mal plantés ont produit de grosses, grosses vérités*, on en a de mille espèces. » (*Le Mariage de Figaro*, acte IV, sc. I<sup>re</sup>.)

## VI

Les conteurs du moyen âge, prêtres ou laïques, ont semé, plus que personne, de ces beaux mensonges à destinée singulière, qui, soutenus d'âge en âge par la crédulité naïve, sont parvenus à se faire en pleine histoire une floraison inattendue.

C'est à l'un d'eux, le moine Jean, que l'on doit par exemple, la première version du joli conte que Collé prit de bonne foi dans l'histoire anecdotique et déjà presque légendaire du Béarnais, et dont il fit le fond de sa comédie : *La Partie de chasse de Henri IV*. Il s'imaginait, et de son temps quelqu'un pouvait-il le démentir? qu'il mettait en scène une aventure vraie dont il ne changeait ni l'époque ni le héros, tandis qu'en réalité il faisait sa pièce avec un conte qui datait du XIIe siècle, et dans lequel l'Angevin Geoffroy Plantagenet avait joué d'origine, et, comme on dit, *créé* le beau rôle [1].

Il en est de même pour la fameuse histoire du chien de Montargis, dont les faiseurs d'*Ana*, sur la foi du vieux Vulson de la Colombière [2], illustrent tout le règne de Charles V, croyant ainsi lui constituer ses meilleurs droits au surnom de *Sage* et au titre de *Salomon de la France*. La vérité, c'est qu'elle courait le monde bien avant que ce roi ne fût né. On la trouve dans la *Chronique* d'Albéric, moine des Trois-Fontaines [3], qui se termine à l'année 1241, c'est-à-dire un peu moins d'un siècle avant la naissance de Charles V.

Le moine, qui plus est, la donne comme bien antérieure à son temps, puisqu'il la fait se passer sous le règne de Charlemagne ; encore la raconte-t-il moins comme une vérité que comme une fiction : « C'est,

---

1. *Hist. de Geoffroy Plantagenet*, par le moine Jean, p. 26-40. — *Hist. litt. de la France*, t. XIII, p. 356. — Quand Geoffroy mourut, l'aventure échut à son fils avec le reste de son héritage. Dans une ballade anglaise sur ce sujet, c'est Henri II, fils de Geoffroy, qui joue son rôle. V. l'analyse de cette ballade dans le *Magasin pittoresque*, 1839, p. 345-347.
2. *Théâtre d'Honneur et de Chevalerie*, t. II, p. 300.
3. Hanovre, 1680, in-4, p. 105.

dit-il, une de ces fables tissues par les chanteurs gaulois, qui, bien qu'elles plaisent, s'écartent par trop de la vérité de l'histoire. Comme bien d'autres, elle a été composée en vue de gagner un peu d'argent. » Il disait vrai : l'un des romans dans lesquels elle fut intercalée en façon d'épisode, sans que les noms de Macaire et d'Aubry fussent changés, a été retrouvé, il y a deux ans, par M. Guessard, à la bibliothèque de Saint-Marc, à Venise [1].

En la voyant ainsi se promener de chansons en chansons, et de romans en romans, on peut juger de sa popularité, mais il ne semble aussi que plus difficile de fixer l'époque véritable où elle dut se passer, si toutefois elle eut jamais quelque réalité. Des chansons et des romans, elle fut tout naturellement transportée sur les images; on sait que son titre populaire, *Histoire du chien de Montargis*, lui vient de ce que la principale péripétie s'en trouvait figurée sur un bas-relief placé au dessus de la cheminée de la grand'salle du château de Montargis [2].

---

1. *Notes sur un manuscrit français de la Biblioth. de Saint-Marc*, par F. Guessard, 1857, in-8, p. 18. — La même histoire se trouve sous d'autres noms dans une version portugaise de *Tiran le Blanc*. V. à ce sujet, le *Bull. de l'Alliance des arts*, 25 mars 1843, p. 302-303.

2. On voit ce bas-relief vaguement indiqué sur la gra-

Montdidier, où l'on disait qu'était né le chevalier Aubry; Paris, où l'on racontait que le duel de son chien avec l'assassin Macaire avait eu lieu dans l'île Notre-Dame¹, s'étaient ainsi vu préférer, à cause du bas-relief, une ville qui n'avait autrement rien à faire en tout cela².

L'aventure de Pépin, abattant d'un seul coup de sabre la tête d'un lion furieux dans la cour de l'abbaye de Ferrière³, doit être aussi rangée parmi les contes dont on ne connaît pas le héros véritable; et pour lesquels chaque nation, chaque époque ont un acteur de rechange⁴.

---

vure que Du Cerceau a donnée de cette grand'salle dans ses *Villes et Châteaux de France*.

1. Le récit qu'on trouve dans le *Mesnagier* publié par M. J. Pichon, t. I, p. 93, ne lui donne pas d'autre champ clos.

2. *V.* encore, à ce sujet, Bullet, *Mythol. franç.*, p. 64. La gravité des gens qui citèrent ce débris de roman comme un fait historique contribua beaucoup à autoriser l'erreur. L'un des plus célèbres avocats du XVIIᵉ siècle, Cl. Expilly, ne se fit-il pas un jour une preuve juridique de ce combat du chien et de Macaire? *V.* son *Plaidoyer* XXX, et Bruneau, *Observat. sur les lois criminelles*, in-4°, p. 376.

3. *Monachus Sangallensis*, cap. XXIII.

4. Cette histoire se rencontre, par exemple, dans l'*Historia de las guerras civiles de Granada*, par Perez de Hita, et elle était, d'après le titre, *sacada de un libro arabigo y traducido en castellano*.

Celui-ci a été mis en cours par le moine de Saint-Gall, et n'en est pas plus respectable. Le bon religieux, en effet, est coutumier de mensonges ou tout au moins de suppositions historiques [1]. Sa *Chronique* n'est très souvent qu'un écho prolongé des commérages émerveillés de la légende.

Le savant historiographe de la Marine, M. Jal, l'a pris en faute pour un fait plus important que celui dont nous venons de parler, plus spécieux dans son mensonge, ce qui en accroît le danger, et, qui pis est, tout autant répété. Aussi M. Jal s'indigne-t-il moins contre le vieux moine, qu'il ne donne sur les doigts des routiniers qui, de nos jours encore, reprennent sans examen et perpétuent son conte. Voici ce fait, qui, tout d'abord, vous reviendra en mémoire, comme l'un des plus rebattus de vos souvenirs de collège. Nous le donnons tel que le raconte M. Michelet, à la page 57 d'un livre où il figure plus mal qu'en tout autre, puisque c'est le *Précis de*

---

[1]. C'est encore lui (*Des Faits et Gestes de Charles le Grand*, coll. Guizot, t. III, p. 247) qui renouvelle pour Pépin le Bossu, bâtard du grand Charles, le récit de l'aventure de Tarquin le Superbe abattant les têtes des plus hauts pavots de son jardin, etc. Enfin, M. Depping (*Rev. franç.*, 2ᵉ série, t. III, p. 262) l'a convaincu d'erreur pour la relation qu'il fait de l'ambassade d'Haroun à Charlemagne.

*l'histoire de France*, ouvrage d'éducation dans lequel des vérités triées et certaines devraient seules avoir place :

« Un jour, dit donc M. Michelet, d'après le moine de Saint-Gall, un jour que Charlemagne s'était arrêté dans une ville de la Gaule narbonnaise, des barques scandinaves vinrent pirater jusque dans le port. Les uns croyaient que c'étaient des marchands juifs, africains, d'autres disaient bretons ; mais Charles les reconnut à la légèreté de leurs bâtiments. « Ce ne « sont pas là des marchands, dit-il, ce sont de cruels « ennemis. » Poursuivis, ils s'évanouirent. Mais l'empereur s'étant levé de table, se mit, dit le chroniqueur, à la fenêtre qui regardait l'Orient et demeura très longtemps le visage inondé de larmes. Comme personne n'osait l'interroger, il dit aux grands qui l'entouraient : « Savez-vous, mes fidèles, pourquoi je « pleure amèrement ? Certes, je ne crains pas qu'ils « me nuisent par ces misérables pirateries ; mais je « m'afflige profondément de ce que, moi vivant, ils « ont été près de toucher ce rivage, et je suis tour- « menté d'une violente douleur, quand je prévois « tout ce qu'ils feront de maux à mes neveux et à « leurs peuples. »

Tel est le fait, très agréable à raconter certainement, et dont, à cause de ce charme même, on se garderait presque de vérifier à fond l'authenticité, de peur de ne pouvoir plus après en illustrer son livre. Voici maintenant la réfutation, d'autant plus hardie, qu'il y a là, je le répète, un récit qui tient fortement dans l'esprit des historiens et dans le souvenir du public. Mais les historiens ne le feront pas moins, et le public y croira toujours.

« Je voudrais bien, dit M. Jal [1], qu'on renonçât au plaisir de répéter..... la fameuse anecdote mise en circulation par le moine de Saint-Gall..... Le silence d'Eginhard est d'un grand poids contre l'authenticité de cette historiette, qui fait arriver *inopinato vagabundum Carolum* dans une ville maritime de la Gaule narbonnaise, et lui fait voir des barques normandes sur un point du littoral de la Méditerranée..... En y songeant bien, l'on verra que le conteur ne nous dit pas plus la date du voyage du *vagabundus Carolus* que le nom de la ville où il arriva inopinément.

« On conviendra qu'Eginhard, bien placé pour savoir ce que faisait le roi dont il suivait les pas, n'aurait pas manqué de raconter cette anecdote, plus importante assurément que les mentions des chasses ou des parties de pêche auxquelles as-

---

[1]. *Journal des Débats*, 21 oct. 1851.

sista Charlemagne ; on se rappellera surtout que la *Chronique* de Roderic de Tolède, comme les *Gesta Normannorum* publiés par Duchesne, et la *Chronique* rimée de Benoît de Saint-Maure, rapportent à l'année 859 ou 860, c'est-à-dire à quarante-six ans environ après la mort de Charlemagne, la première entrée des Normands dans la Méditerranée ; enfin l'on se demandera... si le moine de Saint-Gall, qui écrivait pour Charles le Gros, en 884, alors que la France, toujours menacée ou envahie par les Normands, appelait un défenseur énergique, n'imagina pas, dans une intention louable de patriotisme; ce petit mensonge, ou, si l'on veut, cet apologue, dans lequel Charlemagne s'adresse en pleurant à ses successeurs.

« Pour moi, ajoute M. Jal, je n'en saurais douter quand j'entends le chroniqueur s'écrier à la fin de son récit : « Pour qu'un pareil malheur ne nous ar-
« rive pas, que le Christ nous protége, et que votre
« glaive redoutable se trempe dans le sang des Nor-
« mands, en même temps que le fer de votre frère
« Carloman ! » Il me semble que le moine de Saint-Gall, fier de la leçon qui ressortait pour son maître de son ingénieuse invention, dut se dire à peu près, comme à une autre époque Estienne Pasquier, à propos d'une anecdote qui caressait la magistra-

ture : « Je crois que cette histoire est très vraie,
« parce que je la souhaite telle. »

Et pour combien d'autres n'en est-il pas de même ! La vérité, cette suprême loi, se subordonne aux convenances. Nous le prouverons par plus d'un fait encore; mais, pour le moment, il ne s'agit que de Charlemagne et des Normands.

Je ne veux pas quitter ceux-ci sans vous dire en passant que l'histoire du mariage de Rollon, leur chef, avec Giselle, fille de Charles le Simple, à l'occasion du traité de Saint-Clair-sur-Epte, en 911, n'est pas moins imaginaire que toutes celles qui précèdent, par la raison que Rollon avait alors environ soixante-quinze ans, et pour cette autre plus décisive, que Giselle n'était probablement pas née encore [1]. Quel moyen de faire conclure un mariage, même politique, entre un septuagénaire et une fille à naître ?

1. *V.* un travail de M. Auger dans les *Mémoires de la Société biblioph. histor.*, et l'*Histoire de Normandie*, par M. Th. Licquet, Rouen, 1835, in-8°. Le savant conservateur de la Bibliothèque de Rouen avait hasardé pour la première fois, dans les *Mémoires de la Société des antiquaires de Normandie* pour 1827 et 1828, cette opinion, qui, entre autres approbations, obtint celle de M. Raynouard (*Journal des Savants*, 1835, p. 753), après avoir trouvé quelques contradicteurs, notamment dans le *Bulletin des Sciences historiques* du baron de Férussac, t. XIV, p. 204.

# CHAPITRE VI

Je ne veux pas non plus m'éloigner de l'époque de Charlemagne sans vous émettre au passage certain doute du savant Fréd. Lorentz[1], touchant l'existence de cette fameuse *école palatine* que Charlemagne présidait sous le nom de David, où l'on voyait Alcuin prendre celui d'Horace, Engelbert celui d'Homère, etc. Selon l'érudit allemand; c'est un conte absurde. J'ajouterai, pour concilier tout, que M. Francis Monnier[2], sans vouloir détruire ni même combattre ce doute de Lorentz, ne l'accepte pas, du moins tel qu'il l'a émis. La réunion « que la postérité a nommée Académie palatine » fut, il en convient, « une réunion toute morale de savants » qui se connaissaient, sans beaucoup se voir, et qui, pour ainsi dire, ne se réunissaient qu'à distance, mais dont l'influence n'en fut pas moins tout aussi active sur l'esprit de leur temps que celle d'une école permanente et d'une académie à séances assidues : « Frédérik Lorentz, dit-il, s'est trop pressé de la reléguer au rang des fables, car, ajoute-t-il avec un grand sens, si l'on ne veut s'arrêter qu'au mot lui-même, Charlemagne est bien autre chose que le fondateur d'une académie, d'une université, puisqu'il

---

1. *De Carolo Magno litterarum fautore*, etc., 1828, in-8, p. 42, et *Alcuins Leben*, p. 171.
2. *Alcuin et Charlemagne*, 2ᵉ édit., 1864, in-12, p. 127.

les a toutes préparées. Il est, avec Alcuin, son intelligent ministre, le restaurateur des lettres en Occident. »

Puisqu'il a tout à l'heure été question d'Eginhard, je crois bon de vous répéter en courant que ses amours et son mariage avec Emma ou Imma, fille de Charlemagne, ne sont qu'un roman, dont la première version, naïvement consignée dans la *Chronique du monastère de Lauresheim*, a été depuis amplement exagérée dans son mensonge par les conteurs, les poëtes et les peintres[1]. Il est sûr que Charlemagne n'eut pas de fille du nom d'Emma, et, quoi qu'en ait dit dom Rivet[2], se faisant fort d'un passage de la 32e *lettre* d'Eginhard, il n'est d'aucune façon certain que celui-ci ait été le gendre de Charlemagne. Il ne faut même que lire la fin du xive chapitre de sa *Vie* de l'empereur pour s'assurer qu'il ne dut pas l'être. Eginhard n'y dit-il pas que Charlemagne « ne voulut jamais marier aucune de ses filles, soit à quelqu'un des siens, soit à des étran-

---

1. On a été jusqu'à mettre la scène de ce roman dans une des petites cours de l'hôtel de Cluny. V. la *Notice sur l'hôtel de Cluny*, p. 9.
2. *Hist. litt. de la France*, t. IV, p. 550. Mabillon, dans ses *Annal. Bénédict.*, a de même donné créance à cette légende, t. II, p. 223, 426.

gers »? A moins qu'Eginhard ne fût aussi distrait que M. de Brancas, qui oubliait parfois qu'il était marié, je ne comprends pas qu'ayant pour femme une des filles de Charlemagne il ait pu parler ainsi.

Quant à l'épisode de la neige, traversée d'un pas ferme par la vigoureuse princesse qui porte son amant sur ses épaules, pour dérober ses traces aux regards de son père, il n'est pas plus vrai que le reste, si l'on persiste surtout à lui donner pour héros Eginhard et Emma. Avant que la *Chronique de Lauresheim*, publiée pour la première fois en 1600 [1], fût venue le mettre sur leur compte, le *Miroir historical* [2] de Vincent de Beauvais, l'avait popularisé chez nous plusieurs siècles auparavant, en lui donnant pour principal personnage l'empereur d'Allemagne, Henri le Noir [3].

C'est d'une vanité de descendants que vint toute la

---

[1]. *Scriptores rerum Germanicarum*, publiés par Marquard Freher, 1600, in-fol., t. III. — Cette chronique a été ensuite donnée à part sous le titre de *Chronicon Laurishamense*, 1768, in-4. *V.* au t. I, p. 40-46.

[2]. 5 vol. in-fol., 1495.

[3]. *V.* les frères Grimm, *Traditions allemandes*, traduites en français par M. du Theil, in-8, t. II, p. 149. — Guillaume de Malmesbury, dont le récit est antérieur à celui du chroniqueur de Lauresheim, raconte aussi l'anecdote, en la mettant sur le compte de Henri le Noir. (*De Gestis regum Anglorum*, lib. II, chap. XII.)

légende, ou du moins sa popularité. Les comtes d'Erpach se croyaient descendus d'Eginhard, mais une plus noble ascendance leur eût fort agréé. Ayant à choisir, ils s'attribuèrent celle de Charlemagne, et la rattachèrent à l'autre par le conte qui a fait fortune. Ils imaginèrent de faire courir le bruit qu'on avait ouvert à Selgenstratt le tombeau d'Eginhard, et que l'histoire de ses amours et de son mariage avec Imma s'y était trouvée gravée en peu de mots sur une lame de plomb [1]. Il n'en fallut pas davantage pour que, cette prétendue preuve venant s'ajouter au récit, sans doute arrangé lui-même, de la *Chronique de Lauresheim*, on acceptât toute la légende, sans plus la contester. Freher, qui avait publié la *Chronique*, n'avait pas cru à l'histoire de ces amours, et l'avait dit. C'est alors que, pour détruire le mauvais effet de ce doute, les comtes d'Erpach avaient imaginé l'ouverture du tombeau d'Eginhard et la trouvaille de la lame de plomb. Dès lors on put croire, sur ce point, l'incrédulité bien morte; mais Bayle, en reprenant le doute de Freher, la réveilla [2], et lui donna

---

1. Hubert Thomas, *Vie de l'Électeur palatin Frédéric*, t. II, p. 10.
2. *V.* dans son *Dict. crit.*, in-fol., t. II, l'article *Eginhard*, à l'endroit où il dit : « Freher n'ajoute aucune foi à ce conte. » *V.* aussi le *Ducatiana*, t. I, p. 178-179.

par l'autorité de sa critique assez de force pour qu'elle pût de nouveau serrer de près le mensonge, et en avoir définitivement raison.

## VII

Les frères Grimm, qui, dans leur très savant et très curieux livre sur les *Traditions allemandes*, ont dégagé l'histoire de la légende avec tant de courage et de lumière, n'ont eu garde d'oublier ce conte. Ils l'ont remis à sa vraie place, dans la catégorie des inventions ingénieuses, des mensonges bien trouvés dont l'étiquette naturelle est la fameuse phrase italienne : *Si non e vero, e bene trovato*.

La plupart des traditions de notre histoire à l'époque mérovingienne les ont rencontrés tout aussi inexorablement sceptiques. Il faut voir quel bon marché ils font de la vérité historique des événements les plus populaires du règne de Childéric et de celui de Clovis ; comment ils rejettent parmi les fables, en dépit d'Aimoin [1] et de Grégoire de Tours [2] tout le roman du mariage de Childéric avec la reine Basine, que l'abbé Velly avait pomponné de si jolies phrases ; comment, malgré les mêmes historiens, ils relèguent au nombre des légendes : et la fameuse histoire du vase de Soissons [3], et celle du mariage de Clovis et de Clotilde [4], et celle encore de l'épée et des ciseaux que cette dernière princesse reçut des rois Childebert et Clotaire, comme présents symboliques lui annonçant qu'il lui fallait choisir, pour ses petits-fils, entre la mort par le glaive et la tonsure du moine [5].

De l'existence de Pharamond comme premier roi des Francs, les frères Grimm n'en parlent même pas [6]. Ils savent que c'est une croyance sur laquelle, à moins d'être le continuateur patenté de M. Le

---

1. *Hist. des Français*, liv. I, chap. XIII et XIV.
2. *Hist. des Francs*, liv. II, chap. XXVIII.
3. Aimoin, liv. I, ch. XII. — Grégoire de Tours, liv. II, ch. XXVIII. — Flodoard, *Hist. de Reims*, liv. I, ch. XIII.
4. Aimoin et Grégoire de Tours, *ibid*.
5. Grég. de Tours, liv. III, ch. XVIII. — *V*. sur tous ces faits, le livre des frères Grimm, déjà cité, t. II, p. 85, 89, 95, 98.
6. L'abbé de Longuerue en doutait déjà, voyant qu'il n'en était pas fait mention dans Grég. de Tours et qu'il n'en était parlé que dans le *Manuscrit de Saint-Victor*.

Ragois, l'on a passé condamnation depuis plus d'un siècle.

Auparavant, on y croyait si bien, qu'on allait jusqu'à dire par quelles vertus s'était distingué Pharamond. Il se trouve dans les manuscrits de la Bibliothèque impériale [1] une *dictée* faite par Élisabeth de France, sous les yeux de Louis XIII encore enfant, où l'on fait dire à la petite princesse au sujet de son frère : « Qu'il prendra comme modèles, pour la piété saint Louis, pour la justice Louis XII, pour l'amour de la vérité Pharamond I$^{er}$..... » L'amour de la vérité sous le patronage d'un roi dont l'existence est un mensonge, voilà certes qui est bien placé !

Un mensonge, ai-je dit, l'existence de Pharamond un mensonge ! C'est bien de l'audace. Ceux à qui la fable est chère vont m'en vouloir ; peut-être m'en feront-ils un vrai crime, comme il arriva au savant de Bohême Shlœzer, qui passa pour criminel de lèse-majesté, parce qu'il avait rayé de l'histoire de son pays plusieurs princes que des récits mystiques y avaient placés : *Ausus est reges incessere dictis* [2] ! Le plus grave, c'est que notre liste royale y perd

---

1. *Mss. de Béthune*, vol. coté 9309.
2. Baron de Férussac, *Bulletin des Sciences historiques*, t. XVI, p. 328.

un roi, et commence ainsi par un vide. Avec un peu de complaisance on peut le combler, et recompléter le nombre, en replaçant dans la nomenclature un carlovingien jusqu'ici tenu à l'écart. C'est ce fils de Louis-d'Outremer, nommé Charles, que l'on croyait avoir été entièrement supprimé par son frère Lothaire, mais qui semble avoir eu toutefois quelques années de règne en Bourgogne, ainsi que l'a prouvé M. Auguste Bernard, d'après la suscription d'un acte des *Cartulaires de Cluny*[1].

Les frères Grimm n'ont pas dit un mot de la Sainte-Ampoule. S'ils doutent des légendes, jugez ce qu'ils pensent des miracles !

Nous n'en parlerons pas nous-même davantage; il nous suffira de renvoyer, pour l'origine de la sainte fiole, à l'excellent livre de M. Alfred Maury sur les *Légendes pieuses*[2].

J'avais, dans la première édition de ce livre, fait une chicane aux historiens pour leur traduction des paroles de saint Remy baptisant Clovis. M. Édouard Thierry m'a fort courtoisement prouvé que j'avais

---

1. *Notes sur un roi inconnu de la race carlovingienne*, dans le XXIIIe volume des *Mémoires de la Soc. imp. des Antiq. de France*.
2. P. 183.

eu tort, et je vais prouver á mon tour que j'approuve ses raisons, en les reproduisant ici :

« M. Édouard Fournier, dit l'aimable critique [1], prend la traduction : « Courbe ton front, *fier* Sicambre,* » en flagrant délit de rhétorique. Elle n'est pas tout à fait exacte, j'en conviens ; mais elle l'est bien plus qu'il ne semble. Si elle cherche le nombre harmonieux, elle imite en cela le texte, qui affecte un faux air de vers latin : *Mitis depone colla, Sicamber*, et la traduction est encore plus simple que l'original. Quant au mot *fier*, on aurait tort de le prendre pour un contre-sens. Grégoire de Tours [2] ne dit pas : *Depone colla, mitis Sicamber*, « baisse le « cou, doux Sicambre ; » mais : *Mitis depone colla,* « *Sicamber ;* baisse doucement la tête, Sicambre, » — la force de l'adjectif portant sur l'action du verbe ; ou mieux encore : « Apprivoisé désormais, » — c'est le vrai sens de *mitis* — « baisse la tête, Sicambre. » Or, qui dit apprivoisé suppose un état antérieur, qui est l'état sauvage, et le *mitis Sicamber* contient le fier Sicambre. »

On est presque heureux des erreurs qui vous attirent de semblables rectifications. Elles deviennent ainsi des bonnes fortunes pour la vérité.

1. *Moniteur* du 4 nov. 1856.
2. Lib. II, cap. XXI.

Si le *mot* n'a pas été gâté par les arrangeurs d'histoire, il n'en a pas été de même pour le reste de l'épisode. La mise en scène qui a complètement dénaturé la pièce n'est nulle part plus fausse ni plus amusante que dans le livre de Scipion Dupleix [1]. Il nous montre le roi franc inclinant, à la voix de l'évêque, sa tête frisée et parfumée. On croit assister au sacre de Louis XIV, recevant, en perruque, la couronne de ses ancêtres.

« L'heure de la veille de Pasques, à laquelle le roy devoit recevoir le baptesme de la main de sainct Remi, estant venue, il s'y présenta avec une contenance relevée, une démarche grave, un port majestueux, très-richement vestu, musqué, poudré, la perruque pendante, curieusement peignée, gaufrée, ondoyante, crespée et parfumée, selon la coutume des roys françois. Le sage n'approuvant pas telles vanités, mesmement en une action si saincte et religieuse, ne manqua pas de luy remonstrer qu'il falloit s'approcher de ce sacrement avec humilité ! »

Les avènements de dynastie sont plus qu'autre chose encore en histoire des occasions d'erreur, ou tout au moins de doute. La *Chronique*, dont le langage, en ce temps-là surtout, est si mal assuré, ne

---

[1]. *Hist. génér. de France*, 1639, t. I, p. 58.

bégaye jamais tant qu'auprès des berceaux. On se croyait sûr de la vérité, par exemple, au sujet de Hugues-Capet et de sa prise de possession du trône. Augustin Thierry avait dit qu'avec lui la France s'était enfin donné une royauté nationale, substituant ses droits nouveaux aux droits vieillis de la monarchie venue d'outre-Rhin avec les Franks de Clovis et ceux de Charlemagne. M. Olleris [1] vient aujourd'hui nous dire qu'on s'est trompé. Ni Hugues-Capet, ni ses successeurs immédiats n'eurent, à l'entendre, rien de vraiment national. Ce furent moins des rois français, selon lui, que des agents couronnés de l'étranger. S'ils n'étaient plus Germains par la race, comme ceux qu'ils remplaçaient, ils l'étaient par le servage. M. Olleris nous paraît aller trop loin. Il se peut, comme il tend à le prouver, que les premiers Capétiens, sans grande force au dedans, où les vassaux leur étaient plus ennemis que l'étranger même, aient cherché au dehors l'appui qui leur manquait là, et se soient fait ainsi une défense de ce qu'ils auraient dû combattre;

---

[1]. *Mémoire sur Aurillac et son monastère*, fort bien analysé par M. E. Levasseur dans la *Revue des Sociétés savantes*, mai-juin 1864, p. 541, et signalé par quelques lignes excellentes de M. Saint-Marc Girardin, *Journal des Débats*, 17 mars 1865.

mais il serait injuste de leur faire un crime de cette politique de prudence, et d'y voir surtout la preuve d'une vassalité quelconque vis-à-vis de l'Allemagne. De ce que celle-ci les soutint, il ne faut pas aller jusqu'à dire qu'ils fussent tout à elle, comme serviteurs et créatures de ses empereurs. La France ne vit pas moins en eux des rois de son choix, les premiers qu'elle eût vraiment tirés de ses propres entrailles, comme il est dit dans un passage des *Annales de Metz*, oublié par Augustin Thierry, bien qu'il fût singulièrement favorable à sa thèse : *Unum quodque de suis visceribus, regem sibi creari disponit.*

La bourgeoisie et les gens de métiers, chez lesquels était alors le vrai cœur de la France, en jugèrent si bien ainsi que, pour mieux établir le lien intime qui existait entre eux et cette dynastie, moins française encore qu'essentiellement parisienne, ils imaginèrent le conte singulier et bientôt popularisé par les romans [1], qui donnait le chef de la dynastie pour le fils d'un boucher de Paris, et tendait à confondre ainsi, dans une même parenté, les *Capets* avec les *Capeluches*. La dynastie en fut un

---

1. *V.* l'excellente introduction de M. Guessard au roman de *Hugues-Capet*, « seul poème où la légende du bouclier soit rapportée avec une apparence de bonne foi... » P. 10, 31.

peu rabaissée vis-à-vis de l'étranger, où l'on se moqua de cette origine, comme fit Danté dans son *Purgatoire*[1], mais en France, à Paris même, où la corporation des bouchers avait une si grande puissance, elle n'en fut que mieux assise et plus forte.

1. Chant XXe.

## VIII

Préoccupés seulement dans leur livre de la communauté de traditions qui peut exister entre notre histoire et celle des États germaniques, les frères Grimm ne vont pas pour nous au-delà des deux premières races. Je le regrette; dans les règnes suivants, ils auraient encore eu beaucoup à redresser. Que leur eût-il semblé, par exemple, de cette belle anecdote sur le roi Louis le Gros, racontée dans tous les livres sur l'histoire de France, notamment en ces termes dans les *Tablettes historiques* de Dreux du Radier [1] ?

« Dans le combat de Brenneville contre Henri Ier, roi d'Angleterre, en 1119, un chevalier anglois

[1]. T. I, p. 148.

ayant pris les rênes du cheval sur lequel Louis le Gros étoit monté, et criant : « Le roi est pris, » Louis lui déchargea un coup de la masse d'armes dont il étoit armé, et le renversa par terre en disant, avec ce sang-froid qui caractérise la véritable valeur : « Sache qu'on ne prend jamais le roi, pas même « aux échecs. »

Cela sent bien, n'est-ce pas, son histoire inventée, son *mot* fait à plaisir ? Croiriez-vous pourtant que Mézeray avait trouvé encore moyen d'enchérir sur cet aimable mensonge et de l'enjoliver : « Cette aventure, dit-il, fut le sujet d'une médaille qu'on fit graver avec cette inscription, tirée de Virgile :

« *Nec capti potuere capi* [1]. »

Une médaille commémorative, une médaille honorifique du temps de Louis le Gros [2] ! Avouez qu'on ne peut mieux greffer une fausseté sur une autre, et plus impudemment *illustrer* un mensonge.

---

1. Cet hémistiche de Virgile, où se trouve un jeu de mots qu'on lui a souvent reproché, se lit, avec une différence pour le premier mot, dans le VII<sup>e</sup> l. de l'*Énéide*, v. 295, discours de Junon.

2. *V.* sur les erreurs de ce genre, un mémoire de l'abbé Barthélemy, dans les *Mém. de l'Acad. des Inscript.*, t. XXIV, p. 34.

Je fus longtemps à trouver l'origine de celui-ci, dont il n'y a pas trace, bien entendu, dans la vie de Louis VI, par l'abbé Suger : *Vita Ludovici VI, cognomine Grossi*. Le hasard me la fit enfin découvrir dans un livre qui n'était guère fait pour donner à l'anecdote plus de créance à mes yeux : c'est le *Policration* de Jean de Salisbury [1].

Cette bataille de Brenneville a joué de malheur avec la vérité. Quelques historiens prétendent qu'il n'y eut là qu'un seul homme de tué. Or, je ne crois pas beaucoup plus à cette mort unique qu'au mot de Louis le Gros. Elle me fait souvenir du fameux bulletin du général Beurnonville, après les affaires de Pellygen et de Grew-Machern, en 1791.

« Après trois heures d'une action terrible, et dans laquelle les ennemis ont éprouvé une perte de

---

[1]. Liv. I, ch. v. — L'abbé Garnier, dans un Mémoire à l'*Académie des Inscriptions* (t. XLIII, p. 364), répète le mot de Louis le Gros et semble y croire. En revanche, il nie ce qu'on dit de l'origine de cette guerre : la scène de l'échiquier que Henri d'Angleterre aurait jeté à la tête de Louis de France. Il a raison de dire que c'est un épisode du roman des *Quatre Fils Aymon* transplanté, avec d'autres personnages, en pleine histoire de France (*ibid.*, p. 356). Il conteste encore dans le même mémoire, p. 357, la réalité de certaine plaisanterie que Philippe Ier se serait permise sur l'obésité de Guillaume le Conquérant, et qui aurait été la cause d'une autre guerre.

dix mille hommes, celle des Français, écrivait-il, s'est réduite au petit doigt d'un chasseur. »

Paris s'amusa beaucoup de cette gasconnade. On en fit le sujet d'une chanson qui avait pour refrain :

> Holà ! citoyen Beurnonville,
> Le petit doigt n'a pas tout dit.

Quelques jours après, un loustic de régiment écrivit au ministre que « le petit doigt perdu était retrouvé. »

## IX

Bien souvent il est arrivé que lorsqu'un fait réellement vrai avait été revêtu par les historiens des formes menteuses de leur style, celles-ci faisaient mettre en doute la vérité du fond, et reléguer le tout dans la catégorie de leurs fables coutumières.

Il en a été ainsi pour cette grande scène où tous les historiens des deux derniers siècles, mais aucun avec autant de pompe et de faux apparat que l'abbé Velly, nous représentent Philippe-Auguste, le matin de la bataille de Bouvines, posant sa couronne sur l'autel, en disant à ses barons : « S'il est quelqu'un parmi vous qui se juge plus capable que moi de la porter, je la mets sur sa tête et je lui obéis. »

Tenu en défiance par cette mise en scène et par

cette déclamation ; n'ayant d'ailleurs pour garantie du fait qu'un passage de la *Chronique* de Richier, abbé de Senones, et un autre de Papire Masson qu'il savait très-porté à donner créance aux fables, Augustin Thierry n'hésita pas à révoquer hautement en doute, dans une de ses *Lettres sur l'histoire de France* [1], tout le théâtral épisode. Depuis lors, on a publié la *Chronique de Rains*, et le fait condamné par M. Thierry s'y est retrouvé avec des airs de vérité naïve qui lui assurent enfin une sorte d'authenticité. Par la manière dont le récit nouveau détruit presque de fond en comble l'échafaudage de cette histoire telle qu'on la racontait auparavant, on ne voit que mieux toutefois combien il avait été raisonnable, sinon de la nier, du moins de la mettre en doute.

Nous allons reproduire la simple narration du vieux chroniqueur, avec les paroles sensées dont M. Edward Leglay la fait précéder en la citant dans son *Histoire des comtes de Flandre* [2].

« Quelques historiens, dit-il, prétendent que le roi de France, se plaçant au milieu de ses officiers, fit déposer sa couronne sur un autel, et que là il

1. 1re édition, p. 72.
2. T. I, p. 500.

l'offrit au plus digne. Personne ne se présenta comme bien l'on pense, et Philippe remit sa couronne sur sa tête. Guillaume le Breton, qui se tenait derrière le roi, et vit de ses propres yeux tout ce qui se passa dans cette journée mémorable, ne parle pas de cette cérémonie à la Plutarque. Si la chose eut lieu, elle fut beaucoup plus simple, plus naïve, et par conséquent beaucoup plus en harmonie avec les idées féodales et chevaleresques ; telle enfin que la rapporte un vieil auteur français :

« Quand la messe fut dite, le roi fit apporter pain
« et vin, et fit tailler des soupes, et en mangea une,
« et puis il dit à tous ceux qui autour de lui étaient :
« Je prie à tous mes bons amis qu'ils mangent avec
« moi, en souvenance des douze apôtres, qui avec
« Notre-Seigneur burent et mangèrent, et s'il y en
« a aucun qui pense mauvaiseté ou tricherie, qu'il
« ne s'approche pas. » Alors s'avança messire
« Enguerrand de Coucy, et prit la première soupe
« et le comte Gauthier de Saint-Pol la seconde et
« dit au roi : « Sire, on verra bien en ce jour-si je
« suis un traître. » Il disait ces paroles pour ce qu'il
« savait que le roi l'avait en soupçon, à cause de
« certains mauvais propos. Le comte de Sancerre
« prit la troisième soupe, et les autres barons après,
« et il y eut si grande presse, qu'ils ne purent tous

« arriver au hanap qui contenait les soupes. Quand
« le roi le vit, il en fut grandement joyeux ; et il
« dit aux barons : « Seigneurs, vous êtes tous mes
« hommes, et je suis votre sire, quel que je soie,
« et je vous ai beaucoup aimés... Pour ce, je vous
« prie, gardez en ce jour mon honneur et le vôtre.
« *Et se vos vées que la corone soit mius emploié en l'un
« de vous que en moi, jo mi otroi volontiers et le voit de
« bon cuer et de bonne volenté.* » Lorsque les barons
« l'ouïrent ainsi parler, ils commencèrent à plorer,
« disant : « Sire, pour Dieu, merci ! nous ne vou-
« lons roi sinon vous. Or, chevauchez hardiment
« contre vos ennemis, et nous sommes appareillés
« de mourir avec vous [1]. »

Il vous semblera sans doute, comme à moi, que
l'histoire gagne beaucoup à ce simple récit où la

---

[1]. La *Chronique de Rains*, publiée par M. L. Paris,
p. 148. — Ce qu'il y a d'assez singulier, c'est que la
scène, telle que l'abbé Velly et les autres l'ont arrangée,
ressemble beaucoup moins à celle dont on trouve le récit
dans cette *Chronique de Rains*, qu'à certaine scène du même
genre pompeusement décrite dans l'*Alexiade*, liv. IV, ch. v.
Au lieu de la bataille de Bouvines, il s'agit de celle de
Dyrrachium ; au lieu de Philippe-Auguste, c'est Robert
Guiscard. Anne Comnène lui fait tenir aux chevaliers
normands le même discours à peu près que l'on a prêté à
Philippe-Auguste offrant sa couronne aux barons.

pratique d'un pieux usage, cette communion de la bataille, si chère à Du Guesclin lui-même[1], fait le fond de la scène. On ne peut nier qu'il substitue au mieux ses naïvetés chevaleresques à la pompe déclamatoire de ces narrations de seconde main, dans lesquelles, à force d'être frelatée et fardée, la vérité elle-même n'était plus vraisemblable.

[1]. Sa coutume, avant le combat, était de manger *trois soupes* (trois tranches de pain) *dans du vin*, en l'honneur de la Trinité. Les preux du *Roman de Perceval* faisaient tous la même chose.

## X

Des vieux textes retrouvés ou mieux lus sont sortis, sous les mains de la jeune génération savante, un grand nombre de vérités nouvelles, de lumières imprévues qui ont fait le jour ou dissipé le doute sur des événements qu'on hésitait à accepter.

M. Mérimée dit quelque part [1] : « Bien des sources autrefois fermées sont ouvertes aujourd'hui, » c'est un des grands points; mais un autre aussi important, c'est que, la source une fois ouverte, beaucoup de mains intelligentes savent y puiser et trouver la vérité au fond.

Ce n'est plus aujourd'hui qu'on répétera, par

---

1. *Rev. des Deux-Mondes*, 1ᵉʳ avril 1859, p. 577.

exemple, qu'Aigues-Mortes était autrefois un port de mer, parce que saint Louis s'y embarqua pour l'Orient, et qu'on cherchera dans le prétendu retrait des eaux une preuve d'un notable abaissement de la Méditerranée, depuis le XIII<sup>e</sup> siècle. Un examen éclairé des lieux a prouvé que la mer n'était pas alors plus rapprochée de la ville, mais qu'il existait un canal large, profond, bien entretenu — une enquête faite sous le roi Jean permit encore de le constater — qui établissait une communication entre les étangs, aujourd'hui desséchés, qui baignaient les murs d'Aigues-Mortes. La ville, sans être sur la mer, avait ainsi une sorte de port où pouvaient mouiller les plus gros vaisseaux de cette époque, et dans lequel, en effet, saint Louis s'embarqua[1].

L'erreur sur le lieu de départ du saint roi se complique d'un mensonge sur son retour. On lit

---

1. *Écho du monde savant*, t. I, p. 119. — Ch. Lenormant disait, à la page 35 de son *Rapport sur les Antiquités de la France* pour 1850, à propos d'un mémoire de M. Di Pietro sur Aigues-Mortes : « On y trouve la réfutation péremptoire du préjugé consacré par l'erreur des plus illustres savants, préjugé suivant lequel la mer aurait reculé de plus d'une lieue, depuis l'embarquement de saint Louis sur ce rivage. Les salines et les marais au-dessus desquels s'élève la fameuse tour de Constance n'ont pas changé d'aspect depuis l'âge des Croisades. »

partout qu'il ramena de la croisade trois cents chevaliers à qui les Sarrasins avaient crevé les yeux, et que c'est pour eux qu'il fit construire le premier hospice d'aveugles dont le nom de *Quinze-Vingts* eut pour origine leur nombre de trois cents. Saint Louis fit bâtir, en effet, cet hôpital, « la meson aux aveugles, » comme dit Joinville [1] ; leur nombre fut, il est vrai aussi, de trois cents, mais la condition des malheureux admis ne fut pas ce qu'on a dit. Ce sont des pauvres gens que le bon roi voulut dans son hôpital, et l'on voit bien par la description que Rutebeuf a faite de leurs courses et de leurs cris par la ville, qu'il n'y avait parmi eux que des mendiants et pas un chevalier [2].

Autrefois l'on s'émerveillait fort des audiences données par saint Louis sous le chêne de Vincennes ou sous les ombrages du jardin du palais; aujourd'hui l'on ramène à la simple vérité le simple récit de Joinville. On y trouve bien moins un acte de royale bonhomie, qu'un fait de politique éclairée : le roi par qui fut inaugurée l'ère des légistes don-

---

1. Édit. Francisque-Michel, p. 219.
2. On trouve sur ce fait, dans le *Journal des Savants* de 1725, p. 362, un premier doute, qui devint une réfutation complète en 1779, dans le *Dict. hist. de Paris* de Hurtault et Magny, t. IV, p. 200-201.

nait ainsi l'exemple; il prêchait pour la loi en la faisant observer lui-même comme juge; il élevait la profession de légiste en prouvant qu'elle n'était pas au-dessous de lui. Saint Louis y perd comme bonhomie, je le répète, mais comme politique il y gagne, et, quoi qu'on dise, pour un roi celle-ci vaut beaucoup.

Les petits commérages qui couraient sur sa mère, Blanche de Castille, et sur ses amours avec le comte de Champagne, médisances intéressées qui donnaient aux mauvais esprits leur revanche contre le saint roi, sont aujourd'hui comptés pour ce qu'ils valent. La vertu de la noble reine est sortie saine et sauve de l'examen que lui ont fait subir MM. Bourquelot[1] et Éd. de Barthélemy[2]. Les gens que le mérite gêne, qu'un éloge trop soutenu jette dans l'humeur noire, devront se décider, désormais, à n'admirer le fils qu'après avoir admiré la mère.

La bonne reine Marguerite, femme du saint roi, devra perdre au contraire à pareil examen, non pas certes en vertu, mais en héroïsme. L'on sait à présent que Joinville, lorsqu'il nous la montre priant

1. *Hist. de Provins*, t. I, p. 164, 172, 178.
2. *Rev. française,* 10 juin 1857, p. 301 et suiv.

un vieux chevalier de la mettre à mort aussitôt qu'il y aurait pour elle péril de tomber aux mains des mécréants, n'a fait que reproduire une aventure déjà mise en scène dans la *Geste* latine de Waltharius [1].

J'ai du regret pour ce que perd l'héroïsme, et de la joie pour ce que la vérité peut enlever au scandale. Malheureusement, c'est de ce côté-là qu'il n'y a presque toujours rien à ôter. Douteux ou faux par le détail, il résiste par le fond. L'histoire de l'adultère de la reine, femme de Louis le Hutin, est, par exemple, un de ces scandales bien conformés dont il faut, quoi qu'il en coûte, laisser la tache sur notre histoire. Tout ce qu'on raconte des débordements de cette reine, et de ses relations impudiques avec les écoliers qu'elle attirait de nuit au Louvre, est absolument vrai, hormis toutefois sur un point : Buridan ne fut pas, comme on l'a dit même en des livres sérieux [2], un des galants de l'École pris au piège du royal adultère ; loin de là, maître alors et non plus élève, il s'indigna dans sa chaire de la rue du Fouarre contre ces débauches, et parvint, dit-on,

---

1. Reiffenberg, *Annuaire de la Biblioth. royale de Belgique*, t. III, p. 42.
2. *Œuvres* de Villon, avec des notes de l'abbé Prompsault, 1832, in-8°, p. 127.

à détourner les écoliers de ces dangereux rendez-vous. La reine s'en vengea en le faisant saisir et précipiter dans la rivière, ce qui fit dire à Villon, en des vers d'où vint l'erreur parce qu'on ne les comprit pas :

> Semblablement où est la Reine
> Qui commanda que Buridan
> Fut jetté en un sac en Seine [1].

Ainsi toujours le roman prend pied dans l'histoire. Villani lui donna beau jeu [2], quand, je ne sais d'après quelles preuves, il fit un si beau récit de l'entrevue de Philippe le Bel avec Bertrand de

---

1. Il paraît qu'il échappa et qu'il alla établir à Vienne, en Autriche, une école qui devint aussi célèbre que l'avait été celle d'Abailard à Paris. (*Ducatiana,* t. I, p. 92-93.) — Puisque je viens de nommer Abailard, je dois ajouter que l'authenticité de sa correspondance avec Héloïse semble fort douteuse, depuis l'excellent travail que M. Lud. Lalanne a consacré à ce point d'histoire galante dans la *Corresp. littér.,* 5 déc. 1856, p. 27-33. Quant à un autre fait sur lequel se sont aussi élevés des doutes, la présence des restes d'Héloïse et d'Abailard dans les cercueils transportés du Paraclet au Père-Lachaise, les lettres écrites et les preuves données par MM. Trébuchet et Albert Lenoir dans le *Journal de l'Institut historique,* t. IV, p. 193-199, ne permettent plus de n'y pas croire.

2. *Istorie fiorentine,* liv. VIII., chap. LXXX.

Goth, archevêque de Bordeaux, dans la forêt de Saint-Jean-d'Angély, entrevue qui aurait abouti à un échange de promesses bientôt réalisées : pour Bertrand, la tiare ; pour Philippe, la pleine autorité sur le saint-siège.

M. Rabanis[1] a démontré la fausseté du théâtral épisode par un double *alibi*. L'archevêque était à vingt-cinq lieues de là, et le roi plus loin encore. Il a de plus fait voir que l'élection de Clément V fut toute naturelle, et n'eut pas besoin d'être imposée par Philippe le Bel ; enfin, il a prouvé que si Clément transporta le saint-siège dans Avignon, ce fut pour fuir les troubles qui agitaient l'Italie, et non pas pour témoigner envers le roi de France d'une soumission stipulée, comme prix de la tiare, dans la mystérieuse entrevue.

« La conscience morale, dit M. Rabanis, comme conclusion de son remarquable travail, n'est-elle pas satisfaite, lorsque ces bonnes fortunes de l'érudition tournent à la justification ou à l'honneur de quelque grande victime des passions ou des préjugés ; de quelqu'un de ces hommes du passé, qui ne sont

---

1. *Lettre à M. Daremberg, sur l'entrevue de Philippe le Bel et de Bertrand de Goth à Saint-Jean-d'Angély*, 1858, in-8.

plus là pour se défendre, et dont on a pu jeter la mémoire et la poussière à tous les vents, sans crainte qu'il en sortît un cri ou une plainte [1] ! »

[1]. MM. Victor Leclerc et Littré, l'un dans le t. XXIV de l'*Histoire littéraire de la France*, l'autre dans la *Revue des Deux-Mondes* du 15 septembre 1864, p. 416, ont confirmé la réfutation faite par M. Rabanis : « On ne peut, dit M. Littré, analysant ce qui se trouve sur ce point dans le beau travail de M. V. Leclerc, on ne peut ajouter foi à l'anecdote racontée par le chroniqueur Jean Villani, que le roi et le futur pape se virent dans une abbaye au fond d'un bois près de Saint-Jean-d'Angély, et firent entre eux un trafic des choses saintes, en un contrat en six articles, avec serment sur l'hostie; mais la remarque de M. Leclerc est juste : on rencontre à tout moment dans l'histoire de ces anecdotes suspectes ou fausses, qui ont un fond de vérité. Ici, la rumeur populaire mettait en action ce qui était dans la pensée de tous, c'est-à-dire la condescendance des papes durant trois siècles pour la politique des rois de France. »

## XI

Il n'est pas que vous n'ayez vu citer partout les dernières paroles du grand maître des Templiers qui, du haut de son bûcher flamboyant, assigna devant Dieu, pour le quarantième jour après son supplice, le pape qui l'avait livré; et pour un délai qui ne dépassait point l'année, le roi qui avait signé sa condamnation. Vous vous souvenez aussi que l'événement donna raison à cet appel, et que la mort du pape Clément, ainsi que celle du roi Philippe le Bel, survenues dans l'espace de temps marqué par Jacques Molay, en firent une sorte de prophétie.

Ce hasard, cette rencontre du fait prédit avec le fait accompli, suffirent, et non sans raison, pour rendre la chose peu croyable, à notre époque peu croyante. Il se fit de notre temps, autour de ce fait qui pendant quatre siècles n'avait pas trouvé un incrédule, une sorte de conspiration du doute : « C'est un récit arrangé d'après l'événement, » dit Sismondi[1]. « Ce fait, écrit Salgues[2], n'est appuyé sur aucun monument historique, et les historiens les plus dignes de foi n'en parlent point. » C'est aussi l'opinion sceptique de Raynouard[3], et celle encore de M. Henri Martin[4], dont le seul tort, dans sa réfutation, est de citer l'historien Ferreti au sujet d'un fait dont il n'a parlé que pour un autre que le grand maître[5].

---

1. *Hist. des Français,* t. IX, p. 293.
2. *Des Erreurs et des Préjugés,* t. II, p. 39.
3. Dans une note de sa tragédie des *Templiers* (acte V, sc. VIII) : « Peut-être, dit-il, l'événement de la mort du pape et de celle du roi, qui survécurent peu de temps au supplice du grand-maître, fut-il l'occasion de répandre ces bruits populaires. » Ce qui n'empêcha pas Raynouard de faire une tirade avec la prétendue citation. Historien, il doutait ; poëte, il faisait comme s'il avait cru. Dans les deux cas il s'acquittait de son métier. D'une main il cherchait la vérité, de l'autre il aidait à l'erreur. C'est le poète seul qui a été entendu.
4. *Hist. de France,* I<sup>re</sup> édition, t. V, p. 214.
5. Le passage de Ferreti, qu'on peut lire dans le *Rerum Italicarum scriptores,* t. IX, p. 1017, fait mention d'une assignation du même genre, mais c'est à Naples que se passe l'histoire, et le premier assigné est Clément V

Mézeray dit bien, il est vrai : « J'ai lu que le grand maître n'ayant plus que la langue de libre, et presque étouffé de fumée, s'écria à haute voix : « Clé-
« ment, juge inique et cruel bourreau, je t'ajourne à
« comparoitre dans quarante jours devant le tribu-
« nal du souverain juge. »

*J'ai lu* est positif ; *j'ai lu* est fort bon ; mais où a-t-il lu ? Les *Chroniques de Saint-Denis* [1] ne parlent pas de cet appel qui aurait été si bien entendu ; Villani n'en dit pas un mot [2] ; Paul-Émile ne s'en explique pas davantage [3]. Juste Lipse en fait bien mention, et le donne comme un fait très certain (*certissimum*), mais est-ce suffisant ? L'auteur des *Facta dicta memorabilia*, cité par Raynouard, le raconte aussi avec conviction, mais outre que ce livre n'est pas une autorité bien forte, il se trouve, dans le récit qu'il donne de l'événement, une variante qui tendrait à diminuer plutôt qu'à augmenter la

---

lui-même, qui s'y trouvait alors. Il faut ajouter, pour être juste, que Ferreti ne croit pas lui-même à ce qu'il rapporte. Il le donne comme un *on dit*, dont il ne se fait pas le garant : *Non hoc pro rei veritate conscripsimus, ut auctoritate nostrâ posteris evangelizatur, sed velut fama dictavit.* V. *l'Intermédiaire* du 10 mai 1865, p. 287.

1. Édit. in-fol., p. 46.
2. *Istorie fiorentine*, liv. IX, ch. LXV.
3. Liv. VIII, p. 257.

croyance. Selon lui, ce n'est pas Jacques Molay sur son bûcher, à Paris, qui convoqua Clément et Philippe devant le tribunal suprême, c'est un templier napolitain brûlé à Bordeaux [1] ! Reste encore le jésuite Drexelius [2]; mais celui-là, le récit une fois fait, se contente de s'écrier : « Qui nierait qu'il n'y eût dans cette prédiction quelque chose d'inspiré et de divin par la permission de l'Être-Suprême ? » Malheureusement, l'enthousiasme de celui qui parle ne fait pas toujours la foi de celui qui écoute. Quoique le jésuite eût dit : *Qui nierait ?* l'on continua de nier.

Enfin, de nos jours, une *Chronique* contemporaine de l'événement, la *Chronique* de Godefroy de Paris, a été retrouvée, et l'on y a pu lire la mention détaillée du fait qu'on reléguait au rang des mensonges [3].

---

1. Celui-ci trouvait moyen de combiner la légende dont Ferreti nous a parlé tout à l'heure avec celle du même genre qui courait toute la France. En plaçant l'anecdote à Bordeaux, avec un templier napolitain pour acteur, il concilia les deux mensonges de façon à n'en faire qu'un.
2. *De Tribun. christ.*, lib. II, cap. III.
3. *V.* un article de M. L. Lacabane, *Bibliothèque de l'École des Chartes*, 1re série, t. III, p. 2 et suiv. — Dernièrement, M. Elizé de Montagnac, dans son *Histoire des chevaliers Templiers*, a pris notre réfutation à partie; mais un défenseur très compétent, M. Alphonse Feillet, est intervenu pour nous, ajoutant une preuve nouvelle à

Les croyants ont crié victoire. On tenait donc le récit primitif d'où tous les autres étaient sans doute partis ! C'était beaucoup, était-ce assez ? Je ne le crois pas. Connaître l'origine d'un fait, ce n'est pas en avoir la preuve. Pour celui-ci surtout, eu égard au merveilleux qui l'entoure et qui justifie le doute, peut-être fallait-il plus que le témoignage d'une de ces *Chroniques* en rimes, faites pour fixer les événements dans la mémoire du peuple, en frappant d'abord son imagination, et écrites par conséquent sous l'inspiration de ses croyances habituelles [1].

---

celles que M. de Montagnac ne trouvait pas suffisantes. Si M. de Montagnac n'est pas convaincu, « nous lui conseillons de lire, dit-il, une chronique rimée par un contemporain, témoin oculaire de la mort du grand maître, et dont le manuscrit se trouve à la Bibliothèque impériale (F. fr., n° 6, 812), il verra que rien n'appuie le récit que Mézeray et Raynouard ont rendu populaire. » *Revue historique des Ardennes*, 6ᵉ livr., année 1865, p. 330.

1. On saura la vérité sur un autre grand procès de ce temps-là, celui d'Enguerrand de Marigny, dont la condamnation, si souvent incriminée par les historiens, ne fut peut-être qu'une justice nécessaire, lorsque M. Francisque-Michel aura publié le résultat de ses recherches dans les comptes de l'Échiquier au *Record Office* à Londres. Il nous a dit à nous-même plus d'une fois, et *l'International* de la fin d'octobre 1865 l'assurait d'après la même confidence, que Marigny était vendu aux Anglais. La mention des

sommes considérables qu'il recevait existe aux registres de l'Échiquier. On n'ignorait pas que les Flamands le pensionnaient richement; lui-même en convenait, disant « qu'il ne recevait ces sommes que pour ruiner d'autant l'ennemi ». (P. Clément, *Trois Drames historiques*, 1858, in-18, p. 89.) Mais on ne savait pas qu'il tâchait aussi de ruiner l'Angleterre en lui vendant chèrement la France à son profit.

## XII

Je préfère, à la réfutation indécise de la prédiction du Templier, une autre qui est vraiment irrécusable, triomphante ; je parle de celle que, grâce à un texte mieux lu, l'on a faite, dans ces derniers temps, d'une des paroles qui ont eu le plus de crédit chez les historiens des premiers Valois, et qui leur ont inspiré les plus belles phrases, les plus solennels commentaires.

Il s'agit du *mot* de Philippe VI, fuyant le champ de bataille de Crécy et venant demander asile au châtelain de Broye. Il n'en est guère de plus autorisé. Il a pour lui Villaret [1], Désormeaux [2], Dreux

---

1. *Hist. de France*, t. VIII, p. 451.
2. *Hist. de la maison de Bourbon*, t. I, p. 264.

du Radier ¹, mille autres encore, et enfin M. de Chateaubriand dans son *Analyse raisonnée de l'histoire de France* ². C'est lui qui va nous le redire, avec cette pompe de langage si facilement ridicule quand elle n'est plus que la parure d'un mensonge.

« La nuit, dit-il, pluvieuse et obscure favorisa la retraite de Philippe.... Il arriva au château de Broye : les portes en étaient fermées. On appela le commandant ; celui-ci vint sur les créneaux et dit : « Qu'est-« ce là ? qui appelle à cette heure ? » Le roi répondit : « Ouvrez : C'EST LA FORTUNE DE LA FRANCE : » parole plus belle que celle de César dans la tempête ³, confiance magnanime, honorable au sujet comme au monarque, et qui peint la grandeur de l'un et de l'autre dans cette monarchie de saint Louis. »

J'ai regret d'avoir à biffer cette magnifique période, le cœur m'en saigne ; il le faut pourtant : la belle parole qui l'a inspirée n'a jamais été dite. Ce qui est pis encore, c'est que sa solennité un peu matamore fait contre-sens avec le mot bien simple qui a réellement été prononcé par le roi vaincu, fu-

---

1. *Tablettes historiques*, t. II, p. 148.
2. Édit. F. Didot, 1845, in-12, p. 206.
3. *V.* plus haut, p. 12, pour l'authenticité au moins douteuse de ce *mot*.

gitif, et courbé sous les mornes tristesses de la défaite :

« Sur le vespre tout tard, ainsi que à jour vaillant, se partit le roy Philippe tout déconcerté, il y avoit bien raison, luy, cinquième des barons tant seulement.... Si chevaucha ledict roy tout lamentant et complaignant ses gens, jusques au chastel de Broye. Quand il vint à la porte, il la trouva fermée et le pont levé, car il estoit toute nuit, et faisoit moult brun et moult épais. Adonc fit le roy appeler le chastelain, car il vouloit entrer dedans. Si fut appelé, et vint avant sur les guérites, et demanda tout haut : « Qui est là qui heurte à cette « heure? » Le roy Philippe qui entendit la voix répondit et dit : « *Ouvrez, ouvrez, chastelain, c'est* « *l'INFORTUNÉ ROY DE FRANCE...* »

Voilà ce qu'a écrit Froissart[1], et cette fois vous pouvez l'en croire. Il a pour lui la pleine vraisemblance, ce qui, auprès de la version recueillie par M. de Chateaubriand, équivaut à la pleine vérité. Quant à l'origine de l'erreur reprise si malheureusement par le grand écrivain, elle est facile à deviner : elle vient d'une mauvaise lecture. Ceux qui publièrent les premiers le texte du chroniqueur lu-

---

1. Liv. I, part. I, chap. CCXCII.

rent et imprimèrent mal; ou plutôt, égarés par les mauvaises habitudes historiques de leur temps, si fort engoué pour les discours et les mots fanfarons à la Tive-Live et à la Quinte-Cure, ils cherchèrent moins à lire ce qui s'y trouvait que ce qu'ils désiraient y trouver.

C'est pendant la Renaissance, qui vit se réveiller la mode des pompeux mensonges à l'antique avec le goût des littératures anciennes, que le *mot* me semble avoir commencé de circuler sous sa forme altérée. Brantôme, qui le trouvait au gré de son imagination gasconne, fut un des premiers qui le mit en cours : « S'il faut qu'ils se retirent, dit-il [1], parlant des rois après une défaite, que ce soit en valleureuse et honorable rellique de battaille, comme fit ce brave Philippe de Vallois amprès la battaille de Crécy, qui amprès avoir combattu tout ce qui se pouvoit jusques à la sérée, qui le fit retirer au giste en un château et ville, où le gouverneur luy ayant demandé de la muraille son nom, il répondit que c'étoit la fortune restée de la battaille perdue! »

Depuis, l'on a recouru aux manuscrits, à celui de

---

[1]. *Œuv. complètes* de Brantôme, édit. elzévirienne, t. II, p. 88.

Breslau, qui est la meilleure copie de l'original, à celui de Berne, à celui de la bibliothèque de l'Arsenal, et le vrai texte a été rétabli tel que nous venons de le donner [1].

Si les historiens des siècles derniers l'eussent connu, je doute qu'ils en eussent fait cas; je répondrais même qu'ils lui auraient préféré la fausse version. N'était-ce pas assez d'avouer la défaite d'un roi de France? fallait-il lui enlever encore le *mot* qui relevait cette défaite et en était comme la revanche? Leur patriotisme n'aurait pu faire ce sacrifice à la vérité. La censure royale ne leur aurait d'ailleurs peut-être pas permis cette sincérité, surtout pendant le règne de Louis XIV. Tout ce qui

---

[1]. *V.* le *Récit de la bataille de Crécy*, par M. C. Louandre (*Revue anglo-française*, t. III, p. 262), et un remarquable article de M. de Pongerville, dans le *Journal de l'Instruction publique*, 1855. — Dacier donna le premier la bonne *leçon*, après lui Noël la mit dans ses *Éphémérides* (1803, in-8, août, p. 211), Buchon enfin la consacra, d'après Dacier, dont il cita l'autorité en note, dans sa *Collection des Chroniques en langue vulgaire*, t. II, p. 370. Il la signala, un jour, à M. de Chateaubriand, pour qu'il rectifiât, dans une prochaine édition de ses *Études historiques*, le passage reproduit plus haut. Le grand écrivain lui répondit que le *mot,* tel qu'il l'avait cité d'abord, était bien plus beau et qu'il s'y tenait. Pour lui la vérité ne valait pas une phrase. Le fait nous a été affirmé par M. le docteur Payen, à qui Buchon l'avait raconté sur le moment même.

touchait à l'infaillibilité des rois et tendait à diminuer leur prestige devait être sous-entendu par l'histoire.

A l'époque où l'abbé de Choisy s'occupait du règne de Charles VI, le duc de Bourgogne lui dit : « Comment vous y prendrez-vous pour dire qu'il étoit fou ? — Je dirai qu'il étoit fou, répondit l'abbé. La seule vertu distingue les hommes dès qu'ils sont morts[1]. »

On peut se faire une idée, par ce débris de conversation, de l'indépendance que les princes, qui pouvaient tout, permettaient alors aux historiens, même pour le passé ; mais il ne faut pas s'en rapporter à la réponse de l'abbé pour croire que beaucoup s'affranchissaient du joug. Ils se soumettaient à mentir, et l'abbé lui-même des premiers, quoi qu'il veuille prétendre, avec sa fanfaronnade de sincérité.

1. *Mémoires,* t. I, p. 2.

XIII

Puisque nous en étions à parler de Philippe de Valois à Crécy, l'occasion serait bien prise pour revenir sur la plupart des événements qui suivirent ou précédèrent cette funeste journée, et qui sont les points éclatants ou sinistres de la longue guerre de rivalité entre la France et l'Angleterre, aux xiv<sup>e</sup> et xv<sup>e</sup> siècles.

Froissart, avec ses récits de chroniqueur intéressé et romanesque, fait pour cette époque la part fort belle à notre ennemie et au mensonge. Nous n'aurions qu'à vouloir pour trouver à réfuter dans chaque page de son livre; ainsi, le *mot* d'Édouard, qui, débarquant sur le rivage de France, tombe le nez en terre et s'écrie, comme s'y c'était un bon présage : « Cette terre me désire [1] ; » l'histoire d'Arteweld, ce *brasseur-roi*, comme l'appelle M. d'Arlincourt dans un roman fameux, et qui ne fut jamais ni *brasseur* [2], quoique Froissart l'ait dit, ni *roi* surtout [3] ; l'aventure d'Édouard III et de la comtesse de Salisbury, qui donna lieu à la création de l'ordre de la Jarretière et à sa fameuse devise : *Honny soit qui mal y pense* [4], et dont la première invraisemblance est l'âge même de l'héroïne, qui, à l'époque où tout ceci dut se passer, aurait eu sur son royal amant un droit d'aînesse beaucoup trop marqué [5] ; enfin et

---

1. Froissart, liv. I, part. I, ch. CCLXVI. — C'est le *mot* de César, qui fit une chute pareille en mettant pied sur la terre d'Afrique, et s'écria : *Terre d'Afrique, je te saisis.* C'est aussi le *mot* de Guillaume le Conquérant dans une circonstance toute semblable, lors de son débarquement en Angleterre. Voyez Augustin Thierry, *Hist. de la Conquête des Normands*, t. I, p. 334.

2. *V.* les *Annales de l'Académie de Bruxelles* (1832), p. 124, et les *Nouvelles Archives historiques des Pays-Bas*, janv. 1831, p. 14.

3. M. d'Arlincourt a cru que *rewart* ou plutôt *ruward* (gardien de la tranquillité) signifiait *roi-citoyen*.

4. *V.* ce qu'en dit M. Beltz, membre du *College of Arms*, dans ses Annales (*Memorials*) de l'*Ordre de la Jarretière*, analysées, sur ce point, dans la *Revue de Paris* du 10 oct. 1841, p. 131.

5. *V.* la dissertation de Papebroch dans les *Bollandistes* avril, t. III) et le compte-rendu d'une séance de l'*Acadé-*

surtout, car c'est plus grave, les massacres de la Jacquerie, pour lesquels il ne faut plus croire le récit de croque-mitaine que Froissart en a fait, mais les pages sérieuses que leur a consacrées M. Bonnemère dans son *Histoire des Paysans*, et qui ramènent ces horreurs exagérées à leur plus simple expression. « Plût au ciel, dit M. Feillet [1], après avoir félicité M. Bonnemère de cette heureuse réfutation, plût au ciel que des historiens inspirés du même amour de la patrie pussent nous réhabiliter aussi facilement les massacres de Cabrières et de Mérindol, de la Saint-Barthélemy ! etc... Peu importe le parti qui se trouverait justifié, puisqu'avant tout la France aurait une tache de moins sur son noble front. »

Oui, donnons sur toutes choses la vérité à tous, sans parti pris, sans réticences. Soyons heureux si notre histoire se purifie sous nos mains impartiales et perd quelques souillures, qu'elle ne méritait pas ; mais laissons aussi à chacun les flétrissures qu'il a bien gagnées. Justifier quand même n'est pas de notre fait ; et nous ne voulons pas qu'on puisse

---

*mie de Bruxelles*, 4 juin 1852, où le débat fut repris sur ce sujet par MM. Polain et Gachard.

1. *Revue de Paris*, 1ᵉʳ mai 1857, p. 55.

accuser la moindre de ces pages d'avoir fait l'office de papier brouillard, c'est-à-dire d'avoir gardé pour soi la tache qu'elle voulait enlever. Le beau et le bien mis en leur vrai jour feront notre joie, mais nous ne reculerons pas devant l'aveu du mal. Mieux vaut la vérité, même hideuse, qu'un séduisant mensonge. Nous sommes en cela de l'avis de Grégoire le Grand, qui disait[1] : « *Si autem de veritate scandalum sumitur, utilius permittitur nasci scandalum, quam veritas relinquatur.* Si du récit d'un fait véritable il résulte du scandale, il vaut mieux laisser naître le scandale que renoncer à la vérité. »

La sévérité contre les autres oblige contre soi-même. Nous n'aurons donc pour notre propre livre aucune partialité complaisante ; nous en confesserons les fautes avec autant d'empressement que celles d'autrui. C'est même, en toute franchise, par un aveu de ce genre que nous reprendrons notre travail où nous l'avons laissé.

Confiant dans ce qu'avait dit Daru, qui, pour une fois qu'il doutait, n'eut pas la main heureuse ; fort de ce qu'avait écrit Depping, dont le scepticisme était encore allé plus loin[2], nous avions cru pouvoir

---

1. 7ᵉ *homélie*, § 5.
2. *Rev. encyclopéd.*, t. XXXVI, p. 64-65.

reléguer parmi les légendes le fameux *Combat des Trente,* livré en 1351, entre Josselin et Ploërmel. Nous avions tort, on nous l'a prouvé depuis avec d'excellentes raisons[1]. C'est pour nous un bonheur de le déclarer, car alors même que nous doutions le plus, nous étions presque tenté de mentir par patriotisme.

Que n'en est-il de même pour le dévouement d'Eustache de Saint-Pierre! Malheureusement, pour ce qu'il y a de mensonge de ce côté le doute n'est guère permis, depuis qu'au dernier siècle Bréquigny[2] découvrit, dans les archives de Londres, des

---

1. *V.* la savante brochure de M. Pol de Courcy, *Combat des trente Bretons,* etc., Saint-Pol-de-Léon, 1857, in-8°; et un article de M. de Laroche-Héron dans l'*Univers,* 17 juin 1858.

2. *Notice des Manuscrits,* t. II, p. 227. — *Mémoires de l'Académie des Inscriptions,* t. XXXVII, p. 539. Dans le premier de ces mémoires, Bréquigny se fait une arme contre Froissart du silence que garde sur toute cette affaire la *Chronique* latine de Gilles de Muisit, « qui, dit-il, écrivoit dans le temps même de l'événement et dans une ville peu éloignée du lieu où se passoit la scène ». Dans l'autre travail, il prouve que, deux mois après la reddition de Calais, Édouard, par lettre du 8 oct. 1347, non-seulement rendit à Eustache de Saint-Pierre les maisons qu'il possédait dans Calais, mais lui en donna d'autres et le pensionna. Il ajoute : « Comment Eustache de Saint-Pierre, cet homme qu'on nous peint s'immolant avec tant de

pièces témoignant des connivences du héros calaisien avec les Anglais, et prouvant, entre autres choses, qu'il reçut du roi Édouard une pension qu'un traître seul pouvait accepter; je n'ajouterai qu'un détail nouveau, mais, ce me semble, tout à fait décisif.

En 1835, une société savante, qui se recrute d'érudits à Calais et dans les villes voisines, la *Société des Antiquaires de la Morinie*, mit au concours cette question si intéressante pour la gloire de toute la

générosité aux devoirs de sujet et de citoyen, put-il consentir à reconnoître pour souverain l'ennemi de sa patrie; à s'engager solennellement de lui conserver cette même place qu'il avoit si longtemps défendue contre lui; enfin, à se lier à lui par le nœud le plus fort, l'acceptation du bienfait ? C'est ce qui me paroît s'accorder mal avec la haute idée donnée jusqu'ici de son héroïsme patriotique. » — Notre ami Eugène d'Auriac a repris, dans le *Siècle* du 26 septembre 1854, à l'époque où la ville de Calais se proposait d'élever une statue à Eustache de Saint-Pierre, la réfutation entreprise par Bréquigny; il l'a complétée à l'aide de quelques pièces récemment trouvées à la Tour de Londres, une entre autres, datée du 29 juillet 1351, qui nous montre Édouard III dépossédant les héritiers d'Eustache de Saint-Pierre des biens qu'on lui avait accordés, parce que, loin sans doute de suivre son exemple, ils étaient restés fidèles à la cause française. Le dernier mot de M. d'Auriac sur cette question se trouve, très étendu et corroboré de nouvelles preuves, dans un travail de la *Revue des Provinces* de 1864, t. VI, p. 491.

contrée : *Le dévouement d'Eustache de Saint-Pierre et de ses compagnons au siège de Calais.*

On pouvait s'attendre d'avance à voir le prix remporté par quelque mémoire rétablissant enfin dans sa glorieuse authenticité l'évenement mis en doute depuis tantôt un siècle. Si la Société devait être naturellement indulgente et partiale, c'était certainement pour tout travail où la question se trouverait envisagée sous ce point de vue. Malheureusement c'était le moins favorable; le mauvais rôle ici était du côté de la défense. Les juges, après lecture des pièces, eurent le bon esprit de s'en apercevoir et assez de justice pour le déclarer.

Le mémoire auquel le prix fut décerné, et dont M. Clovis Bolard, un Calaisien! était l'auteur, prouvait qu'Eustache de Saint-Pierre n'était rien moins qu'un héros.

Voici comment le *Mémorial artésien*[1] raconte la séance dans laquelle fut proclamée la décision de la Société :

« M. le secrétaire perpétuel fait un rapport sur les travaux de la Société pendant l'année. Il le termine en disant que sur les trois questions proposées

[1]. Cité dans les *Archives historiques et littéraires du nord de la France*, t. IV, p. 506.

pour le concours du 1835, il n'a été répondu qu'à une seule, celle qui a pour objet *le dévoûement d'Eustache de Saint-Pierre et de ses compagnons au siège de Calais*, et qu'après maintes discussions dans le sein de la compagnie, une majorité de quatorze voix contre onze a prononcé que la médaille serait décernée à l'auteur du mémoire qui a révoqué en doute ce fait historique.

« A ces mots, un mouvement de surprise se manifeste dans l'auditoire, et plus d'un assistant s'étonne qu'une société française puisse couronner un ouvrage qui tend à effacer de notre histoire un des plus beaux traits qui honorent les annales de notre nation. On écoute cependant avec attention divers fragments du mémoire, lus avec chaleur par M. le secrétaire, et bientôt le lauréat, M. Clovis Bolard, de Calais, s'avance au bureau pour recevoir des mains de M. le président la médaille d'or que lui décerne la Société. »

Ici, l'on se contenta d'être surpris et un peu mécontent, comme le dit le journal; ailleurs, dans une circonstance à peu près pareille, si ce n'est que l'esprit religieux et non plus le sentiment patriotique y était mis en jeu, l'on ne s'en tint pas à ce muet étonnement.

M. Henri Julia lisait à la dixième séance de la

Société archéologique de Béziers un fragment du mémoire historique qui lui avait mérité la *Couronne d'argent*. L'épisode choisi était le sac de Béziers, en 1209. Il venait de citer les paroles du légat Milon : « Tuez-les tous, Dieu reconnaîtra bien ceux qui sont à lui, » lorsque tout à coup, du milieu de l'assemblée, un jeune prêtre s'écrie : « C'est faux, cela a été démenti. » Grand tumulte; le lecteur s'interrompt, le président se lève; on s'attend à le voir rappeler à l'ordre l'impétueux perturbateur. Point du tout; il retire la parole à M. Julia, qui voulait continuer, et il croit devoir se justifier lui-même du scandale de cette scène, en déclarant à l'assemblée que le fragment dont la lecture avait causé tant d'émotion n'était pas celui qu'il avait indiqué à l'auteur. « Ainsi, lisons-nous dans l'*Alliance des Arts*[1], M. Henri Julia, qui était venu de Paris pour recevoir une ovation dans une séance solennelle, s'est vu l'objet d'une censure publique. »

Le président avait de cette manière donné deux fois raison au jeune prêtre; il l'avait indirectement excusé de son inexcusable interruption, et il avait tacitement approuvé son démenti du *mot* historique. En ce dernier point avait-il tort? Que faut-il penser

---

1. 25 mai 1844, p. 363.

de la réalité de l'impitoyable parole du légat? Est-elle assez authentique pour qu'on se croie en droit de la répéter partout? Les uns diront oui; les autres non. Ceux-là ayant pour eux dom Vaissette; ceux-ci, son commentateur, le chevalier Du Mège. Dans le doute, je fis comme le sage; je commençai par m'abstenir [1], bien qu'en cela mon penchant fût volontiers pour la justification du légat. On a tant médit de l'Église et de ses prêtres! on a tant exagéré le mal dont leur sévérité souvent nécessaire a été la cause!

L'authenticité du mot me semblait toutefois assez fortement sapée pour penser qu'on ne dût pas désormais le citer sérieusement. Je fus donc surpris de le voir solennellement rappelé par M. Guizot dans sa réponse au *discours de réception* du Père Lacordaire. Les érudits s'en émurent, et l'un d'eux,

---

[1]. Il faut dire, avant tout, à la justification du légat, que si son mot cruel se trouve relaté par quelques historiens (*V.* Césaire d'Heisterbach, liv. V, ch. xxi), il ne l'est point par tous, notamment par ceux qui feraient le mieux autorité, les écrivains du pays. Il ne se lit même pas dans le récit du moine de Vaulx-Cernay, « qui, dit M. Du Mège, aurait, sans aucun doute, trouvé le mot sublime et approuvé avec une *sainte joie* cet ordre barbare ». (*Hist. du Languedoc*, de D. Vaissette, édit. Du Mège, 1838, in-8°, *addit. et notes* à la suite du t. V, p. 31.)

M. Ch. Tamisey de Larroque, crut à propos de faire une réfutation en règle de la malencontreuse citation [1]. Après ce qu'il a dit pour montrer le peu de foi qu'il faut avoir en Césaire d'Heisterbach, dont le livre est ici le seul témoignage [2], et pour faire voir aussi par quelques faits de la vie du légat, que de telles paroles étaient absolument contraires à ses habitudes de miséricorde, j'avoue que le doute dans lequel je m'abstenais d'abord fut entièrement dissipé [3].

Pour la création du Saint-Office, à laquelle on prétend que saint Dominique eut part, je serai plus à l'aise encore. J'ai, pour nier, les autorités les plus fortes [4], entre autres celle du P. Lacordaire, d'au-

---

[1]. *Correspondance littéraire* du 10 février 1861, p. 149-152.

[2]. Daunou, qui ne peut être suspecté de trop de partialité pour l'Église, avait lui-même déclaré que le légat était calomnié par Césaire d'Heisterbach, dont le livre est indigne, selon lui, de toute créance. (*Hist. litt. de la France*, t. XVII, p. 313.)

[3]. Si le compilateur Larousse avait connu l'excellent article de M. Tamisey de Larroque, il se fût sans doute dispensé de croire encore à l'odieux lieu commun, et il se fût gardé de nous faire un crime de notre doute prudent. *V.* son livre, au titre si bizarre, *Fleurs historiques des dames*, p. 632.

[4]. *Le cardinal Ximenès et l'Église d'Espagne*, par le docteur Hefels, traduct. de l'abbé Sisson, p. 205.

tant plus précieuse en cela que l'empressement du célèbre dominicain à repousser pour son patron toute responsabilité dans cette fondation sinistre semble être une garantie de son horreur pour tous les actes de l'Inquisition [1].

Puisque je me trouve avec lui, je ne le quitterai pas sans parler d'un *mot* qu'il mit en crédit, et que son autorité fit prendre pour une parole célèbre, lorsque ce n'était qu'un titre de livre. Je laisserai parler à ce sujet M. de Montalembert [2], et d'autant plus volontiers qu'il me donne occasion de relever une petite erreur.

« C'est Lacordaire, dit-il, qui a le premier, dans un article de *l'Avenir*, exhumé ce titre de la *Chronique* des *Gesta Dei per Francos*, dont on usa depuis lors à tort et à travers, dans la littérature ecclésiastique.... » C'est fort vrai; ce qui l'est moins, c'est l'origine de la phrase telle que la donna M. de Montalembert. Ce n'est pas le titre d'une Chronique, mais celui d'une *collection* d'historiens relatifs aux Croisades, publiée en 2 vol. in-folio, par Bongars, en 1611. Bongars était protestant, et il est curieux

---

1. Ce qu'il a dit, à ce sujet, dans son *Histoire de saint Dominique*, se trouve confirmé par un article de la *Revue contemporaine*, 25 avril 1857, p. 733.
2. *Le P. Lacordaire*, p. 147.

que ce soit lui qui ait prêté au grand orateur catholique l'une des formules dont il aimait le mieux se servir. Cette source, s'il l'eût connue, ne lui eût pas rendu moins belle la parole qu'il y trouvait. Son esprit faisait partout son profit du grand et du beau, et la phrase dont nous parlons est de ce domaine. Elle n'est égalée que par celle de Shakespeare, qui est presque sa tributaire : « La France est le soldat de Dieu. »

## XIV

Autre question : Doit-on faire grâce à la belle parole que tout le monde, même cette bonne *Biographie universelle* [1], prête au roi Jean II, quand, sur la nouvelle que son fils le duc d'Anjou, fuyant l'Angleterre où il l'avait laissé en otage, était revenu en France, il se décida à s'en aller reprendre son rôle de monarque captif? Je ne le pense pas.

« Il prit la résolution, dit la *Biographie*, de retourner se constituer prisonnier à Londres, répondant à toutes les objections de son conseil, que *si la bonne foi était bannie du reste du monde, il fallait qu'on la trouvât dans la bouche des rois.* »

---

1. T. XXI, p. 446.

Moins heureuse que tous les petits mensonges historiques de ce temps-là, parlés ou en action, cette belle phrase n'a pas même, pour enjoliver un peu et brillanter ce qu'elle a de faux, la spécieuse autorité de Froissart. Bien plus, c'est celui-ci qui va nous aider à prouver que Jean parla peut-être tout autrement. « Et, dit-il de ce roi qui veut à toute force quitter son royaume et retourner en prison, et ne luy pouvoit nul oster ni briser son propos. Si estoit-il fort conseillé du contraire; et luy disoient plusieurs prélats et barons de France que il entreprenoit grande folie, quand il se vouloit encore mettre en danger du roy d'Angleterre. Il répondoit à ce, et disoit qu'il avoit trouvé au roy d'Angleterre son frère, en la reine et ses neveux leurs enfants, tant de loyauté, d'honneur et de courtoisie, qu'il ne s'en pouvoit trop louer; et que rien ne se doutoit d'eux qu'ils ne luy fussent loyaux, courtois et aimables en tous cas : et aussi il vouloit excuser son fils le duc d'Anjou. »

N'être point relaté par Froissart, être même indirectement contredit par les paroles qu'il rapporte, c'est presque pour un *mot* une raison d'être authentique ; ceux qui soutiennent la vérité de la phrase prêtée au roi Jean pourraient s'en faire forts, j'en conviens. Malheureusement elle n'a pas même ce refuge. Le douteux chroniqueur a dit tout à fait juste cette fois; plusieurs écrivains qu'il faut croire confirment son récit.

Il en est un même qui va plus loin que lui dans la réfutation implicite de la sentencieuse parole qui court toutes les histoires : c'est le Continuateur de Nangis [1]. Non seulement, dans ce qu'il a écrit à ce sujet, la phrase prêtée au roi Jean, mais aussi l'intention toute chevaleresque qui l'aurait fait retourner en Angleterre, se trouvent formellement contredites. A l'entendre, le roi aurait pris ce parti extrême moins par raison d'honneur que pour cause de galanterie, *causâ joci*, ce que M. Michelet paraphrase ainsi [2] : « Quelques-uns prétendaient qu'il n'y allait que par ennui des misères de la France, ou pour revoir quelque belle maîtresse [3]. »

---

1. Dans le *Spicilège* de D. d'Achery, in-4°, t. III, p. 132.
2. *Hist. de France*, t. III, p. 430.
3. *V.* aussi une note de M. Dessales, dans les *Mélanges de littérature et d'histoire* de la Société des Bibliophiles, 1850, p. 152. — Une autre anecdote, racontée sur le roi Jean, par Roquefort (*De l'état de la Poésie françoise dans les* XIIe *et* XIIIe *siècles*, p. 362-367), d'après Boetius (*Scotorum historiæ...*, lib. XV), n'est pas plus vraie. Le roi se serait plaint de ne plus voir de Rolands parmi les Français, et un vieux brave lui aurait répondu : « Sachez, Sire, que vous ne manqueriez pas de Rolands, si les soldats voyaient

Cette tradition, tout à fait d'accord avec ce qu'on sait du caractère du roi Jean, surnommé *le Bon*, non pas à cause de sa bonté, mais pour sa prodigalité trop facile [1], était la seule qu'on acceptât à ce sujet pendant tout le XVIᵉ siècle. Brantôme en fait foi [2]. Il va même jusqu'à nommer la dame pour laquelle il quitta son royaume et revint prendre des chaînes qui étaient moins d'un captif que d'un amoureux. « Le roy Jean, dit Brantôme, prisonnier en Angleterre, receut plusieurs faveurs de la comtesse de Salsberiq, et si bonnes que, ne la pouvant oublier, et les bons morceaux qu'elle luy avoit donnés, il s'en

in Charlemagne à leur tête. » Le mot est de ceux qui ne se disent pas à un roi, il n'a donc pas certainement été adressé au roi Jean : ce qui me le prouve encore mieux, c'est que, bien avant l'époque où il aurait pu être dit, il se trouvait formulé dans un vers du petit poème de *la Vie du Monde* :

Se Charles fust en France, encore y fust Roland ;

et dans deux autres d'Adam de la Halle, cités par M. Francisque-Michel dans la préface de son édition de la *Chanson de Roland*, p. XIV-XV, où l'anecdote a été réfutée pour la première fois.

1. Michelet, *Hist. de France*, t. III, p. 352.
2. *Les Dames galantes*, édit. Ad. Delahays, p. 128.

retourna la revoir, ainsi qu'elle luy fit jurer et promettre [1]. »

1. M. le duc d'Aumale, dans son travail sur les comptes de Denis de Collors, publié dans les *Miscellanies of the Philobiblon Society* de Londres, t. II, et reproduit dans le *Bulletin du Bibliophile*, 1855-1856, p. 1045, n'est pas lui-même éloigné de croire que Jean ne retournât à Londres *causâ joci*. — Pour terminer, je dirai que le *mot* dont il est question ne fut pas toujours prêté à ce roi, mais à un autre, pour lequel il semble mieux fait : c'est François Ier. « Il disoit, selon Balth. Gracian, dans une note de *l'Homme de cour*, trad. par Amelot de la Houssaye, p. 202, que si la fidélité se perdoit, elle devoit se retrouver dans le cœur d'un roi. » N'est-ce pas le mot du roi Jean? Or, réfléchissez qu'il eut plus d'un rapport de destinée avec François Ier; puisqu'il fut prisonnier comme lui, et vous comprendrez que la parole, si vraisemblable chez celui-ci, put fort bien être prêtée à l'autre par suite d'un de ces déplacements d'esprit si ordinaires aux historiens. Le mot, à mon avis, est donc de François Ier; son caractère le justifie, et l'auteur qui le lui prête donne toute autorité à l'attribution. Gracian, qui est Espagnol, avait pu l'apprendre à Madrid des gens qui avaient approché le roi chevalier dans sa prison. Or, c'est là, en effet, un des jours où on lui aura proposé de manquer à sa parole et de s'enfuir, qu'il aura dû dire le *mot*. Jusqu'au XVIIe siècle, c'est à lui seul qu'on l'attribua, comme on le voit par le *Recueil d'apophtegmes et bons mots*, 1695, in-12, p. 83-84.

## XV

Dans ce petit livre, où je me suis donné la mission circonscrite de réfuter seulement les *mots*, et de ne m'attaquer aux faits que le plus rarement possible et incidemment, je ne devrais pas, sans doute, m'occuper de ce fameux récit de la mort de Du Guesclin, où l'on nous montre un capitaine anglais, qui, enchaîné par la parole donnée et par son respect pour le grand homme expiré, vient déposer sur son cercueil les clefs de la place qu'il commande. Cependant, par amour pour la vérité, et entraîné par ce vif désir qui me suit en toutes choses, de rendre à chacun ce qui lui revient ou d'honneur ou de honte, je veux cette fois aller un peu au delà de ce que j'ai promis, et vous montrer ce qu'il faut croire de cet effort de courtoisie anglaise.

« Le gouverneur de Rendon avoit capitulé avec le connétable, est-il dit dans l'*Abrégé chronologique* du président Hénault [1], que je cite exprès, par la raison qu'on ne détruit jamais mieux l'erreur qu'en l'attaquant dans son fort, c'est-à-dire au cœur même des livres qui ont le plus aidé à la populariser. Il étoit convenu de se rendre le 12 juillet, en cas qu'il ne fût pas secouru : quand on le somma de rendre la place le lendemain, qui fut le jour de la mort de Du Guesclin, le gouverneur dit qu'il lui tiendroit parole, même après sa mort; en effet, il sortit avec les plus considérables officiers de sa garnison et vint mettre sur le cercueil du connétable les clés de la ville, en lui rendant les mêmes respects que s'il eût été vivant. »

Voyons maintenant le récit du chroniqueur [2] qui

---

1. 1761, in-12, t. I, p. 323.
2. *Chronique de Du Guesclin,* publiée par Fr.-Michel (*Biblioth. choisie,* 1830, in-12), p. 448. — Sur quelques autres fables dont on a grossi l'histoire du connétable, *V.* les *Mémoires sur l'Histoire de France* (collect. Petitot, 1re série, t. V, p. 163), et pour quelques faits prouvant qu'il n'était pas en disgrâce lorsqu'il mourut, le beau travail de M. Lacabane sur Charles V, dans le *Dictionnaire de la Conversation,* t. XIII, p. 156.

est entré dans le plus de détails sur cette affaire, et cherchons, d'après ce qu'il écrit, de quel côté fut le beau rôle; s'il fut pour l'Anglais qui rendait la place, ou pour Louis de Sancerre qui commandait l'*ost* des Français après la mort de Du Guesclin. Ce ne sera pas difficile à démêler.

« Au trépassement messire Bertrand, dit donc notre *Chronique*, fut levé grand cry à l'ost des François : dont *les Anglois du chastel refusèrent le chastel rendre.* » Ce voyant, le maréchal Louis de Sancerre fait aussitôt amener les otages « pour les testes leur faire tranchier ». Les Anglais en sont avertis, et tous effrayés, ils baissent la herse du château, « et « vint le capitaine offrir les cleifs au mareschal qui les refusa et leur dist : « Amis, à messire Bertrand « avez vos convenances et les lui rendrez. » Sans tarder, il les conduisit alors « en l'ostel où reposoit messire Bertrand, et leurs cleifs leur fist rendre et mestre sur le serqueul de messire Bertrand tout en plourant. »

On voit maintenant à quoi se réduisent la bonne volonté du chef anglais et cette déférence pour la mémoire du héros mort, dont on a l'habitude de faire si grand bruit.

Pendant le XVIe siècle, ce dernier récit, le seul vraisemblable, fut le seul accepté. Laissons parler

Montaigne [1]. « Les assiegez, dit-il, s'estans rendus après, furent *obligez* de porter les clefs de la place sur le corps du trespassé. » Brantôme ne s'exprime pas autrement. Suivant lui, comme, selon le dire du chroniqueur et d'après Montaigne, ce n'est pas de bon gré, mais contraints, que les Anglais rendirent ce dernier hommage au connétable. « Messire Bertrand Du Guesclin, dit-il [2]....., estant mort devant le château de Randon, et ceux de dedans s'estant renduz, fust *ordonné* et advisé par ceux de l'armée qui commandoient amprès luy qu'on porteroit sur son tahu, où estoit le corps, les clefs, en signe d'obédiance et humilité. »

1. *Essais,* liv. I<sup>er</sup>, ch. III.
2. *Œuvres complètes de Brantôme,* édit. elzévir., t. II, p. 208.

## XVI

Je pourrais avoir beaucoup à dire sur le règne de Charles VI et sur celui de Charles VII, si je continuais cette réfutation des faits mal éclaircis ou faussement racontés. Ils ne manquent pas alors ; mais les paroles à grand effet manquent davantage. Pressés par les événements, les personnages ne prennent pas le temps de faire des *mots*, les historiens d'en inventer [1].

---

[1]. Il est toutefois deux erreurs sur l'histoire du temps de Charles VI que je ne veux pas laisser passer sans dire mon mot. La première, qui vient des *Essais sur Paris*, par Sainte-Foix, comme l'a prouvé l'abbé Rive, se rapporte à l'invention des *cartes à jouer*, qu'on attribue à Jehan Gringonneur, bien qu'il n'ait rien inventé et se soit contenté d'être le fournisseur du roi pour ces cartes depuis long-

Ma tâche se trouve ainsi singulièrement restreinte pour cette époque.

J'ai bien les paroles dites par Jeanne d'Arc, mais de celles-là je n'ai point à m'occuper ; elles sont toutes de la plus naïve, et aussi de la plus glorieuse vérité. Pour le prouver, on a mieux que les pièces de l'histoire, on a les pièces d'un double procès, celui de sa condamnation, celui de sa réhabilitation, qui toutes rendent témoignage de l'élévation, de l'éloquence de son bon sens, et de cette promptitude vaillante dans la répartie, dont le plus beau trait peut-être est ce qu'elle dit quand on lui fit un crime d'avoir déployé sa bannière auprès du roi le jour du sacre. Comme la phrase est une des plus souvent

---

temps connues, ainsi que l'ont prouvé : l'abbé Rive, que je viens de nommer, dans sa brochure, *Éclairciss. hist. sur les cartes*, 1780, in-12, p. 41 ; Leber, *Étude sur les cartes à jouer*, p. 43 ; Duchesne, *Annuaire historique* de 1837, p. 174, 182, 190 ; et P. Lacroix, *Curios. de l'hist. des arts*, p. 21, 24, 41, 42. — La seconde erreur est dans la façon dont on a lu longtemps la devise du duc d'Orléans, ennemi de Jean sans Peur. Cette devise était *Je l'enuie*, pour *Je l'ennuie* ; on lut *Je l'envie*, gros contre-sens qui, substituant une sorte d'hommage à une insolence, enlevait toute raison au mécontentement du duc de Bourgogne, dont le meurtre de celui qui se faisait gloire de l'*ennuyer* fut le dernier éclat. *V.* à ce sujet une note de M. A. Vallet, dans la *Biographie* Didot, t. XXXVIII, p. 803, et nos *Chroniques et Légendes des rues de Paris*, p. 85.

citées, il est bon d'en rétablir le texte authentique.

« Interrogée pourquoi son estendard fut plus porté en l'église de Reims au sacre que ceux des autres capitaines, répond : « Il avoit esté à la peine, c'es-
« toit bien raison qu'il fust à l'honneur. »

Dans le nombre de ses réponses, il s'en trouve une qui aurait dû suffire à détruire l'opinion partout admise que Jeanne était bergère au moment de sa mission. Elle ne l'était pas plus alors que sainte Geneviève ne l'avait été [1]. Écoutez-la elle-même le dire à ses juges :

« Interrogée si elle avoit apprins aucun art ou mestier, dit que oui et que sa mère lui avoit apprins à cousdre, et qu'elle ne cuidoit point qu'il y eust femme dans Rouen qui lui en sceust apprendre aulcune chose. Ne alloit point aux champs garder les brebis ne autres bestes [2]. »

---

1. *V.* une curieuse page du *Valesiana*, p. 43, et aussi Le Roux de Lincy, *Femmes de l'ancienne France*, t. I, p. 39, 598.

2. *Le Procès de Jeanne d'Arc*, édit. Buchon, 1827, p. 58, 69. « Quant à avoir gardé les bestiaux, lit-on aussi dans l'*Histoire de Charles VII* de M. Vallet de Viriville, t. II, p. 45, note, elle dit qu'elle ne s'en souvenait plus. »

## XVII

Je ne serai pas de ceux qui doutent de l'existence de Jeanne d'Arc [1]; je ne recommencerai pas non plus les dissertations de G. Naudé [2] et du P. Vignier de l'Oratoire, pour prouver qu'elle n'a pas été brûlée [3]. Ce sont jeux d'esprit et d'opinion qui

---

1. *V.* notre article de l'*Illustration*, 10 mars 1855, p. 158-159.
2. *Considérations politiques sur les coups d'État. V.* aussi le *Patiniana*, p. 111.
3. *V.* le *Mercure galant* de de Visé, nov. 1683. Cette question, qui ne méritait d'occuper personne, fut résolue une première fois avec une netteté assez brutale par Lenglet du Fresnoy (*L'Histoire justifiée contre les romans*, 1735, in-12, p. 281), puis, beaucoup plus tard, avec un sérieux qu'elle ne comportait peut-être pas, dans le *Magasin pittoresque*, 1844, p. 298. Il y est bel et bien prouvé que toute

seraient futiles ici; mais il est un fait du règne de Charles VII au sujet duquel on me permettra quelques contradictions : c'est celui qui tend à poser Agnès Sorel en conseillère héroïque de Charles VII, et à faire en quelque sorte de cette favorite l'émule
C'est Brantôme[1] qui accrédita cette histoire, dans
de la vaillante Jeanne.

l'erreur venait d'une aventurière qui s'était fait passer pour Jeanne d'Arc, quelques années après sa mort, et qui finit par épouser M. des Armoises, gentilhomme lorrain. Après la publication, dans le *Mercure,* de ce que le P. Vignier avait écrit à ce sujet, beaucoup de gens se passionnèrent pour sa chimère. Un chanoine de Beauvais, M. Foi de Saint-Hilaire, était de ceux qui y tenaient le plus, sans doute par esprit de corps et patriotisme de diocèse, puisque en prouvant que la Pucelle n'avait pas été brûlée, on aurait déchargé d'un crime la mémoire de l'évêque de Beauvais, Cauchon. Le 14 mai 1695, l'abbé Colbert, qu'il était, à ce qu'il semble, parvenu à convaincre, lui écrivait : « Je viens de faire un voïage à Rouen, où j'ai souffert perséqusion, de la part de ceux dont j'entreprenois la deffense, je veux dire de MM. de Rouen, qui, au lieu de se purger, comme ils le pourroient, du faux reproche qu'on leur fait d'avoir été les parricides de cette pauvre pucelle d'Orléans, trouvent fort mauvais qu'on dise qu'elle est morte très tranquillement en Loreine, au milieu de sa famille, dans le château de Vaucouleurs (car il me semble que c'est ainsi que vous m'avez dit qu'il s'appeloit). Je vous aurois fort souhaité pour m'ayr à prouver cette vérité. » (*Catalogue d'autographes* Loverdet, du 20 avril 1855, p. 44, n° 364.)

1. *Dames galantes,* disc. VI; édit. Ad. Delahays, p. 393.—

un temps où, les favorites étant plus que jamais en grande puissance, il était d'un bon courtisan de vanter leur règne, dans le passé comme dans le présent.

De nos jours l'on a douté de l'aventure [1], et l'on a fort bien fait, à mon sens. Il y a tant de choses qui prouveraient au besoin qu'elle ne dut pas être, si peu qui témoignent qu'elle est authentique.

Sur quoi se fonde-t-on, en dehors du passage de Brantôme? Sur quelques vers de Baïf[2], paraphrasés par Fontenelle dans un de ses plus jolis dialogues, puis encore sur l'ingénieux et galant quatrain de François I$^{er}$:

> Gentille Agnez, plus de los tu mérite,
> La cause estant de France recouvrer,
> Que tout ce que en cloistre peut ouvrer
> Close nonnain ni en désert hermite.

Tout cela, certes, est charmant; mais en histoire il

---

Brantôme prenait cette belle histoire à Du Haillan (*Hist. de France*, in-fol., p. 1253). Beroalde de Verville (*La Pucelle restituée*, 1599, in-12, feuillet 32) l'avait déjà prise à la même source.

1. P. Clément, *Hist. de Jacques Cœur*, t. II, p. 211. Vallet de Viriville, *Agnès Sorel, étude morale et polit. sur le* xv$^e$ *siècle*, Paris, 1855, gr. in-8°, p. 14, note. — Agnès Sorel ne fut la maîtresse de Charles VII qu'en 1434. (Th. Bazin, *Histoire de Charles VII*, publiée par J. Quicherat, 1855, in-8°, t. I, p. 313.)

2. Liv. II de ses *Poèmes*.

faut de bien autres raisons. Comment trouver, par exemple, quelque autorité historique au madrigal du *Père des Lettres*, quand on sait que c'est une traduction de Pétrarque [1] où il mit *Agnès*, comme il aurait mis tout autre nom ? Cette gloire-là, toute d'emprunt, à mon sens, se trouve ainsi prouvée et chantée comme elle le mérite.

La critique moderne en a, du reste, fait pleine justice [2]. Charles VII y gagne tout ce qu'y perd la belle Agnès. On sait maintenant que ses inspirations de courage lui vinrent de lui-même et qu'il n'était, dès le commencement de son règne, ni couard, ni nonchalant, quoi qu'en ait dit M. H. Martin [3] se contredisant lui-même [4].

On sait aussi ce qu'il faut croire des royales orgies dans lesquelles on le fait se plonger pour se distraire de ses malheurs. Charles VII fut toujours plus ami de la tristesse que de la joie. « Solitaire estoit, » dit Henri Baude [5] ; « et sobre à table, » ajoute G.

---

[1]. Nicolas Bourbon, qui l a traduit en latin, le dit positivement. (*Nugarum* liber VII, p. 389.)

[2]. Vallet de Viriville, *loc. citat.* — Du Fresne de Beaucourt, *Le Règne de Charles VII*, etc., 1856, in-8°, p. 24-25.

[3]. *Hist. de France*, t. VI, p. 401.

[4]. Au commencement du même volume, p. 90, M. Martin avait reconnu le courage de Charles VII.

[5]. Cité par M. Vallet de Viriville, *Agnès Sorel*, etc., p. 22.

Châtellain [1]. S'il n'avait eu par goût ce dernier mérite, la misère dans laquelle il fut si longtemps le lui eût, bon gré mal gré, imposé. Quel grand train pouvait mener un prince si misérable et si *malaisé* qu'un cordonnier lui refusât une paire de *houssiaux* (bottes), faute d'avoir été payé d'avance, comme le disait, dans une chanson célèbre [2], le bon peuple, qui, sachant la vérité sur sa pénurie, lui en tint compte plus tard? Quelle grande chère vouliez-vous que fît un pauvre prince dont pendant plusieurs années la table ne fut approvisionnée qu'avec le produit des étangs du chapitre de Saint-Étienne de Bourges [3], et qui un jour, c'est encore la chanson populaire qui le dit, n'eut à faire servir à ses hôtes

..... Qu'une queue de mouton
Et deux poulets tant seulement!

La Hire était de ce piètre festin; et comme il ne dut jamais faire plus grande ripaille à la table du roi,

---

1. Cité par M. Vallet de Viriville, *ibid.*, p. 10. — Il était même fort pieux alors. (Paradin, *Ann. de Bourgogne*, 1566, in-fol., p. 703. — Quicherat, *Procès de Jeanne d'Arc*, t. III, p. 400, et t. V, p. 340.)

2. *Biblioth. Impér.*, fonds Cangé, ms. 122.

3. « En 1435, dit M. de Viriville (p. 22, note), cette dette de nourriture n'était point encore acquittée. »

je trouve qu'on a bien fait de douter de la vérité de son fameux *mot* à Charles VII : « On ne peut perdre plus gaiement son royaume. » C'est « plus tristement » qu'il aurait fallu dire.

Pasquier fut le premier qui mentionna ce *mot*, mais comme un simple *on dit*, ce qui prouve qu'il n'y croyait guère [1]. Tout bien considéré, cette boutade du Gascon La Hire n'est donc qu'une gasconnade historique.

La gaieté du joyeux capitaine était le seul régal des festins où le conviait le pauvre petit roi. C'était le bon mot qui remplaçait un plat, comme plus tard chez Scarron les anecdotes de Françoise d'Aubigné. Charles VII lui en savait gré et l'en paya bien, quand il fut mieux en argent comptant. M. de Joursanvault possédait dans ses archives [2] une pièce sur un don qu'il lui fit ainsi « pour ses bons et *agréables* services ».

---

1. Du Fresne de Beaucourt, *Corresp. littér.*, 5 mai 1857, p. 148.
2. *V.* le *Catalogus*, t. I, p. 45.

## XVIII

Je ne veux pas réhabiliter Louis XI. Je sais trop bien, sans même l'avoir mesurée, que la tâche serait énorme; mais d'après ce que j'ai découvert, sans beaucoup chercher, de gros mensonges courant sur son compte, de crimes supposés, etc., etc., il me semble aussi qu'il ne serait peut-être pas impossible de la mener à bonne fin. Ce n'est sûrement pas un roi d'une irréprochable moralité, mais très sûrement aussi c'est un roi calomnié.

Son règne commence par une accusation absurde. Charles VII meurt d'une horrible maladie de mâchoires, « maladie qui luy fust incurable », comme dit Jehan de Troyes dans la *Chronique scandaleuse*[1];

---

1. *Collect. Petitot*, 1ʳᵉ série, t. XIII, p. 256.

ou plutôt, mis hors d'état de manger par ce mal même, il meurt de faim [1]. Que disent aussitôt les ennemis du dauphin ? que le pauvre roi, craignant d'être empoisonné par son fils, — remarquez que celui-ci était alors à la cour du duc de Bourgogne, — aime mieux se laisser mourir d'épuisement que de chercher des forces dans une nourriture où la main parricide aurait pu cacher la mort. Au lieu de dire que le vieux roi « ne pouvait plus », ils ont dit « ne voulait plus » manger. Tout le crime supposé est dans ce jeu de mots [2].

[1]. Barante, *Hist. des ducs de Bourgogne*, t. VII, p. 390. — *V.* aussi dans Duclos (*Hist. de Louis XI*, t. III, p. 237-239, Preuves), *Lettres des ministres et autres gens du Conseil au dauphin, pour lui donner avis de la maladie du roi.*

[2]. Cette calomnie contre Louis, dauphin, comme presque toutes celles qui suivirent contre Louis XI, roi, fut propagée par ces méchantes langues de l'histoire qui se trouvent dans tous les règnes, et qui sévirent contre celui-ci plus que contre tout autre. La plus mauvaise fut celle de l'évêque de Lisieux, Thomas Bazin, dont l'*Histoire*, jusqu'en ces derniers temps, passa pour être d'Amelgard. L'accusation de parricide contre le dauphin s'y trouve au chapitre XXI du liv. V. M. Quicherat, qui a publié en 3 volumes cette histoire trop écoutée, fut le premier à la redresser. Il n'y voit qu'un « amas de fictions », reprises plus tard par le Flamand Mayer, qui les a encore amplifiées; « une suite d'événements arrangés au gré de la haine personnelle de l'auteur, et d'après les propos d'ennemis déclarés ». *V.* la *Notice*, p. LXXV, LXXXV, etc.

Louis XI fut mauvais fils, c'est vrai, mais non jusqu'au crime ; il fut mauvais père aussi, je le veux bien encore, mais non pas autant qu'on voudrait nous le faire croire.

On nous dit qu'il fit enfermer son fils à Amboise, sans un maître qui pût lui apprendre à lire ; or, il existe un livre, *le Rozier des Guerres*, ouvrage moitié moral, moitié politique, qu'il composa lui-même, ou fit du moins composer sous ses yeux, pour l'instruction de ce fils [1]. Comment croire, après cela, qu'il ne voulut pas que le dauphin sût lire [2] ?

L'ayant calomnié comme père, on ne devait pas l'épargner comme mari ; aussi n'a-t-on pas manqué de répéter qu'il fit fort mauvais ménage avec Charlotte de Savoie, sa seconde femme. Du Haillan va même jusqu'à dire que le peu d'intelligence des deux époux rendant impossible la légitimité du dauphin Charles, il avait dû naître d'une autre femme que la reine, et n'était ainsi qu'un dauphin supposé [3].

---

1. Il a été imprimé, in-4° gothique, chez la veuve Michel Lenoir. C'est donc à tort que M. de Sismondi a prétendu qu'on ne l'avait pas publié. (*Histoire des Français*, t. XIV, p. 323.)
2. *V.* P. Paris, *Manuscrits français*, t. IV, p. 116-136.
3. Le président Hénault, dans sa *Chronologie de l'Histoire de France*, 1761, in-8°, I<sup>re</sup> part., p. 392, a fait justice de ce mensonge.

Du premier mariage de Louis XI, avec Marguerite d'Écosse, on n'a rien dit. N'était même l'anecdote du baiser qu'elle déposa sur la bouche du vieil Alain Chartier, et qu'on a singulièrement faussée en la jugeant d'après nos usages [1], on ne parlerait pas de cette aimable Marguerite, qui mourut avant d'être reine.

On répète partout que Louis XI avait des raffinements de cruauté inouïs. Il avait inventé tout exprès nous dit-on, des cages de fer où il enfermait ses prisonniers; mais ce n'est rien encore : dans un jour d'exécution, il fit placer des enfants sous l'échafaud tout ruisselant du sang de leur père! Contes encore, contes horribles.

---

1. Le baiser de Marguerite sur les lèvres du vieux poète, qui l'était allé chercher en Écosse et l'avait initiée à notre poésie, qu'elle ne cessa plus d'aimer, n'était qu'un de ces *baisers d'hommage,* si naturels alors, comme on le voit par une foule d'exemples que donne Ducange au mot *osculum*. Celui de Marguerite n'étonna que parce que le poète qui le reçut de cette bouche si fraîche était vieux et laid. L'anecdote, que Bouchet rapporta le premier dans ses *Annales d'Aquitaine,* p. 252 de l'édit. de 1644, in-4°, et que Brantôme reprit dans ses *Femmes illustres* (édit. du *Panthéon littéraire,* t. II, p. 200), a été mise en doute, mais à tort, selon moi. Il ne s'agit que de la voir à sa place, dans son cadre du temps, pour la croire vraisemblable. C'est aussi l'avis d'un rédacteur de *l'Intermédiaire,* qui a fait à ce sujet, t. II, p. 306-307, un judicieux petit article.

Louis XI n'inventa pas les cages-prisons ; c'était un genre d'incarcération depuis très longtemps en usage en Italie et en Espagne [1].

Le supplice de Nemours n'eut pas lieu comme on l'a décrit partout ; les détails effrayants dont on s'est plu à l'entourer, ces enfants à genoux sous l'échafaud, cette *rosée affreuse*, comme dit Casimir Delavigne [2], qui tombe goutte à goutte sur leur tête, sont un appareil mélodramatique de mise tout au plus maintenant dans les *Crimes célèbres*. « Les contemporains, dit M. Michelet, n'en parlent point, même les plus hostiles [3]. » L'avocat Masselin, qui, un peu après la mort de Louis XI, à la fin de 1483, présenta requête aux États pour ces pauvres enfants du duc de Nemours, dépouillés de tous leurs biens, et qui, dans cette cause, devait, par conséquent, exagérer la vérité de leur malheur pour en accroître l'intérêt, ne dit pas un mot de cette

---

1. Muratori, VIII, p. 624 ; XI, p. 145. — Ducange, au mot *Gabia*. — Il est une autre invention, fort honorable celle-là, dont il faut enlever aussi le mérite à Louis XI : c'est l'invention des *postes*. Deux siècles avant qu'il les organisât en France, les chevaliers Teutoniques les avaient établies sur les terres dépendant de leur ordre. *V.* le *Vieux-Neuf*, 2ᵉ édit., t. II, p. 115.

2. *Louis XI*, acte II, sc. VI.

3. *Hist. de France*, t. VI, p. 451.

barbarie perfectionnée[1]. Donc, encore une fois, dans tout cela, rien de vrai.

Le reste de ce que l'on raconte sur Louis XI ne l'est pas, j'en suis sûr, davantage. L'âge de Tristan l'Ermite, selon M. Michelet[2], rend invraisemblable tout ce que l'on nous a répété partout de ses prouesses de bourreau. Il était trop vieux pour être aussi alerte à la pendaison, et trop gai compagnon pour l'aimer tant. Un bourreau qui fut clément pour Villon, dont nous avons les remerciements, devait l'être pour bien d'autres beaucoup moins pendables[3].

La faveur de Coictier le médecin fut grande, mais pas autant qu'on s'est plus à le dire. Louis XI, loin d'être homme à se mettre sans cesse pieds et poings liés à sa merci, « estoit, selon Commines, enclin à ne vouloir bien souvent croire le conseil des médecins[4]. » Si Coictier devint riche, c'est qu'il gagnait sans doute sur l'*or potable* et autres drogues

---

1. *Diarium statuum generalium*, p. 236. — Voltaire, qui revenait souvent sur ce mensonge, aida beaucoup à le répandre. V. sa *Lettre à Linguet* (juin 1776), édit. Beuchot. t. LXX., p. 84.
2. *Hist. de France*, t. VI, p. 491.
3. V. l'*Étude* de M. Campaux sur *Villon*, p. 130.
4. Liv. VI, ch. VII.

coûteuses dont il avait vanté au roi la vertu efficace [1].

Pour ce qui est de la venue de saint François de Paule, il paraît que dans cette affaire le saint homme avait autant besoin du roi de France que le roi du saint homme. Il était malade des écrouelles [2], que Louis XI guérissait par privilège royal, et Louis XI souffrait, sans compter la vieillesse, de toutes sortes d'infirmités que le saint guérissait par grâce divine. C'était donc entre eux un échange de vertus curatives : ni l'un ni l'autre ne s'en trouva mieux.

On raconte que François de Paule, à sa première entrevue avec le roi, lui ayant dit : « Sire, je vais prier Dieu pour le repos de Votre Majesté [3].

---

1. Commines, édit. de M<sup>lle</sup> Dupont, t. II, p. 248.
2. *Acta sancti Francisci Pauli*, p. 155. — Isambert, *Anciennes Lois françaises*, t. XIV, p. 304.
3. On croit généralement, et M. H. Martin l'a répété dans son *Hist. de France* (4<sup>e</sup> édition, t. III, p. 18, note), que le titre de *Majesté*, abandonné sous Henri I<sup>er</sup>, ne fut repris que par Louis XI ; c'est une erreur, ainsi que l'ont prouvé M. L. Delisle (*Biblioth. de l'École des Chartes*, 4<sup>e</sup> série, t. II, p. 512, 553, 555) et M. H. d'Arbois de Jubainville (*Quelques observations sur les six premiers volumes de l'Histoire de France de M. Henri Martin*, 1857, in-8°, p. 58).

— Oh ! priez seulement pour le corps, aurait répondu Louis XI ; il ne faut pas demander tant de choses à la fois. » Je ne sais d'où vient cette anecdote, qui nous montre Louis XI faisant de l'esprit et de l'impiété, dans un moment où il devait avoir des préoccupations bien contraires. Ce n'est sans doute que la mise en scène de ce quatrain narquois que je me rappelle avoir lu au bas d'un portrait de Louis XI, longtemps conservé à Cléry, et maintenant au musée d'Orléans :

> Du corps seulement la santé
> Je demandois à Nostre-Dame.
> Trop l'importuner c'eust esté
> De la prier aussi pour l'âme [1].

[1]. Les images qu'il portait à son chapeau, et auxquelles il adressait de temps en temps ses prières, lui ont été imputées à superstition. On n'y a vu qu'une puérilité de dévotion toute spéciale, tandis qu'elle était universelle alors chez les gens du peuple de Paris, dont Louis XI avait pris le costume et suivait les usages. Combien n'a-t-on pas retrouvé dans la Seine, depuis quelques années, de ces *enseignes* de dévotion, que les gens de métiers arboraient à leur couvre-chef, et dont la ressemblance avec celle que portait Louis XI paraîtrait frappante, si « cette petite image de plomb représentant la Vierge » ne s'était enfin perdue, après avoir été conservée à Fontainebleau, comme relique de ce roi, jusqu'au temps de Louis XIV ! (Le P. Dan, *Trésor des Merveilles de la maison royale de Fontainebleau*, etc., 1642, in-fol., p. 84.)

J'ai nié les cruautés de Louis XI; maintenant, que dirai-je de ses bonnes actions? On lui en suppose beaucoup moins, je l'avoue; je n'en trouve même qu'une seule qui lui soit prêtée, et encore celle-là faut-il que je la discute. Je le ferai de bonne grâce. On verra du moins par là que je n'essayais pas ici une réhabilitation quand même. Cette bonne œuvre de Louis XI est racontée par Du Verdier et reproduite par l'abbé Tuet dans ses *Matinées sénonoises*. Louis XI était arrivé un peu avant l'heure des vêpres à Notre-Dame de Cléry; la première personne qu'il y trouva était un solliciteur qui le guettait au passage pour lui demander un bénéfice de collation royale. Le roi écouta la supplique et ne dit mot. Un pauvre prêtre dormait dans un coin du chœur; il l'avisa, s'en vint à lui, le fit éveiller et commanda qu'on lui expédiât sans délai les lettres de ce bénéfice, « disant, écrit Du Verdier, qu'il voulait en cet endroit faire trouver véritable le proverbe qui dit qu'*à aucuns les biens viennent en dormant* ». Or, pareille anecdote est mise sur le compte de Henri III; Tallemant nomme même le bienheureux à qui le sommeil fut si profitable [1], Pour qui faut-il opter en ce cas? pour Louis XI, ou

---

1. *Historiettes*, édit. in-12, t. I, p. 114.

pour Henri III ? Je pencherais volontiers pour le dernier, par la raison qu'il était contemporain de Du Verdier, et que celui-ci, ayant à conter l'aventure, crut sans doute lui donner plus de crédit en l'attribuant à un roi plus ancien, et plus de popularité surtout, en lui donnant pour héros, au lieu de l'impopulaire Henri III, le populaire Louis XI.

## XIX

« Sous ce règne peu héroïque de Louis XI, — ai-je dit dans la deuxième édition de ce livre, — nous ne trouvons guère qu'un héroïsme à constater, encore a-t-il été bien des fois mis en doute : c'est celui de cette vaillante bourgeoise de Beauvais, cette autre Jehanne, qui méritait si bien d'avoir la même patronne que la Pucelle, et qui, tenant en main la *hachette* d'où lui vient son surnom, aida si courageusement à repousser l'assaut de l'armée bourguignonne.

« On fait souvent pour Jeanne Hachette comme pour Clémence Isaure. Elle n'a pas existé, dit-on; son histoire est une légende ; on personnifie en elle la vaillance des femmes de Beauvais, comme au

XIVᵉ siècle, à Toulouse, on avait personnifié en *dame Clémence* le plus doux attribut de la Vierge, protectrice de la poétique cité : *la Clémence*[1]. Soit. J'accepte pour dame Isaure, mais je nie pour Jeanne Hachette. Je sais que Commines n'a pas dit un mot d'elle; mais, à défaut de l'historien, le roi lui-même a parlé.

« Dans l'ordonnance[2] qui accorde de nouveaux privilèges à la ville de Beauvais, qui institue une fête commémorative où les femmes auront le pas sur les hommes, il est fait mention de la vaillante bourgeoise. C'est assez pour que, aux yeux même d'un douteur comme moi, Jeanne Hachette soit une héroïne incontestable. »

---

1. Cette thèse a été soutenue d'une façon ingénieuse et savante par M. Noulet, dans son ouvrage de *Dame Clémence Isaure*, Toulouse, 1853, in-8°. V. aussi Le Roux de Liny, *Compagnies littéraires avant l'Académie* (*Revue de Paris*, 24 janvier 1841; p. 257 et suiv.). Si l'on veut avoir en main toutes les pièces du procès, pour ou contre, on devra lire encore une lettre de M. de Ponsan à dom Vaissette, dans laquelle il se déclare pour l'existence de dame Isaure. M. L. Paris a publié cette lettre (*Cabinet historique*, nov. 1857, p. 285).

2. *Ordonnances*, t. XVII, p. 259. Il est parlé de Jeanne Hachette dans l'*Histoire de Louis XI* de P. Mathieu, 1610, in-fol., p. 207, et dans le *Discours véritable du siège mis devant la ville de Beauvais*, etc. (Cimber et Danjou, *Archiv. curieuses*, 1ʳᵉ série, t. I, p. 115.)

Aujourd'hui, après avoir lu un excellent travail de M. Tamisey de Larroque [1], et relu, sur son indication, un curieux article de M. Paulin Paris [2], je changerai de conclusion ; je reviendrai, malgré moi, au doute que je voulais écarter, et je serai presque tenté de dire aussi affirmativement que M. Paris, à propos des dames de Beauvais : « Elles ont toutes été des Jeanne Hachette... à l'exception de Jeanne Hachette. »

[1]. *Revue des questions historiques*, octobre-décembre 1866, p. 610-614.
[2]. *L'Assemblée nationale*, 19 février 1850.

## XX

« Rien de plus spontané et de plus authentique que ce mot de Louis XII : *Le roi de France ne venge pas les injures du duc d'Orléans.* Philippe, comte de Bresse et ensuite duc de Savoie, mort en 1497, avait dit peu de temps avant lui : *Il serait honteux au duc de venger les injures faites au comte.* Cette pensée généreuse était dans le cœur de ces deux princes, et nous ne devons pas sans doute les regarder comme de froids imitateurs de l'empereur Adrien, qui, le jour où il parvint au pouvoir, rencontrant un ancien ennemi, et remarquant son embarras : « Tu es sauvé, » lui dit-il (*evasisti*)[1]. »

---

[1]. Le président Hénault, dans son *Abrégé chronologique,* à l'année 1498, avait déjà fait ce rapprochement.

Voilà ce que nous lisons dans un excellent travail de M. Suard, *Notes sur l'esprit d'imitation,* revu et publié dans la *Revue française*[1] par M. Jos.-Vict. Leclerc. Nous n'ajouterons rien à ces quelques lignes[2]. On y trouve tout ce qu'il faut dire sur ce *mot* et sur beaucoup d'autres du même genre qui sont assez simples et viennent assez facilement à l'esprit pour que deux princes, se trouvant dans une position pareille, aient pu les dire sans se devoir rien l'un à l'autre. Les rois généralement se volent peu leurs *mots;* lorsqu'il y a plagiat, transposition, supposition d'esprit, soyez sûr que le coupable est quelque historien trop zélé qui veut à toute force faire bien parler celui dont il écrit l'histoire. Ne pouvant rien inventer, il vole pour le compte de son héros. C'est dans ce cas seulement que le *mot* de Louis XII,

---

1. Nouv. série, t. VI, p. 202.
2. Il est bon toutefois de remarquer que le *mot* ne fut pas dit à M. de la Trémoille, comme on l'a écrit partout, mais aux députés de la ville d'Orléans, qui, après s'être assez mal conduits avec leur duc, venaient en hâte lui faire leur soumission comme à leur roi. Louis XII les écouta avec bienveillance et leur dit ensuite : qu'*il ne serait décent et à honneur à un roi de France de venger les querelles d'un duc d'Orléans.* (*Hist. ms. de Louis XII,* par Humbert Velay, au prolog. du traduct. Nicol. de Langes.) Le *mot* ainsi présenté vise moins à l'antithèse et devient plus direct, plus naturel.

devancé par celui du comte de Bresse, pourrait être d'une authenticité contestable.

Je n'ai point de chicane à faire au sujet de cet autre que dit le *Père du Peuple,* lorsqu'on vint se plaindre à lui de la liberté de langage que se permettaient les farceurs de la Basoche contre sa façon de gouverner. « Le diable m'emporte ! s'écria Louis XII, laissez-les dire, mais qu'ils gardent l'honneur des dames. » Puis il ajouta que ces satires étaient utiles, en ce qu'elles lui faisaient connaître la pensée du peuple.

Je partagerai bien un peu l'opinion de mon ami Ch. d'Héricault [1], qui trouve dans cette parole beaucoup moins de bonhomie que de prudente politique ; moins de condescendance volontaire et presque paternelle que de concession forcée ; quelque chose enfin comme la prétendue bonne volonté de Louis-Philippe, qui laissait dire parce qu'il ne pouvait empêcher de parler ; mais ce sera une raison de plus pour que le *mot* me semble authentique.

Il sera bon toutefois, lorsqu'on le citera, de dire en quelle circonstance il fut prononcé : c'est après la représentation de la *Sottise à huit personnages ;*

---

1. *Œuvres complètes de Gringore,* édit. elzévirienne, t. I, p. XXVIII.

*c'est à sçavoir* : *le Monde, Abuz, Sot dissolu, Sot glorieux, Sot corrompu, Sot trompeur, Sot ignorant et Sotte folle.* On y trouvait, entre autres épigrammes, celle-ci qui va droit à l'adresse du prince un peu trop économe :

>  Libéralité interdite
>  Est aux nobles pour avarice :
>  Le chief mesme y est propice,
>  Et les subjectz sont si marchans !

On ne sait de qui est cette *sotise* au libre parler, que Louis XII alla, dit-on, voir représenter. On l'attribue à Jean Bouchet, ce qui n'est pas invraisemblable. Il a en effet rappelé dans ses *Épistres morales et familières* la conduite si bienveillante du roi envers les farceurs, et ses paroles d'encouragement pour la témérité de leurs satires [1]. Cette mention, répétée en prose par Guillaume, frère de Jean Bouchet, dans ses *Sérées* [2], pourrait bien être le fait

---

1. *V.* notre édition de Gaultier Garguille, p. XLV de l'Introduction : *La Farce et la Chanson au théâtre avant 1660.*
2. 1635, in-8°, 2ᵉ partie, p. 18.

d'un souvenir ou plutôt d'une reconnaissance toute personnelle. Voici les vers de Jean Bouchet :

> Le roi Louis douzième désiroit
> Qu'on les jouast devant lui, et disoit.
> Que par tels jeux il sçavoit mainte faute,
> Qu'on lui celoit, par surprise trop haute.

## XXI

« On ne retrouve plus, lit-on dans les *Études historiques* de M. de Chateaubriand [1], l'original du fameux billet : *Tout est perdu fors l'honneur;* mais La France, qui l'aurait écrit, le tient pour authentique. »

Soit ; je conviens que très longtemps, même chez les plus sérieux historiens [2], l'on ajouta foi à la célèbre parole ; ne retrouvant pas le billet dont, en moins d'une ligne, elle était toute la teneur, on s'en fiait de bonne grâce à la tradition qui le déclarait authentique ; mais lorsque au lieu de ce billet en cinq mots on retrouva toute une lettre en vingt

---

1. *Études historiques*, t. I, p. 128.
2. *V.* l'*Hist. de France* du P. Daniel, sous la date de 1526.

lignes au moins, qui était certainement la copie de celle que François Iᵉʳ dut écrire à sa mère le soir de la malheureuse journée de Pavie, l'on ne fut plus aussi confiant. En face de cette page, le *mot* fut nettement mis en doute. C'est ce que M. de Chateaubriand aurait dû savoir, car la découverte était faite [1] avant qu'il publiât ses *Études historiques;* c'est ce que M. de Sismondi surtout n'aurait pas dû ignorer, lui qui, venant après M. de Chateaubriand et écrivant un livre plus sérieux, du moins par l'apparence, et plus approfondi, n'aurait pas dû laisser courir encore, sous le couvert de son *Histoire des Français* [2], ce *mot*, à qui toutes les *histoires de France* n'avaient déjà fait faire qu'un trop beau chemin.

---

1. Dulaure la retrouva dans les *Registres manuscrits du Parlement,* sous la date du 10 nov. 1525, et la publia dans son *Hist. de Paris; V.* l'édit. de 1837, t. III, p. 209. Elle se trouve aussi à la p. 191 de la *Chronique manuscrite* de Nicaise Ladam, roi d'armes de Charles-Quint; dans le *Journal* qui sera cité tout à l'heure, et dans les papiers du cardinal Granvelle, *Papiers d'État (Collect. des Documents inédits),* t. I, p. 258. — L'original est perdu, mais l'authenticité de la lettre n'en est pas moins irrécusable, comme le remarque fort bien M. Champollion, puisque l'on possède, autographe, la réponse collective de Louise de Savoie et de Marguerite, réponse qui reproduit presque textuellement les phrases de la lettre du roi.

2. T. XVI, p. 242.

# CHAPITRE XXI

Voyons la lettre véritable, telle que l'a donnée M. Champollion [1], d'après un *Journal* manuscrit du temps [2] :

« Madame,

« Pour vous advertir comment se porte le ressort de mon infortune, *de toutes choses ne m'est demouré que l'honneur et la vie qui est saulve* [3], et pour ce que en nostre adversité cette nouvelle vous fera quelque resconfort, j'ay prié qu'on me laissast pour escrire ces lettres, ce qu'on m'a agréablement accordé. Vous suppliant de volloir prendre l'extrémité de vous meismes, en usant de vostre accoutumée prudence ; car j'ai espoir en la fin que Dieu ne m'aban-

---

1. *Captivité de François I<sup>er</sup>* (*Documents inédits*), p. 129-130.
2. *Collect. Dupuy*, vol. DCCXLII. — Ce *Journal* est celui d'un *Bourgeois de Paris* que M. Ludovic Lalanne a publié depuis, pour la Société de l'Histoire de France, 1854, in-8°. La lettre se trouve à la p. 237 de ce précieux volume.
3. Dans une autre copie de cette lettre, reproduite dans le *Cabinet historique* de M. L. Paris, t. II, p. 142, d'après un ms. du fonds Fontanieu, on lit : « De toutes choses ne m'est demouré que l'honneur et la vie qui est *saine*; » ce qui vaut mieux. Puisqu'il écrit, sa vie est *saulve;* mais il pouvait être blessé, voilà pourquoi il croit bon de dire que sa vie est *saine*.

donnera point; vous recommandant vos petits enfants et les miens, vous suppliant de faire donner seur passage et le retour en Espaigne à ce porteur qui va vers l'empereur pour sçavoir comme il faudra que je sois traicté, et sur ce très humblement me recommande à vostre bonne grâce [1]. »

Le *Tout est perdu fors l'honneur* se trouve bien à peu près en substance dans les premières lignes de la lettre; c'est ce qui fut cause de l'erreur. Les historiens, avec cette manie de résumé et pour ainsi dire de condensation qui s'empare d'eux quelquefois, et presque toujours mal à propos, pensèrent qu'en réduisant à cinq mots bien frappés toute cette lettre, ils lui donneraient plus de force. C'est donc ce qu'ils firent, et cela, j'en suis sûr, avec d'autant plus d'empressement qu'ils biffaient ainsi le : *et la vie qui est saulve*, petite considération incidente, qui est en effet un peu moins héroïque que le reste, mais qui pourtant paraît toute naturelle, quand on réfléchit que c'est un fils qui écrit à sa mère. Le roi avait commencé la phrase, le fils l'a achevée.

---

1. Il y a dans le XLIV<sup>e</sup> volume de cette même *collection Dupuy*, une autre copie de la lettre de François I<sup>er</sup>, dont le texte est identique, sauf de légères variantes. M. A. Macé l'a publiée dans le *Bulletin de l'Académie delphinale* (t. IV, p. 11-26), et M. Chéruel, d'après lui, dans la *Revue des Sociétés savantes* (t. I, p. 146-149).

Antonio de Vera, qui devait connaître la lettre par le manuscrit de Nicaise Ladam [1] ou par les papiers de Granvelle, semble avoir été le premier qui s'avisa pour elle de cet arrangement *à la laconienne*. Voici comment il nous l'a traduite en son espagnol : *Madama, toto se ha perdido sino es la honra* [2]. Historien de Charles-Quint, Vera n'avait pas sans doute intérêt à corriger la vérité pour faire plus beau le rôle du roi de France; mais, présentée de cette façon, la lettre avait je ne sais quel air qui devait plaire davantage à son humeur castillane. C'est pour cela peut-être qu'il nous en arrangea cette version, bientôt reprise chez nous, traduite, popularisée, mais cette fois pour la raison toute française que le *mot* ainsi donné séyait mieux au vaincu de Pavie et relevait encore son caractère chevaleresque [3].

Lorsqu'un mensonge n'est, après tout, comme

---

1. Sur cette curieuse *Chronique* de Nicaise Ladam, que nous avons indiquée tout à l'heure en note, on peut lire une intéressante notice dans l'*Annuaire de la Bibliothèque royale de Belgique*, 1842, p. 95.
2. *Vida y hechos de Carlos V*, p. 123.
3. M. Antonin Macé dit que le *billet sublime*, « si profondément différent de la vraie lettre », est de l'invention du P. Daniel (*Athenæum*, 14 oct. 1854, p. 960). Je crois que Daniel n'a fait que le traduire d'Antonio de Vera.

celui-ci, qu'un débris de la vérité et qu'il a son origine dans une raison d'honneur, il faudrait être bien sévère pour ne pas lui faire grâce [1]. Dire ce qu'il est, ne plus y croire, voilà, selon moi, la seule rigueur qu'il faille se permettre à son égard [2].

---

1. D'ailleurs, le mensonge était alors chose tellement coutumière chez les historiens ! « Il semble, dit M. Champollion, justement au sujet de cette lettre altérée, que ce défaut de véracité fût passé insensiblement dans les habitudes des écrivains des derniers siècles. »

2. L'*Épitre* de Clément Marot à la reine Éléonore, où l'on trouve ce vers à propos du roi fait prisonnier :

> Que le corps pris, l'honneur luy demoura,

quelques passages aussi d'une chanson faite par le roi pendant sa captivité :

> Cueur résolu d'autre chose n'a cure
> Que de l'honneur...
> . . . . . . . . . .
> Le corps vaincu, le cueur reste vainqueur...

purent aider encore à populariser l'erreur. — Sur quelques autres circonstances de la bataille de Pavie, dénaturées par les historiens, notamment par M. de Sismondi, V. Champollion, *Introduction aux Lettres de François I*[er], p. XVIII.

## XXII

Souvent femme varie ;
Bien fol est qui s'y fie.

Ce sont deux vers qui ont bien couru le monde depuis le jour où l'on dit que François I<sup>er</sup> les écrivit sur une vitre du château de Chambord. Les a-t-il écrits réellement, et, dans ce cas, est-ce bien sur une vitre, longtemps cherchée, jamais retrouvée [1], qu'il les traça avec le diamant de sa bague ? Je vais laisser Brantôme vous répondre à ces questions par un passage du *Discours IV* de son livre : *Vie des Dames galantes* [2].

« Il me souvient qu'une fois, dit-il, m'estant allé

---

1. Théophile, *Essai sur divers arts*, notes de M. De l'Escalopier, p. 296.
2. Édit. Ad. Delahays, p. 336.

pourmener à Chambord, un vieux concierge qui estoit céans, et avoit esté valet de chambre du roy François, m'y reçut fort honnestement; car il avoit dès ce temps-là coneu les miens à la cour et aux guerres, et luy-mesme me voulut monstrer tout; et m'ayant mené à la chambre du roy, il me monstra un escrit au costé de la fenestre :

« Tenez, dit-il, lisez cela, Monsieur; si vous n'a-
« vez veu de l'escriture du roy mon maistre, en
« voilà. » Et l'ayant leu, en grandes lettres il y avoit ce mot : *Toute femme varie.* »

Telle est la vérité : l'on peut en croire Brantôme, le seul qui ait parlé de l'inscription comme l'ayant vue. Au lieu de deux vers, il n'y avait donc qu'une simple ligne de trois mots. De plus, rien ne nous prouve ici qu'elle ait été écrite sur la vitre avec un diamant, plutôt que sur l'un des larges côtés de l'embrasure de la fenêtre, avec de la craie ou du charbon : ce qui eût été plus naturel, surtout à cette époque-là. Si François Ier, en effet, se servit de la pointe de sa bague, il se trouve avoir été le premier qui fit usage du diamant pour rayer le verre. On n'en connaît pas d'autre exemple de son temps[1]; rien que pour cela certainement, Brantôme

---

1. Théophile, *Essai sur divers arts,* notes de M. De l'Es-

eût remarqué que l'inscription avait été tracée sur la vitre.

Le roi avait écrit en grandes lettres, dit toujours Brantôme, et d'une main, à ce qu'il paraît, assez assurée pour que le caractère de son écriture fût reconnaissable. Or, comment cela serait-il possible s'il avait écrit sur l'une des vitres étroites dont alors on garnissait les fenêtres, et s'il se fût servi d'un diamant avec lequel on ne peut marquer que des linéaments indécis? Tous ceux qui ont repris l'anecdote après l'auteur des *Dames galantes* l'ont mal comprise, et, par suite, l'ont dénaturée en l'étendant. Mais de ceux-là, quel est le premier? Je crois bien, sans toutefois en pouvoir répondre, que c'est l'auteur du roman *Les Galanteries des Roys de France*[1].

Je ne connais pas de livre plus ancien, qui nous donne le distique. Voici sous quelle forme il s'y

---

calopier, p. 296. — C'est dans un livre du temps de Henri III que j'en trouve la première indication, *les Subtiles et plaisantes Inventions de J. Prévost,* Lyon, 1584, in-8°, I<sup>re</sup> part., p. 30-31.

1. Bruxelles, 1690, in-8°, t. I, p. 145. Il n'y avait pas auparavant d'autre version que celle de Brantôme; aussi Bussy, dans sa lettre à Corbinelli, du 25 juin 1670, citant le mot, le cite comme Brantôme le donne. L'auteur de l'*Histoire amoureuse des Gaules* devait savoir par cœur ses *Femmes galantes*.

trouve, laquelle a depuis été elle-même altérée, car le mensonge n'est pas plus respecté que la vérité :

> Souvent femme varie ;
> Mal habil qui s'y fie.

Quant au dénouement de l'histoire de la fameuse vitre, soit qu'on dise qu'elle ait été « vendue aux Anglais comme tant d'autres choses françaises »[1], soit qu'on raconte que Louis XIV, « alors jeune et heureux, » la sacrifia à M<sup>me</sup> de La Vallière, c'est la digne conclusion de ce petit roman taillé à plaisir dans un fait véritable.

[1]. *Hist. de Chambord,* par M. De la Saussaye, p. 52.

## XXIII

Que de choses dans l'histoire de François I<sup>er</sup>, surtout dans la partie galante, que de choses à ramener ainsi de la vérité arrangée à la vérité réelle, ou, plus souvent encore, du faux et de l'absurde au raisonnable et au vrai !

Ainsi le dernier épisode de ses amours avec M<sup>me</sup> de Chateaubriand, qu'un mari en réalité fort brave homme, d'accommodante humeur, et qui pleura bien sa femme [1], mais transformé en Barbe-Bleue

---

1. *V.* un article excellent de M. J. Niel, dans *l'Artiste* du 1<sup>er</sup> novembre 1851, p. 97-100, et un chapitre non moins convaincant du bibliophile Jacob, dans ses *Curiosités de l'Histoire de France*, 2<sup>e</sup> série, 1858, in-12, p. 147-153.

farouche par Varillas [1], Lesconvel, M^me de Muralt [2] et mille autres, pour les besoins de leurs romans, aurait, disent ces inventeurs, ensanglanté de la plus barbare manière, et avec un raffinement de vengeance presque égal à celui dont le châtelain de Coucy et la dame de Fayel passaient pour avoir été victimes [3].

C'est un roman qu'on a donné pour pendant à un roman.

Ainsi encore, tout le mensonge que ne font pas même pardonner les beaux vers du *Roi s'amuse*, où l'on nous donne comme certain l'amour de François I^er

---

1. *Hist. de François I^er*, liv. IV.
2. *Les Effets de la jalousie*, roman par M^me de Muralt. — C'est de Varillas qu'est venu tout le mal, tout le mensonge. Il lui a valu cette vigoureuse sortie du P. Griffet, qui, venant de parler du P. Maimbourg, ajoute : « Varillas, qui est encore plus décrié que lui, ment avec plus de sang-froid. Il osoit citer des manuscrits et des pièces originales qui n'avoient jamais existé ; il imaginoit des aventures tragiques dont personne n'avoit jamais entendu parler; entre autres, celle de la comtesse de Chateaubriand, dont la fausseté a été démontrée par des documents authentiques. » (*Traité des différentes sortes de preuves qui servent à établir la vérité de l'histoire*, 1770, in-8°, p. 14.)
3. Dès le temps de Legrand d'Aussy, l'on n'était plus dupe de la fausseté de cette légende. *V.* ses *Fabliaux des* XII^e *et* XIII^e *siècles*, édit. de 1779, t. III, p. 280, note, et t. IV, p. 174.

pour Diane de Poitiers, bien que rien ne prouve ces rapports du père avec celle qui devait être plus tard la maîtresse de son fils [1], et par lequel encore, non content de cette sorte d'inceste de la main gauche, on cherche à flétrir l'acte de clémence du roi pour le père de Diane, en disant que celle-ci l'avait payé de son déshonneur. Si le roi n'eût pardonné qu'à ce prix honteux, il eût pardonné tout à fait, car des grâces ainsi achetées ne se donnent pas à moitié, et il n'eût pas gardé M. de Saint-Vallier en prison plus de quatre ans après [2]. Croyez que s'il fut clément, c'est à cause du gendre, mari de Diane, M. de Brézé, féal et dévoué serviteur, que son zèle pour le roi avait conduit à dénoncer M. de Saint-Vallier, mais sans nul doute avec l'espoir du pardon : le châtiment de celui qu'il livrait l'eût trop puni lui-même [3].

---

1. Gaillard, *Hist. de François I*ᵉʳ, t. IV, p. 362, voit dans cet amour une calomnie, et il a raison ; mais quand il ajoute qu'elle est une invention des protestants, peut-être va-t-il trop loin.

2. *V.* le beau travail de M. Gariel, bibliothécaire de Grenoble, sur le procès de Saint-Vallier, *Delphinalia*, sept. 1856, p. 140-166.

3. *Id., ibid.* — Il y a beaucoup à dire aussi sur le rôle de Diane à la cour de Henri II, surtout dans les derniers temps, où elle fut la garde-malade de la reine et des

Ainsi, enfin, l'histoire de la belle Féronnière [1], nouveau roman de vengeance conjugale, qu'on ra-

---

enfants. *V.* à ce sujet, dans les *Études sur l'histoire de l'art*, de M. Vitet, 4ᵉ série, p. 115-118, une note que nous avions eu l'honneur de lui communiquer et à laquelle il a bien voulu donner l'autorité de son approbation. — Il y avait si bon accord entre Diane et la reine, que celle-ci put fort bien accepter dans le fameux monogramme de Henri II, si souvent répété sur les façades du Louvre, une sorte de partage avec l'autre : on y peut voir à volonté, soit les deux C. de Catherine, soit les D. de Diane entrelacés avec les H. de Henri II. *V.* nos *Énigmes des rues de Paris*, p. 281-285.

[1]. Nous avons fait remarquer ailleurs que l'on a eu tort de donner le nom de *féronnière* à l'espèce de parure que les femmes se mettent sur le front. Le portrait sur lequel on en a pris le modèle, et qui se voit au Louvre, n'est pas celui de la belle Féronnière, comme on le pense généralement : c'est celui d'une belle Italienne, Ginevra Benci, selon Venturi (*Essai... sur Léonard de Vinci*, p. 48) et M. Delécluze (*Léonard de Vinci*, 1841, gr. in-8°, p. 29). Selon le P. Dan, c'est une duchesse de Mantoue ; suivant d'autres, qui paraissent plus près du vrai, c'est Lucrezia Crivelli. *V.* nos *Variétés histor. et litt.* (Bibliothèque elzévirienne de P. Jannet), t. III, p. 40, note. — Pour un autre portrait, qui se trouve au musée du Louvre, l'erreur a encore été plus grande. Il est de Léonard, disait-on, et il représente Charles VIII. Or, c'est Andrea di Solario qui l'a peint, et, au lieu du roi de France, c'est Charles d'Amboise, seigneur de Chaumont, qui s'y trouve *pourtraict au vif*. — J'ajouterai, pour la Féronnière, que son vrai portrait existait encore sous Louis XIV, et que la description qu'on en a faite ne se rapporte aucunement à celle

mène à la réalité en le débarrassant des détails et du dénouement hideux dont, le premier de tous, Louis Guyon[1] s'est plu à le charger, de sa pleine autorité d'inventeur de scandales, et en le circonscrivant dans le cadre gracieux de cette XXV<sup>e</sup> nouvelle de l'*Heptaméron*, qui en est le seul récit véritable.

Ici, du moins, sous la plume sincère et charmante de la reine de Navarre, plus de vengeance immonde, plus de honteuse contagion dont le mari s'infecte et apporte le germe, qui surprend le roi

---

du portrait peint par Léonard, qui du reste n'aurait pu *pourtraire* la Féronnière, puisque, pour le remarquer en passant avec M. Feuillet de Conches, en son excellent article sur les *Apocryphes de la Peinture* (*Revue des Deux-Mondes*, 15 nov. 1849, p. 619), il ne vint en France que lorsqu'elle fut morte. C'est avec l'habit et la coiffure des bourgeoises que la Féronnière avait été peinte, ainsi qu'il lui convenait; mais elle n'en éclipsait pas moins les autres maîtresses du roi, dont les portraits se voyaient auprès du sien : « Elle parut défaire toutes les autres, malgré le chaperon de drap noir qui lui couvroit la teste, les oreilles et tout le tour du visage; chaperon et bourgeoisie de coiffure qui, comme une ombre, servoit à relever l'éclat de cette beauté pendant que les autres paroissoient languir et s'éclipser auprès de cette lumière, malgré l'éclat et le brillant des habits, des pierreries, des parures, des couleurs dont elles étoient environnées. » (*Réflexions, pensées et bons mots qui n'ont pas encore été donnés* par le sieur Pepinocourt (Bernier), 1696, in-8°, p. 134-135.)

1. *Diverses leçons*, 1610, in-8°, t. II, p. 109.

sur le lit adultère, et qui, après l'avoir dévoré pendant de longues années de souffrance, finit par l'emporter. Ce sont les conteurs qui ont ajouté cela, toujours d'après L. Guyon; les historiens suivirent, Mézeray en tête, copiant, exagérant le premier récit.

Pour bien terminer leur aimable histoire, il ne leur fallut rien moins que la lente agonie et la mort de François Ier. Malheureusement pour eux, l'on sait, par des témoignages beaucoup plus dignes de créance, que le roi ne fut pas éprouvé certainement par une aussi longue et aussi impitoyable maladie. Le *post-scriptum* d'une lettre du cardinal d'Armagnac nous fait voir que, moins d'un an avant sa mort, le roi était en aussi parfaite santé que l'homme le plus robuste et le plus sain de son royaume [1].

---

1. F. Genin, *Lettres de Marguerite d'Angoulême*, 1841, in-8°, p. 473. — Puisqu'il est ici question du mal vénérien, n'oublions pas de dire que M. Walkenaër (*Vies de plusieurs personnages célèbres*, t. II, p. 39, 44, 49) a tâché de prouver qu'il fut importé de l'Inde, et non, comme on le croit, de l'Amérique. Il eût mieux fait de dire qu'il ne nous était venu ni de l'un ni de l'autre de ces deux pays. On est à peu près sûr aujourd'hui que les variétés les plus bénignes, il est vrai, de cette contagion étaient connues des Juifs (*V.* le *Lévitique*, ch. xv) et des Romains; qu'elles s'envenimèrent au moyen âge, comme le

## CHAPITRE XXIII

Peu de temps après la première édition de notre livre, parut une brochure qui, sur ce point, lui donna complètement raison. En voici le titre : *De quelle maladie est mort François I$^{er}$* [1]. L'auteur, M. Cullerier, chirurgien à l'hôpital du Midi, et l'un des plus compétents sur cette redoutable matière, conclut comme nous que le mal qui emporta le vainqueur de Marignan n'était pas vénérien ; c'était une fistule au périnée.

---

prouve ce qu'on lit dans Grégoire de Tours, sur l'épidémie appelée *lues inguinaria*, et dans le livre de Lanfranc, écrit en 1395, *Pratica, seu Ars completa Chirurgiæ ;* et que la lèpre s'étant mêlée avec ce mal, où elle se perdit, il acquit une violence dont la décroissance ne date que de nos jours. Un passage de la *Grande Chirurgie* de Paracelse, liv. I, ch. VII, fait foi de cette union si dangereuse, qui dut s'opérer au XVI$^e$ siècle, entre la lèpre et le mal vénérien.

1. Paris, Vict. Masson, in-8° de 14 pages. Cette étude avait paru d'abord dans la *Gazette hebdomadaire de médecine et de chirurgie*, déc. 1856.

## XXIV

Si je passe au crible tous les *mots* dont l'imagination des faiseurs d'esprit s'est plue à gratifier les rois, ce n'est pas, certes, pour faire grâce davantage à ceux qu'ils ont bénévolement prêtés à leurs bouffons. Je trouve justement, à cette époque de François I$^{er}$, un de ces bons mots de *fous de cour* dont il est à propos de faire enfin justice.

Charles-Quint s'est fié à la parole de François I$^{er}$, et il va passer par la France pour se rendre dans les Pays-Bas. Comme on l'attend à Paris, le roi avise son fol, Triboulet, qui griffonne dans un coin. « Que tiens-tu là ? lui dit-il. — Le *Calendrier des fous*, et j'y écris un nom. — Lequel ? — Celui de l'empereur Charles, qui fait la folie de se mettre à votre merci en traversant ce royaume. — Mais si je le laisse passer ? — Alors, c'est votre nom que j'inscrirai sur mon livre à la place du sien. »

Tout est faux dans cette anecdote, prise sous cette date et avec ces personnages. Triboulet, *fol, complétement fol*, comme écrit de lui Pantagruel ; *fol à vingt-cinq carats, dont les vingt-quatre sont le tout*, comme dit aussi à son sujet Bonaventure Desperriers, était tout à fait incapable d'une saillie pareille ; d'ailleurs, raison beaucoup plus décisive, il était mort depuis cinq ans, lorsque en 1540 Charles-Quint se hasarda de passer par la France.

C'est à un autre fou, dans une tout autre circonstance, que l'aventure arriva. Écoutez Brantôme vous raconter comment alors fut lancée la bonne riposte.

« Ce grand roy Alphonse avoit en sa cour un bouffon qui escrivoit dans ses tablettes toutes les folies que luy et les courtisans faisoient le jour et la semaine. Par cas, un jour le roy voulut voir ses tablettes, où il se trouva le premier en date pour avoir donné mille escus à un Maure, pour luy aller quérir des chevaux barbes en Barbarie. Ce qu'ayant vu, le roy luy dit : « Et pourquoi m'as-tu mis là ? et « quelle folie ai-je faite en cela ? » L'autre luy répondit : « Pour t'estre fié à un tel homme qui n'a

« ni foi, ni loi : il emportera ton argent et tu n'au-
« ras ni chevaux ni argent, et ne retournera plus. »
A quoi répliqua le roy : « Et s'il retourne, que diras-
« tu sur cela ? » Le bouffon, achevant de parler, dit
alors : « S'il retourne, je t'effaceray de mes tablettes,
« et le mettray en ta place, pour estre un grand fol
« et un grand fat d'estre retourné, et qu'il n'ait em-
« porté tes beaux ducats [1]. »

La réfutation ici n'était sans doute pas des plus
nécessaires. Voltaire disait en pareil cas : « La chose
« n'est pas bien importante, » mais il se hâtait d'a-
jouter : « La vérité est toujours précieuse [2]. »

Nous dirons comme lui, et nous continuerons
notre tâche, au risque de glaner parfois des riens et
de tondre sur des vétilles.

---

1. *Œuvres de Brantôme*, édition du *Panthéon littéraire*, t. I, p. 47. — Une anecdote dont un mot semblable fait le dénouement se trouve dans un livre turc du XVII<sup>e</sup> siècle, *Conseils de Nabi Effendi à son fils Abou'l-Kaïr*. V. dans la *Correspondance litt.*, 5 déc. 1858, p. 32, un article de M. Ch. Defrémery sur ce livre.

2. *Mélanges historiques*, Fragments sur l'histoire, article VIII.

## XXV

Voici toutefois qui est plus important, et tire bien autrement à conséquence : car, au mensonge très pittoresque dont je vais parler, nous ne devons rien moins que trois grands tableaux, l'un de Ménageot [1], l'autre de M. Ingres, le troisième de J. Gigoux [2]. Il est donc temps d'en finir avec lui une bonne fois, par pitié pour les peintres dont il tente le pinceau, et qu'il faut enfin désenchanter ; par pitié aussi pour le public dont ces *illustrations* d'un fait complètement faux caressent et entretiennent l'erreur.

---

1. A l'Exposition de 1781. Une copie de ce tableau fut exécutée en tapisserie aux Gobelins.
2. Au Salon de 1835.

On a déjà deviné sans doute qu'il s'agit des *Derniers moments de Léonard de Vinci, expirant à Fontainebleau dans les bras de François I<sup>er</sup>* (style de livret).

La *Biographie universelle*, qui a rarement le courage du doute et moins encore celui de la négation, a tenté dans cette circonstance son plus grand effort de critique ; elle a bravement nié [1]. L'auteur de l'article *Léonard de Vinci* a fait céder les habitudes de crédulité routinière et presque superstitieuse du recueil dans lequel il écrivait, devant la logique des preuves entassées par Venturi [2], par Amoretti [3] et par Millin [4], pour combattre l'opinion trop longtemps acceptée.

Il s'est demandé comment il s'était pu faire que Léonard, brisé par l'âge, malade depuis plus d'un an, eût tout à coup quitté le petit château de Clou près d'Amboise, devenu sa résidence par un ordre bienveillant du roi [5], et d'où peu de jours aupara-

---

1. *V.* l'art. VINCI (Léonard), p. 156-157.
2. *Essai sur les ouvrages physico-mathématiques de Léonard de Vinci...*, Paris, an V, in-4°.
3. *Vie de Léonard de Vinci.*
4. *Voyage dans le Milanais*, t. I, p. 216.
5. *V.* sur les causes de son voyage en France et de son séjour en ce petit castel tourangeau, après une excursion en Sologne, *le Vieux-Neuf*, 2<sup>e</sup> édit., t. II, p. 158-164.

vant il avait daté son testament [1], pour venir à Fontainebleau se mêler aux joies bruyantes de la cour; comment, si sa mort avait eu lieu dans cette dernière résidence royale, il avait pu se faire que son tombeau ne s'y trouvât pas, mais fût au contraire placé près du lieu qu'il habitait d'ordinaire, dans l'église Saint-Florentin d'Amboise [2]. Enfin, il n'a rien omis non plus de ce qui peut éclaircir un autre point : il n'a oublié aucune des preuves données par Venturi pour constater que François Ier ne pouvait être, le 2 mai 1519, près du lit du grand artiste expirant, pas plus à Fontainebleau qu'au château de Clou; preuves du plus haut intérêt, puisque, dans cette circonstance, elles font de l'*alibi* double une raison sans réplique, digne d'être devant l'histoire aussi décisive qu'elle le serait devant un tribunal.

« Venturi...., dit M. J. Delécluze [3], qui, en résu-

---

1. On sait maintenant que Léonard fit son testament à Amboise, devant le notaire Bereau, non pas quelques mois, comme on le pensait, mais neuf jours seulement avant sa mort. Cet acte, retrouvé il y a deux ans par M. Arsène Houssaye, porte la date du 23 avril 1519.
2. Il l'avait demandé par son testament. *V.* sur cette sépulture les *Lettres* de M. Ph. de Chenevière et de M. Cartier, dans l'*Athenæum français*, des 19 août et 25 nov. 1854.
3. *Léonard de Vinci*, Paris, 1841, gr. in-8°, p. 66-67.

mant ces mêmes preuves, leur a donné une autorité nouvelle, fonde son opinion sur ce qu'au moment de cet événement la cour était à Saint-Germain-en-Laye, où la reine venait d'accoucher; que les ordonnances du 1er mai sont datées de ce lieu, et que le journal de la cour ne fait mention d'aucun voyage du roi avant le mois de juillet. Il ajoute que l'élection prochaine de l'Empire occupait trop François Ier, qui le convoitait, pour qu'il s'éloignât du centre des négociations; et enfin, que Melzi, l'élève et l'héritier de Léonard de Vinci, en annonçant la mort de Léonard aux frères de ce grand artiste, ne dit pas un mot dans sa lettre de cet événement, qui eût si vivement intéressé sa famille.

« Il y a, poursuit M. Delécluze avec un sentiment auquel nous ne pouvons trop applaudir, il y a des choses vraisemblables qui équivalent à la réalité. Léonard de Vinci était digne d'un tel honneur, et l'intérêt vif que François Ier a toujours montré pour les arts et les artistes, et pour Léonard en particulier, est cause que l'erreur signalée par Venturi sera difficilement détruite [1]. »

---

1. Venturi a fait d'autant plus facilement bon marché de cette fable, que, suivant lui, le seul qui perde à la réfutation du fait, ce n'est pas le peintre italien, mais le roi de France. « Cette circonstance, dit-il, intéresse plus

J'avoue que c'est là, en effet, une erreur respectable, et à laquelle on a presque peur de toucher. Tant d'honnêtes gens l'ont répétée! tant de bons peintres l'ont illustrée! de plus, elle vient d'une source si sérieuse! N'est-ce pas, en effet, Mabillon qui l'a prise le premier sous l'infaillibilité de son patronage [1]? Malheureusement pour l'honorable fable, les détails dont on l'a enjolivée sont d'une si outrecuidante fausseté, qu'on prend, en les lisant, cœur à la réfutation, et que, pour avoir le plaisir d'en faire justice, l'on se donne sans remords le courage de ne rien épargner de tout le mensonge.

---

la gloire de François I$^{er}$ que celle de Vinci, qui, sans cela, n'est pas moins grande. » (*Essai sur les ouvrages physico-mathématiques de Léonard de Vinci*, p. 39.)

1. Son *Itinerarium italicum*, in-4°, où elle se trouve, p. 12, est le livre le plus ancien où je l'aie rencontrée. Pasch, dans ses *Inventa Nova-Antiqua*, la cite d'après lui (p. 742). S'il eût existé pour ce fait une autorité antérieure, soyez certain qu'il l'aurait su et l'aurait dit. Mabillon s'était fait, cette fois, sans y regarder de près, ce qui ne lui arrivait guère, l'écho d'une tradition déjà en cours, née je ne sais d'où ni comment, et que le faiseur de lettres, Vaumorières, devait, lui aussi, recueillir vers le même temps, mais d'une façon plus excusable : si le mensonge ne s'était popularisé que par ses *Lettres*, il n'eût pas fait une si grande fortune. Elles parurent en 1699, in-12; c'est à la page 154 du tome II que se trouve l'anecdote.

« Les amplificateurs d'anecdotes, est-il dit dans la *Biographie universelle*, prétendent que François I<sup>er</sup>, lisant une surprise dédaigneuse sur la figure des courtisans qui l'avaient accompagné chez Léonard, leur dit de ne pas s'étonner : « Je puis faire des « nobles quand je veux, et même de très grands « seigneurs ; Dieu seul peut faire un homme comme « celui que nous allons perdre. »

« On prête ce mot à tant d'autres princes, ajoute naïvement la *Biographie*, qu'il serait difficile de dire s'il appartient réellement à François I<sup>er</sup>. »

Ce n'est pas assez s'indigner, à mon sens, et notre biographe, au moment de conclure, se relâche un peu trop de sa logique et de sa sévérité. Mais, après tout, pourquoi de la colère, et même de l'étonnement, à propos de ces amplifications ? On doit toujours s'attendre à les voir paraître ; ce sont les parasites naturels de tout mensonge qui a fait fortune.

Pour moi, je me suis fait un précepte de ces vers d'Ovide :

Hic narrata ferunt alii, mensuraque ficti
Crescit, et auditis aliquid novus adjicit auctor[1].

---

[1]. *Métamorphoses*, liv. XII, v. 7.

Dès qu'une erreur est née, je me prépare à voir croître à l'entour tout une végétation d'erreurs accessoires.

S'il s'agit de mensonges *parlés*, la dernière phrase de ce petit passage de Voltaire, dans les *Annales de l'Empire*, me sert aussi de leçon constante, et fait que je me tiens toujours sur mes gardes, même, comme on le verra, contre les erreurs de ce genre propagées... par Voltaire.

« Plusieurs historiens, dit-il, rapportent que Charles, avant la bataille (celle qu'il livra près de Tunis à Barberousse), dit à ses généraux : « Les « nèfles mûrissent avec la paille ; mais la paille de « notre lenteur fait pourrir et non pas mûrir les « nèfles de la valeur de nos soldats. » Les princes ne s'expriment pas ainsi. Il faut les faire parler dignement, ou plutôt il ne faut jamais leur faire dire ce qu'ils n'ont point dit. Presque toutes les harangues sont des fictions mêlées à l'histoire. »

## XXVI

Ce que Voltaire vient de dire des discours qu'on prête aux héros dans les livres, je le dirai des actions qu'on leur prête sur les tableaux; et pour cela, l'occasion, certes, est bien prise, après ce que nous venons de voir sur les *illustrations* de la mort de Vinci. Le mensonge est, à ce qu'il paraît, beaucoup plus pittoresque et plus à effet que la vérité, car je connais fort peu de tableaux historiques qui ne soient une faute d'histoire. Le vrai n'a qu'une nuance; le faux en a mille, variées, changeantes, comme la fée menteuse et folle qui les prête : l'Imagination. C'est celle-ci qui broie les couleurs, le roman sert de palette, et le peintre n'a plus qu'à prendre son pinceau. Il est sûr d'avance de l'effet qu'il doit produire :

le roman a si vivement parlé à l'esprit; pourquoi la toile, sur laquelle il l'a transporté, ne parlerait-elle pas aussi éloquemment aux yeux ? La vérité, plus froide, moins complaisante, aurait exigé plus de soins, plus d'efforts, sans lui garantir un effet si certain ; il n'y avait donc pas à hésiter : l'incolore et sobre muse a été laissée dans son coin, dans son puits; et le mensonge préféré s'est, en passant de la page de l'historien romancier sur la toile du peintre, empâté de nouvelles couleurs, d'autant plus fausses qu'elles sont plus voyantes.

Rohr dans son *Pictor errans*, Guillaume Bowyer dans un chapitre de ses *Miscellaneous Tracts* [1], ont énuméré toutes les fautes commises par les plus grands peintres dans les sujets tirés de l'Ancien et du Nouveau Testament ; erreurs qui, vu la matière, sont presque des hérésies ; je serais tenté d'étendre à l'histoire leur système de minutieuse rectification ; mais la tâche serait, sinon fort difficile, du moins beaucoup trop longue. Il faudrait greffer tout un livre sur celui-ci.

Nous avons déjà signalé plusieurs de ces men-

---

1. Édimbourg, 1785, in-4°. — *L'Esprit des journaux* (juillet 1786, p. 86) a donné une traduction de ce chapitre.

songes *illustrés* par la peinture : Hippocrate refusant les présents d'Artaxercès [1] ; sainte Geneviève prenant de la main des peintres un rôle de bergère, qu'elle ne joue même pas dans la légende [2] ; Philippe-Auguste avec sa couronne sur l'autel et les seigneurs auxquels il l'offre d'un geste sublime [3] ; les enfants d'Édouard près d'être étouffés sur leur lit [4]; Cromwell ouvrant le cercueil de Charles Ier [5], etc., etc. Mille autres étaient sous ma main, que j'ai dédaignés, ainsi : la mort de César, sur laquelle on a fait plusieurs bons tableaux, mais pas un seul qui fût vrai [6] ; l'anecdote d'Agésilas à cheval sur un bâton, pour

---

1. *V.* plus haut, p. 6.
2. *V.* plus haut, p. 120.
3. *V.* plus haut, p. 71-75.
4. *V.* plus haut, p. 20. — On connaît le tableau de P. Delaroche ; il en existe un autre du peintre de Dusseldorf, M. Hildebrandt, dont le *Magasin pittoresque* a donné une gravure, t. X, p. 49.
5. *V.* plus haut, p. 20.
6. Celui de M. Court, au Luxembourg, n'est pas plus vrai que celui de M. Gérôme, au Salon de 1859. Tout ce qu'on savait sur cet événement se trouve singulièrement modifié par la découverte qu'on a faite en Espagne d'un fragment de Nicolas de Damas, publié pour la première fois en 1849, par M. Alfred Didot, au t. III des *Fragmenta historicorum*. — *V.* Mérimée, *Mélanges histor. et litt.*, p. 366 et suiv.

amuser son fils[1], anecdote que M. Ingres, suivant une autre tradition populaire, a transposée à l'époque de Henri IV, en nous montrant le bon roi, non pas à califourchon lui-même, mais servant de monture au petit dauphin, devant l'ambassadeur d'Espagne stupéfait. Plus loin, j'en indiquerai d'autres en courant : les tableaux sur Henri IV et Sully, où le mensonge saute pour ainsi dire aux yeux : — le roi, qui avait sept ans de plus que son ministre, est invariablement représenté de dix au moins plus jeune que lui[2] ; les tableaux sur Richelieu et Cinq-Mars, toujours taillés sur un roman trop célèbre, jamais sur l'histoire trop méconnue ; la fameuse scène de Louis XIV entrant au Parlement un fouet à la main ; enfin mille autres encore. Mais puisque je tiens ce sujet, je veux vous dénoncer, sans tarder, le Sixte-Quint de M. Monvoisin au Luxembourg, et le Rizzio de Decaisne. Tous deux, l'un où l'on voit l'im-

---

1. « Un jour, dit Plutarque cité par Bayle (édit. Beuchot, t. II, p. 24), un jour qu'on le surprit à cheval sur un bâton avec ses enfants, il se contenta de dire à celui qui l'avait vu en cette posture : « Attendez à en parler « que vous soyez père. » N'est-ce pas, sauf la différence de mise en scène, toute l'anecdote de Henri IV ?

2. Cette remarque a déjà été faite par M. Ed. About, dans son *Voyage à travers l'Exposition des beaux-arts*, p. 79.

pétueux pontife qui se relève en jetant ses béquilles[1] ; l'autre qui nous fait du Piémontais joueur de guitare, bossu, un jouvenceau brillant sur lequel s'abaisse le regard amoureux de Marie Stuart[2] ; tous deux sont d'effrontés mensonges.

M. Despois, rendant compte de la première édition de ce livre[3], disait : « J'imagine que M. Fournier va se faire bien des ennemis ; je mets en première ligne les artistes. » C'était fort juste ; mais

---

[1]. La vie anecdotique de Sixte-Quint n'est, surtout pour le commencement, qu'une répétition de celle du cardinal Brogni (*V*. Bayle, à ce mot). — La scène des béquilles jetées, et le *mot* qu'aurait dit ensuite Sixte-Quint au cardinal de Médicis, s'étonnant de le voir marcher droit, lui, si cassé avant l'élection : « Si je me courbais, c'est que je cherchais les clefs du paradis » ; tout cela n'est qu'invention. On a mis dans la bouche de Sixte-Quint ce qui n'était qu'une facétie, en circulation à propos de tous les nouveaux papes. « A Rome, lisons-nous dans les *Historiettes* de Tallemant, on dit, quand on voit un vieux cardinal courbé, qu'il cherche les clefs, car, dès qu'ils les ont trouvées, ils se portent le mieux du monde. » (Édit. in-12, t. X, p. 74.)

[2]. Rizzio, ou plutôt Riccio, avait plus de la trentaine et rien d'attrayant. Presque tout ce qu'on a écrit sur lui est faux. Ainsi, M. Fétis (*Biographie des music.*, à son nom) le pose en compositeur distingué, tandis que, selon Hawkins, ce n'était qu'un piètre chanteur, qui n'a rien composé (Lichtenthal, *Dict. de musique*, trad. par Mondo, t. II, p. 259).

[3]. *Estafette*, 21 juillet 1856.

pour prouver que ces sortes d'inimitiés ne m'effrayent pas, j'ai cru devoir ajouter ce qu'on vient de lire. Les ennemis que la première édition ne m'avait pas faits me sont venus après la seconde, ou me viendront après la troisième [1].

Cela dit, je retourne à d'autres mensonges. Je viens de finir en parlant de Marie Stuart : c'est par elle que je recommencerai.

---

[1]. Pour compléter ce que j'ai dit, je renverrai à un excellent article de M. Vallet de Viriville dans la *Revue des Provinces*, du 15 juin 1865 : *l'Histoire de France au Salon de 1865.*

## XXVII

Je lus un jour, dans un feuilleton du *Journal des Débats*[1] signé de M. Philarète Chasles :

« Beaucoup de cœurs sensibles se révolteront si j'ose leur dire que Marie Stuart n'a jamais fait que de très mauvais vers, et que ce petit couplet tant répété :

> Adieu, plaisant pays de France,
>   O ma patrie
>  La plus chérie ! etc.,

n'est qu'une mystification de journaliste, avouée par le journaliste Querlon, et néanmoins reproduite à satiété, dans des torrents de larmes et d'encre

[1]. 23 oct. 1844.

sortis de plumes bien taillées et sentimentales. Querlon a imprimé l'aveu de sa faute, et néanmoins *dictionnaires* et *biographies, bibliographies, albums, notices,* et le reste, ont reproduit fidèlement la légende ; elle est encore écrite et imprimée dans la *Biographie universelle* de MM. Michaud. Mais la vérité vaut-elle la peine qu'on la dise ? Plusieurs pensent que non, je crois que oui, j'ai tort peut-être. »

Je ne suis pas de ceux que la vérité effraye ; aussi les lignes de M. Ph. Chasles ne firent-elles que me mettre en goût. Sans désemparer, je me lançai à la recherche des preuves de ce qu'il venait de m'apprendre.

J'y étais d'autant plus porté, que la chanson de Marie Stuart, imprimée, pour la première fois, en 1765, dans cette *Anthologie*[1] en trois volumes dont Monet avait fait les frais, dont ce même Meusnier de Querlon avait écrit l'introduction, m'avait toujours semblé un peu suspecte. La mention banale : *tirée du manuscrit de Buckingham*, ne me rassurait pas du tout. Ce que je savais d'ailleurs des habitudes de Querlon, qui prenait volontiers plaisir à ces sortes de mystifications littéraires ; ce que j'

---

1. 1765, in-8°, t. I, p. 19.

connaissais de son petit livre publié à Magdebourg, en 1761, *les Innocentes Impostures, ou Opuscules de M.\*\*\**, n'était pas fait pour me donner plus de confiance.

Je cherchai donc. D'abord je trouvai un article de la *Revue des Deux-Mondes* [1], dans lequel M. Ph. Chasles avait émis, pour la première fois, le fait répété sous une autre forme dans son feuilleton des *Débuts*. Il persistait dans son dire, donc il en était bien sûr. C'était de quoi me rendre plus confiant encore, plus ardent à la découverte du reste. Il m'apprenait, de plus, que la lettre dans laquelle M. de Querlon trahissait lui-même sa petite imposture était adressée à l'abbé Mercier de Saint-Léger. Il fallait chercher cette lettre; je ne m'en fis pas faute, comme bien vous pensez.

Chemin faisant, j'appris que Mme de Norbelly, fille de Querlon, morte il y a trente ans environ, s'amusait souvent à conter l'histoire de la supercherie commise par son père, et dont le monde entier s'obstinait à être la dupe [2]. Je découvris quel-

---

1. 1er juin 1844, art. sur les *Pseudonymes anglais au* XVIIIe *siècle.*

2. Mme de Norbelly, mariée en premières noces avec l'adjudant-major-général Levasseur, était la mère de M. le général de division Levasseur.

ques lignes de M. Viollet-le-Duc [1], où il soutenait, lui aussi, que la chanson attribuée à Marie Stuart n'était certainement pas d'elle. J'acquis de plus, par un article de M. Sainte-Beuve dans le *Journal des Savants* [2], une nouvelle preuve que l'assurance donnée à l'abbé de Saint-Léger par Querlon sur la véritable origine de la chanson était très réelle ; enfin, je sus que l'un de nos plus riches amateurs possédait, dans sa collection, l'*autographe* même de la lettre dans laquelle l'innocente fraude se trouvait révélée par son auteur [3]. C'était tenir tout ; cependant, je ne sais pourquoi, je ne me défiai pas moins.

Les autographes sur des faits déjà un peu connus et pour lesquels ils nous sont des preuves trop désirées, trop imprévues, m'ont toujours trouvé sur mes gardes contre l'espèce de certitude improvisée qu'ils apportent. Elle est, selon moi, trop complète pour l'être assez. Ici, quelques lignes imprimées de Querlon ou de l'abbé de Saint-Léger dans un des recueils où ils écrivaient d'habitude, eussent bien mieux été mon affaire. Je désespérais malheureuse-

---

1. *Biblioth. poétique*, II<sup>e</sup> part., p. 20.
2. Année 1847, p. 276, et *Derniers Portraits littéraires*, p. 63-64.
3. C.-Blaze, *Molière musicien*, t. I, p. 446.

ment de les trouver, et, de guerre lasse, je renonçais presque à poursuivre davantage la solution définitive de ce petit problème littéraire.

Après avoir vu pourtant avec quel dédain superbe M. Mignet, dans sa belle et sérieuse *Histoire de Marie Stuart*, affecte de ne pas parler de cette chanson, tandis que M. Dargaud [1], dans son livre romanesque sur la même reine, n'oublie pas de la donner pour authentique, je m'étais de plus en plus convaincu qu'elle devait être supposée [2].

---

1. *Hist. de Marie Stuart*, 1850, in-8°, t. I, p. 134-135. — « Ces vers, dit M. Dargaud, sont désormais inséparables de son nom. Elle les acheva quelques semaines plus tard à Holyrood. » M. Dargaud avait, à ce qu'il paraît, sur cette partie de la vie de Marie Stuart, des mémoires particuliers. Il eût bien dû nous dire où ils se trouvent.

2. M. Mignet (*Histoire de Marie Stuart*, 3ᵉ édit., Charpentier, 1854, in-12, t. I, p. 102-105) se contente de citer ce passage de Brantôme (t. V, p. 92-94) : « Elle, les deux bras sur la pouppe de la galère du costé du timon, se mist à fondre à grosses larmes, jettant toujours ses beaux yeux sur le port et le lieu d'où elle estoit partie, prononçant toujours ces tristes paroles : « Adieu, France ! » jusqu'à ce qu'il commença à faire nuict... Elle voulut se coucher sans avoir mangé, et ne voulut descendre dans la chambre de pouppe, et lui dressa-t-on là son lict. Elle commanda au timonnier, sitost qu'il seroit jour, s'il voyoit et découvroit encore le terrain de France, qu'il l'éveillast et ne craignist de l'appeler : à quoy la fortune la favorisa, car le vent s'estant cessé, et ayant eu recours aux rames,

Quelques lignes de M. de Villenfagne, dans ses *Mélanges de littérature, etc.*[1], me rendirent tout à coup l'espoir.

Elles me mettaient sur la trace d'un article de l'*Esprit des Journaux*, dans lequel, caché sous un pseudonyme, l'abbé de Saint-Léger confessait franchement l'aveu que M. de Querlon lui avait fait de sa supercherie. Je courus au volumineux recueil, et le feuilletai tant et si bien que, dans le volume du

on ne fit guères de chemin cette nuict; si bien que le jour paroissant, parut encore le terrain de France, et n'ayant failly le timonnier au commandement qu'elle lui avoit faict, elle se leva sur son lict, et se mit à contempler la France, encore et tant qu'elle put... Adonc redoubla encore ces mots : « Adieu, France! Adieu, France! je pense ne « vous voir jamais plus. » Toute cette scène ne vaut-elle pas mieux que le couplet de Querlon? Le silence de Marie Stuart, entrecoupé d'un seul cri d'adieu, n'en dit-il pas plus que cette romance, composée de sang-froid et chantée sur la poupe? Il n'y a de mise en tout ceci que les vers de Ronsard (édit. in-fol., t. VIII, p. 6-7). M. Mignet les cite :

> Le jour que vostre voile au vent se recourba,
> Et de nos yeux pleurans les vostres desroba,
> Ce jour-là, mesme voile emporta loin de France
> Les muses qui souloient y faire demeurance.

1. *Mélanges de littérature et d'histoire,* Liège, 1788, in-8°, p. 39.

mois de *septembre* 1781 [1], je découvris ce petit paragraphe, qui mettait victorieusement fin à ma tâche de chercheur :

« Marie Stuart est-elle auteur de la chanson qui lui est attribuée dans l'*Anthologie* ? Feu M. de Querlon m'a assuré l'avoir faite lui-même. Cette assertion d'un homme qui étoit vrai tranche la question. »

Fort bien dit ! Là, en effet, est toute la solution de l'affaire et la condamnation des routiniers qui persisteraient désormais à croire et à dire le contraire.

---

1. P. 227. *Observations sur deux lettres imprimées dans l'Esprit des Journaux, concernant les Annales poétiques* (par D...).

## XXVIII

Dans l'article du *Journal des Savants* cité tout à l'heure, M. Sainte-Beuve pose cette autre question que personne, je crois, ne s'était encore faite :

« Les beaux vers de Charles IX à Ronsard :

L'art de faire des vers, dût-on s'en indigner, etc.,

où se trouvent-ils pour la première fois ?... »

Je pris à cœur ce point d'interrogation, et je finis par me mettre, je crois, en état d'y répondre. Ces vers, « les meilleurs que l'on connaisse publiés sous le nom d'un roi, dit M. Valery[1], et peut-être les

---

1. *Curiosités et Anecdotes italiennes*, p. 252-253.

plus beaux de ce siècle »; ces vers que Voltaire [1], pour leur donner un auteur vraisemblable, mit sans

---

[1]. *Lettre à l'abbé Vitrac*, 23 décembre 1775. (Édit. Beuchot, t. LXIX, p. 459.) *V.* aussi et surtout le *Dictionn. philosoph.*, art. CHARLES IX. — Puisque nous allons parler d'Amyot, n'oublions pas de dire que toute l'histoire de son enfance, telle qu'on la lit partout, est complètement fausse, ainsi que M. Ampère l'a prouvé (*Revue des Deux-Mondes*, 1er juin 1841, p. 720-722). Bayle y avait cru. Joly le réfuta le premier dans les *Remarques* sur son *Dictionnaire*, t. I, p. VI. C'est un petit roman de l'invention de Saint-Réal, dans le genre de celui que l'abbé a écrit sur la *Conspiration des Espagnols contre Venise* (*V.* Sainte-Beuve, *Causeries du lundi*, t. IX, p. 371), et de cet autre, dont Schiller a fait une tragédie, et qui travestit tout à fait la vérité au sujet de don Carlos et des causes de sa mort. Dès le dernier siècle, le P. Griffet (*Traité des différentes sortes de preuves*, etc., p. 11-12) et l'abbé de Longuerue en avaient éventé le mensonge. *V.* d'Argenson, *Essais dans le goût de Montaigne*, p. 346. — Dans la *Revue des Deux-Mondes* (1er avril 1859, p. 577), M. Mérimée fit à son tour justice de ce roman, d'après les deux volumes de Prescott, *History of the reign of Philippe II*; mais, depuis lors, en 1863, M. Gachard à Bruxelles, M. Charles de Moüy à Paris, chacun dans un ouvrage portant le même titre : *Don Carlos et Philippe II*, en ont encore eu bien plus définitivement raison ; après les deux volumes de l'un et le volume de l'autre, il n'y a plus à douter de la folie coupable de l'insensé D. Carlos, et de la fausseté de ses amours avec la reine sa belle-mère. Robertson, qui popularisa cette fable, est comparé par M. Mérimée à Tite-Live, avec toutes sortes de réserves, bien entendu, mais non pas cependant avec celle du mensonge.

plus de raison sur le compte d'Amyot, très excellent prosateur, mais rimeur détestable[1], se trouvent pour la première fois dans le *Sommaire de l'Histoire de France, etc.*, par Jean Le Royer, sieur de Prades, Paris, 1651, in-4°, p. 548, où Abel de Sainte-Marthe les reprit pour les placer dans le *Recueil de preuves* jointes au *Discours historique sur le rétablissement de la bibliothèque de Fontainebleau*[2].

Pour mieux appuyer ce qui nous reste à dire à leur sujet, nous allons, bien qu'ils soient connus de tout le monde, les reproduire encore ici :

> L'art de faire des vers, dût-on s'en indigner,
> Doit être à plus haut prix que celui de régner.
> Tous deux également nous portons des couronnes :
> Mais, roi, je les reçois, poète, tu les donnes.
> Ton esprit, enflammé d'une céleste ardeur,
> Éclate par soi-même, et moi par ma grandeur.
> Si du côté des dieux je cherche l'avantage,
> Ronsard est leur mignon, et je suis leur image.
> Ta lyre, qui ravit par de si doux accords,
> T'asservit les esprits dont je n'ai que les corps,
> Elle t'en rend le maître, et te sait introduire
> Où le plus fier tyran ne peut avoir d'empire.

---

1. C'était l'avis de Charles IX lui-même. *V. Dictionnaire de Bayle*, édit. Beuchot, t. I, p. 504.
2. 1668, in-4°, p. 17. — Sainte-Marthe y cite tout le passage du livre de son ami de Prades, sur le talent poétique de Charles IX et sur les vers qu'il composa. « On

Nous pourrions, après cette citation, faire ce dont s'avisa Voltaire à l'encontre du sieur de Prades, qui s'en était prudemment gardé ; nous pourrions mettre en regard de ces douze vers quelque autre poésie de Charles IX, que la comparaison ne ferait guère briller, et qui, littérairement parlant, perdrait à être authentique. C'est inutile ; ce petit morceau porte assez avec lui la preuve de son origine : il suffit, selon moi, de le lire. On sent tout d'abord, à la tournure des vers, à leur solide régularité, à leur allure un peu fière, à l'antithèse qui s'y joue et qui s'y soutient avec une grâce forte et aisée ; enfin à je ne sais quel grand air qui semble faire de

en voit quelques-uns à la suite de la *Franciade* de Ronsard, et d'autres en d'autres *lieux*, dont ceux-ci (ceux dont il est question ici) ne sont pas les moins remarquables. » Voilà tout ; ni de Prades ni Sainte-Marthe ne s'expliquent davantage sur le *lieu*, très intéressant à connaître cependant, où ces vers ont été trouvés. L'abbé Goujet (*Biblioth. franç.*, t. XII, p. 204) se contenta de les citer d'après eux. De son temps, il y avait tant d'années déjà que ces vers étaient attribués à Charles IX, qu'il paraissait inutile de chercher s'ils lui appartenaient réellement. Il y avait prescription pour le mensonge. J'ai regretté que, dernièrement encore, on n'ait pas cru devoir revenir sur cette prescription dans un livre qui, en répétant l'erreur, lui donnera une trop solennelle consécration : c'est le *Dictionnaire historique* de l'Académie (t. I, p. 26). Si l'on ne trouvait pas bon d'enlever à Charles IX tout le mérite de ces vers, au moins, à mon avis, fallait-il faire quelques réserves.

cette poésie plutôt une sœur de la muse assurée de Corneille qu'une contemporaine de la muse inégale de Ronsard ; on voit bien, dis-je, que pour leur donner place dans son livre publié en 1651, de Prades a certainement façonné, remanié à fond ces douze alexandrins selon la manière et le goût de son temps [1], si même il ne les a pas fabriqués de toutes pièces.

L'original n'a pas été retrouvé, et pour cause sans doute ; on ne peut donc savoir ce qu'après le travail d'épuration auquel on les aurait soumis il a pu rester des vers écrits par Charles IX. Ce qui est plus possible, la pièce primitive étant absente, c'est de croire, sans crainte de démenti, que de Prades avait ses raisons pour être le premier à citer ce morceau, et que même il était sans doute le seul, en 1651, qui pût s'en permettre la citation [2].

1. C'est ce que fit Sauvigny pour les vers de Mlle de Calages, cités par la *Biographie universelle* (art. CALAGES). En les reproduisant le premier dans le *Parnasse des Dames*, il changea des vers entiers, il l'avoue lui-même, des expressions, quelquefois même des tours de phrase, et cela, dit-il, pour faire mieux goûter notre ancienne poésie. Il n'est pas étonnant que la *Biographie*, qui les reprit avec ses variantes, ait trouvé que ces vers, faits avant *le Cid*, étaient dignes d'une autre époque. (Barbier, *Examen critique des dict. histor.*, p. 165.)

2. Ce qui me fait le soupçonner davantage, c'est qu'il

Dreux du Radier, qui m'aida beaucoup à retrouver le premier gîte de ces beaux vers, et à qui tout d'abord ils avaient aussi semblé d'une authenticité suspecte, ne croyait de la part de de Prades qu'à un travail d'arrangement. Ce n'était peut-être pas assez dire ; mais pour son temps c'était beaucoup. « Ils sont, écrit-il [1], si exacts pour ce qu'on appelle versification, et même pour l'expression toute moderne, que je ne saurois m'empêcher d'avertir le

---

était moins historien que poète. Il avait fait des tragédies, entre autres un *Arsace*, joué en 1666 par la *troupe du Roy*, et qui, lit-on dans la préface, avait eu l'approbation des meilleurs esprits : MM. de Sainte-Marthe, La Mothe-Le Vayer, du Ryer, Beys, Quinault. « L'illustre M. Corneille dit qu'elle avoit assez de beautez pour parer trois pièces entières. » On y trouve des vers comme ceux-ci, qui, soit dit en passant, ressemblent fort à la célèbre parole du général Cavaignac, quittant le pouvoir à la fin de 1848 :

J'abandonne le trône...
Je pourrois en tomber, j'aime mieux en descendre, etc.

On conçoit qu'un homme dont les vers avaient l'applaudissement de Corneille pouvait se croire en droit d'arranger ceux de Charles IX, sinon de les faire entièrement lui-même. — C'est du reste — et ceci sera décisif dans le procès — ce que de Prades s'était déjà permis pour le même roi s'adressant au même poète. On trouve dans ses *Œuvres poétiques*, 1650, in-4°, p. 37-38, une *Epistre de Charles IX à Ronsard*, faite par lui tout entière.

1. *Tablettes historiques*, etc., t. II, p. 228.

lecteur que celui qui les rapporte s'est sans doute écarté de l'original, sous prétexte de ne pas choquer l'oreille par des sons auxquels elle n'est plus accoutumée. Il a changé ce qui lui a paru trop dur. Mais bien loin de mériter quelque reconnoissance par cette fausse délicatesse, on ne sauroit que le blâmer de sa hardiesse. Il nous prive des grâces respectables d'un original précieux, pour nous donner une copie peut-être foible, et ses expressions, au lieu de celles du monarque dont il parle. »

## XXIX

« Je viens d'aider à dépouiller Charles IX du plus beau fleuron de sa couronne poétique, je vais lui donner sa revanche. A-t-il tiré sur les huguenots le matin de la Saint-Barthélemy, comme on le répète partout ? Pour moi, je ne le crois pas ; les témoignages allégués, celui du Gascon Brantôme[1], celui de ce marquis de Tessé, qui, selon Voltaire[2], tenait

---

1. *Hommes illustres et grands capitaines françois* (édit. du Panthéon littéraire), t. I, p. 560-561.
2. *La Henriade*, chant II, notes. — Voltaire, dans ses notes de *la Henriade*, comme dans son *Essai sur les guerres civiles*, est impitoyable pour Charles IX, jusque-là qu'il ne craint pas de lui prêter, devant le cadavre de Coligny à Montfaucon, le *mot* de Vitellius à Bédriac : « Le corps d'un ennemi mort sent toujours bon. » Walter Scott l'a

le fait du gentilhomme même qui chargeait l'arquebuse du roi, n'étant pas, à mon avis, des preuves bien redoutables. L'abbé Coupé en a fait bon marché dans un article de ses *Soirées littéraires*, et je fais comme lui très volontiers[1].

« Ce n'est pas la petite diatribe de Prudhomme dans ses *Révolutions de Paris*, où il est dit, par exemple, que Charles IX quittait une partie de billard quand il prit sa carabine pour tirer sur les huguenots, qui me fera changer d'opinion. Le fameux décret de la Commune statuant, en date du 29 vendémiaire an II (20 octobre 1793) qu' « il sera mis un poteau infamant à la place même où Charles IX tirait sur son peuple[2] », ne me convaincra pas davantage, et

---

bien mis dans la bouche de Louis XI, au chapitre III de *Quentin-Durward!* O licences du roman historique! Pour le prêt fait ici à Charles IX, Brantôme est le premier coupable. C'est lui qui lui fait dire, devant le gibet de Coligny, à ses courtisans qui se bouchaient le nez « à cause de la senteur : — Je ne le bouche, comme vous autres, car l'odeur de son ennemi est très bonne. » (*Œuvres*, édit. du *Panthéon littéraire*, t. I, p. 561.) — Avouons que Voltaire se rétracta plus tard. « C'est, dit-il au chap. CLXXI de l'*Essai sur les Mœurs*, un ancien mot de Vitellius, qu'on s'est avisé d'attribuer à Charles IX. »

1. *V.* aussi Musset-Pathay, *Correspond. histor.*, in-8°, p. 103.

2. *Réimpression du Moniteur*, t. XVIII, p. 170.

je ne me rendrai point parce que je saurai que ce poteau, portant une inscription en lettres gigantesques, se vit très longtemps sur le quai au-dessous de la fenêtre du cabinet de la reine, aujourd'hui la galerie des Antiques. Je sais trop bien que toute cette partie du Louvre n'ayant été construite que vers la fin du règne d'Henri IV, il eût été assez difficile que Charles IX pût s'être embusqué là pour *arquebuser* « aucuns dans les fauxbourgs de Saint-Germain, qui se remuoient et se sauvoient », comme dit Brantôme.

« Un livre récemment publié déplace la scène, mais sans la rendre plus vraisemblable. Ce n'est pas du Louvre, c'est du Petit-Bourbon, qui était proche et dont la principale fenêtre donnait sur le quai de l'École, presque en regard du bâtiment actuel de la Monnaie, que le roi aurait tiré. On acheva de démolir le Petit-Bourbon en septembre 1758, et c'est à propos de cette démolition que le livre dont je viens de parler, et qui n'est autre que le *Journal* de l'avocat Barbier [1], assigne au forfait royal ce nouveau théâtre.

« Le 20 de ce mois, y est-il dit, on a commencé
« à abattre l'ancien garde-meuble, rue des Poulies,

---

1. T. IV, p. 290.

« sur le quai ¹, dans lequel bâtiment étoit un bal-
« con d'une ancienne forme, couvert et élevé, d'où
« Charles IX tiroit avec une arquebuse sur le peu-
« ple, le jour de la Saint-Barthélemy ; on ne verra
« plus, ajoute Barbier, le monument de ce trait
« historique. »

« Il se trompait. La calomnie tient aux mensonges qu'elle a caressés pendant des siècles. Quand
on fait disparaître les lieux où elle en avait étalé la
mise en scène, elle cherche ailleurs où les loger, où
les faire mouvoir. C'est ainsi que pour celui qui
nous occupe, le balcon du garde-meuble étant détruit, elle fit choix de la fenêtre du cabinet de la
reine, place nouvelle qui, de 1758 à 1793, avait
été déjà consacrée par trente-cinq ans de commérages, lorsque la Commune vint à son tour la déclarer authentique.

« Vous savez maintenant, et de reste, si elle
pouvait l'être. Celle dont on lui cédait le rôle, la
fenêtre du Petit-Bourbon, ne l'était pas davantage.
Pour s'en assurer, il n'y a qu'à prendre au pied de
la lettre le passage de Brantôme sur lequel se base

---

1. La rue des Poulies allait alors jusqu'au quai de
l'École, en longeant toute la colonnade du Louvre. *V.*
notre *Paris démoli*, 2ᵉ édit., Introduction, p. xxxviii,
notes.

toute l'accusation. « Quand il fut jour, y est-il dit,
« le roy mist la teste à la fenestre de sa *chambre*... »
Où se trouvait la *chambre* de Charles IX ? Au Louvre, et non pas au Petit-Bourbon. Croyez-m'en, un
fait qui laisse ainsi dans le doute sur le lieu où il
s'est passé est loin d'être bien avéré [1]. »

Voilà ce que je disais dans la première édition de
ce livre, et je m'y tiens. Les objections n'ont
cependant pas manqué pour me faire départir de
mon opinion ; on a remué contre moi, groupé,
échafaudé bien des preuves ; mais comme je me
suis remis moi-même à la découverte, et comme ce
que j'ai trouvé ne vaut pas moins que ce qu'on
m'a opposé, ainsi qu'on en pourra juger tout à
l'heure, je crois bon de répéter tout d'abord, et
même avec plus d'assurance que je n'en avais autrefois : Charles IX n'a pas tiré sur les huguenots.

Le *Bulletin de la Société de l'histoire du Protestan-*

---

1. Dans la première édition de son *Abrégé chronologique*
(p. 238), le président Hénault avait donné créance à ce
fait. Parlant de Charles IX et de la Saint-Barthélemy, il
avait écrit : « Ce roi qui ce jour-là, *dit-on,* tira lui-même
une carabine sur les huguenots qui étoient ses sujets. »
Ce *dit-on*, jeté prudemment au milieu de la phrase, prouvait que le président ne croyait guère à ce qu'il écrivait
là. Aux autres éditions, il doutait encore davantage : il
supprima tout le passage.

*tisme français* est le champ clos sur le terrain duquel m'ont entraîné mes adversaires, lice courtoise où les juges du camp me répondaient de la loyauté du combat. D'abord est venu M. Aug. Bernard, lancé contre moi par un feuilleton de M. Méry[1] où moi-même je ne pouvais tout accepter, notamment les éloges excessifs sur mon livre. M. Bernard, dans un premier article[2], puis dans un second publié six mois plus tard[3], cherchait à bien établir que le pavillon dont je contestais l'existence en 1572 « ne pouvait pas ne pas exister »; ou tout au moins à prouver que si Charles IX n'avait pas tiré de là, il aurait pu tirer « d'un pavillon tout voisin », où se trouvait sa chambre. Afin qu'il n'y eût pas sur ces deux points de doutes à élever, il avait pris la peine de dessiner, et le *Bulletin* avait fait graver un plan qui expliquait à merveille l'état des lieux. M. Ad. Berty, qui s'engagea dans la discussion lors de sa reprise par M. Bernard, eut aussi le soin de faire dessiner et de faire graver un plan[4]. Ses con-

---

1. *Le Pays*, 4 nov. 1856.
2. *Bulletin de la Société de l'hist. du Protestant. franç.*, nov.-déc. 1856, p. 336.
3. *Id.*, mai-août 1857, p. 118.
4. *Id.*, mai-août 1857, p. 124.

clusions étaient les mêmes : si l'on admet, d'après Brantôme, que le roi tira de sa chambre, la chose est possible, car les fenêtres de cette chambre, placée dans le pavillon du roi bâti par Henri II, faisaient face à la Seine ; si l'on veut, au contraire, que la royale arquebusade ait été dirigée de la fenêtre traditionnelle, rien d'impossible encore, puisque la construction de la grande galerie du Louvre implique celle de la petite, et par conséquent l'existence de la fenêtre qui termine cette petite galerie. Soit, et je veux bien, sans l'approfondir davantage, donner raison à MM. Bernard et Berty sur ce point, qui n'est pas le plus important de la question.

Je leur demanderai seulement s'ils sont bien sûrs que, la petite galerie existant, la fenêtre existât aussi avec le balcon. Je n'en suis pas, moi, bien persuadé. Ces jours derniers encore, j'examinais au Louvre le tableau de Zeemann représentant le palais peu de temps après la Fronde, c'est-à-dire lorsque la galerie des Rois, aujourd'hui galerie d'Apollon, avait pris depuis plus de quarante ans déjà la place de la terrasse à l'italienne qui, jusqu'au règne de Henri IV, couronna ce simple rez-de-chaussée[1]. Or, que trouvai-je sur ce tableau de Zeemann ? Une fenêtre,

---

1. L. Vitet, *Le Louvre*, 1853, in-8°, p. 30.

sans doute, mais murée. M. Frédéric Villot l'a remarqué, comme moi, dans la minutieuse description qu'il a faite de ce tableau si curieux. « La fenêtre inférieure est bouchée, dit-il [1], et il n'existe pas de trace de balcon. » Qui nous dit qu'il n'en était pas de même sous Charles IX ? Le fait est que pour le peuple cette fenêtre bouchée était comme si elle n'existait pas, et qu'avant que le poteau révolutionnaire lui eût dit : « C'est là ! » il ne s'avisa jamais de penser que Charles IX eût tiré d'un endroit où la tradition lui montrait, non pas une fenêtre, mais un mur. Son opinion n'était pas davantage pour la fenêtre de la chambre de Charles IX dans le pavillon du roi, mais pour la fenêtre du Petit-Bourbon, détruit en 1758. Depuis la citation du *Journal* de Barbier donnée plus haut, j'ai trouvé un passage des *Mémoires* de d'Argenson [2], et un article du *Journal des Arts* [3], prouvant, à n'en pas douter, que pour la tradition la fenêtre fatale était au Petit-Bourbon et non ailleurs. On me dira que c'est impossible, que cette tradition est mensongère, puisque Brantôme a prétendu que Charles IX tirait de

1. *Notice des tableaux du Louvre,* École allemande, n° 586, p. 317.
2. T. IV, p. 258.
3. 20 prairial an IX, p. 266.

sa chambre, et que cette chambre, on l'a vu, n'était pas au Petit-Bourbon. J'en conviens ; ce sont là de graves désaccords, mais je ne m'en afflige pas. Les désaccords prouvent l'absence de la vérité; et en tout cela je ne veux pas démontrer autre chose.

Pour asseoir une certitude au milieu de ces contradictions, il faudrait quelque autorité irrécusable, la parole d'un homme qui a vu, puis écrit ce qu'il a vu. Sully, pour qui le souvenir de ce massacre, où il faillit périr, devait être une vive impression d'enfance, serait, quoique huguenot, fort bien venu pour ce témoignage. Je l'ai cherché dans ses *Mémoires*, et n'ai rien trouvé [1]. L'attestation de Brantôme peut-elle en tenir lieu ? Je ne le crois pas, puisque à l'époque des massacres de Paris, Brantôme se trouvait à Brouage [2]. D'Aubigné, dont M. Lud. Lalanne [3] m'a opposé le double témoignage, en prose, dans l'*Histoire universelle* [4], en vers

---

1. M. P. de Baroncourt avait fait la même recherche, sans plus de succès, et avait tiré de ce silence la conclusion que j'en tire. *V.* son *Analyse raisonnée de l'Histoire de France*, 1851, in-8°.

2. *Œuvres de Brantôme*, 1779, in-8°, t. I, p. 62-63. M. Lalanne dit lui-même qu' « on peut ici répéter le témoignage de Brantôme ». (*Correspondance littér.*, 5 août 1858, p. 224.)

3. *Correspondance littér.*, 5 août 1858, p. 223.

4. 1626, in-fol., p. 550.

dans les *Tragiques* [1], mérite-t-il plus de créance, lorsque, tenant, lui aussi, pour la *fenestre du Louvre*, — celle de la chambre du roi, — il nous dit que « de là Charles IX giboyoit aux corps passants » ? Je répéterai non, pour d'Aubigné comme pour Brantôme, et cela, non seulement parce que, de son aveu [2], il avait quitté Paris trois jours avant la nuit du massacre, mais encore parce que, protestant acharné, il a trop l'habitude de transformer la vérité au gré de ses haines et de la passionner jusqu'au mensonge. Je le récuse, comme fait tout bon juge pour tout témoin qu'il croirait intéressé ; comme Malherbe, qui le connaissait bien, le récusait nettement, même pour le récit de ce qui s'était « faict auprès de luy, et par manière de dire, à sa porte [3] ». Un écrivain naïf, assez du moins pour rester vrai, me prouvant qu'il a vu, et me le racontant sans phrase, serait bien mieux mon affaire. A ces conditions d'honnêteté naïve, sauvegarde de sincérité, je le prendrais volontiers, comme je l'aurais fait pour l'honnête Sully, même dans le camp huguenot. Or, c'est en effet là que je l'ai trouvé lorsque je ne le

---

1. Édit. elzévir., p. 240.
2. *Mémoires* de d'Aubigné, édition Lud. Lalanne, p. 23.
3. *Lettre* de Malherbe à son cousin M. de Bouillon, du 14 février 1620.

cherchais plus. Comme je relisais, il y a quelques mois, une des pièces de ce temps, dont le titre suffit pour indiquer l'esprit tout huguenot, *le Tocsin contre les massacreurs et auteurs des confusions en France*[1], voici ce qui me tomba sous les yeux. Notez que la pièce est presque contemporaine du fait, puisque la première édition date de 1579, tandis que le récit de Brantôme ne fut pas écrit avant 1594 [2], et que celui de d'Aubigné vint encore bien plus tard [3].

« Or, dit l'auteur du *Tocsin*, encores qu'on eust pu penser que ce carnage estant si grand, eust pu rassasier la cruauté d'un jeune Roy, d'une femme et de plusieurs gens d'authorité de leur suite, néantmoins ils sembloient d'autant plus s'acharner que le mal croissoit devant leurs yeux ; car le Roy de son costé ne s'y espargnoit point ; NON PAS QU'IL Y MIST LES MAINS, mais parce qu'estant au Louvre, à mesure qu'on massacroit par la ville, il commandoit qu'on lui apportast les noms des occis ou des

---

1. Cimber et Danjou, *Archives curieuses,* 1ʳᵉ série, t. VII, p. 61-62.
2. *V.* sa *Vie* en tête de l'édition de ses *Œuvres*, 1779, in-8°, t. I, p. 75.
3. Son *Histoire universelle* ne fut publiée pour la première fois que de 1616 à 1620, au fur et à mesure qu'il l'achevait.

prisonniers, afin qu'on délibérast sur ceux qui estoient à garder ou à défaire[1]. »

Il me semble qu'après ce témoignage, où Charles IX est certes assez mal traité, mais seulement au moins dans les limites de la vérité ; il me semble évident qu'après ces mots : *non pas qu'il y mist les mains...*, que l'on croirait avoir été écrits dans un élan de sincérité pour réfuter les calomnies déjà répandues, l'on ne peut plus sérieusement répéter que Charles IX prit part aux massacres, *en arquebusant* les huguenots de la fenêtre de sa chambre.

Il avait bien d'autres soucis, comme on vient de l'apprendre par le témoignage du pamphlet huguenot, mais comme on le sait encore mieux par une de ses lettres, retrouvée en 1842, qu'il avait écrite le lendemain du massacre au duc de Longueville, gouverneur de Picardie[2]. Il dit qu'il n'a pu s'opposer

---

[1]. Dans un récent article de *l'Intermédiaire* (t. II, p. 88), où l'on revient sur cette question, le passage que je viens de citer a été repris, comme preuve décisive en faveur de Charles IX. On y ajoute des extraits de deux écrits protestants : *Le Réveil-Matin des François* et les *Mémoires de l'Estat de France sous Charles IX*, où le fait de l'arquebuse n'est donné que comme un *on-dit*. M. G. Gandy, dans la *Revue des Questions historiques*, décembre 1866, p. 329, donne aussi une conclusion conforme à la nôtre.

[2]. Citée dans la *Revue de Bibliographie* de MM. Miller et Aubenas, t. III, p. 72.

au mal, ni même y apporter remède. « Ayant eu assez à faire, ajoute-t-il, à employer mes gardes et autres forces, pour me tenir le plus fort en ce chasteau du Louvre, pour après faire donner par toute la ville de l'appaisement de la sédition, » et pour prévenir d'autres massacres, « dont j'aurois un merveilleux regret [1]. »

M'en voudra-t-on pour ces démentis que je donne à l'opinion commune ? Ce serait avoir mauvaise grâce. Ce que j'ai tâché de détruire là n'est pas, en effet, une de ces « belles choses, lesquelles, disait Pasquier, bien qu'elles ne soyent aydées d'aucteurs anciens, si est-ce qu'il est bien séant à tout bon citoyen de les croire pour la majesté de l'empire [2] ».

---

1. Il ne put malheureusement les prévenir partout. Les ordres donnés en son nom, par sa mère et par son frère le duc d'Anjou, qui avaient tout conduit à Paris, et voulaient continuer dans les provinces, devancèrent les siens. *V.* p. 206, 211, 216, 219, note.

2. *Recherches de la France*, liv. VIII, ch. XXI.

## XXX

Si, comme je le pense, Brantôme n'avait pas dit vrai dans cette occasion, ce ne serait pas la seule fois qu'il eût erré en parlant de Charles IX. Ici, il lui a prêté un crime qu'il n'a sans doute pas commis ; ailleurs, il lui prête un *mot* qu'il n'a pas dit.

A l'entendre, « ce roy tenoit que, contre les rebelles, c'estoit cruauté que d'estre humain et humanité d'estre cruel. » Le farouche apophthegme n'est pas de Charles IX ; c'est un trait tiré des sermons de Corneille Muis, évêque de Bitonte [1], dont Catherine de Médicis, dans ses conseils à son fils, s'était fait un précepte favori.

---

1. *Bibliothèque choisie* de Colomiez, 1682, in-12, p. 179.

D'Aubigné nous révèle cette particularité [1], et nous aide ainsi à corriger Brantôme. Son tour arrive d'être réfuté lui-même.

La fameuse lettre de H. d'Apremont, vicomte d'Orthez, comme refus d'obéissance à l'ordre qu'il avait reçu de faire massacrer les huguenots de Bayonne, est très probablement une pièce de son invention [2].

---

1. *Histoire universelle*, t. II, liv. I, ch. II.
2. *Ibid.*, ch. V. — Par les lettres que Charles IX adressa le jour même de la Saint-Barthélemy à Pierre Le Vavasseur, seigneur d'Éguilly, et aux notables de la ville de Chartres, on peut supposer de quelle nature devaient être celles qu'il écrivit aux gouverneurs des provinces, et qu'on n'a pas retrouvées. Elles avaient pour but, non pas d'ordonner le massacre dans la ville, mais seulement d'expliquer les raisons qui avaient rendu nécessaires la mort de l'Amiral et celle de ses complices, « d'autant, lit-on dans la seconde de ces lettres, d'autant que ledit faict pourroit leur avoir été déguisé autrement que il n'est ». Ce sont des conspirateurs et non pas les protestants que le roi poursuit, et contre lesquels il a sévi : « Sadite Majesté déclare que ce qui en est ainsy advenu a esté... non pour cause aucune de religion, ne contrevenir à ses idées de pacification qu'il a toujours entendu, comme encores entend observer, garder et entretenir, ains pour obvier et prévenir l'exécution d'une malheureuse et détestable conspiration faicte par ledit amiral, chef d'icelle et autres ses adhérents... » Ces curieuses lettres, au nombre de trois, ont été publiées pour la première fois par *l'Artiste* du 30 juillet 1843. — La lettre que Charles IX écrivit le jour même du massacre à

Relisez-la avec attention, et, mis en éveil par ce simple avis, vous reconnaîtrez tout d'abord à la tournure du style, énergique, serré, prompt à l'antithèse, que c'est bien vraiment d'Aubigné qui doit l'avoir écrite. Les autres preuves viendront après.

« Sire, j'ay communiqué le commandement de Vostre Majesté à ses fidèles habitans et gens de guerre de la garnison : je n'y ay trouvé que bons citoyens et braves soldats ; mais pas un bourreau [1]. C'est pourquoi eux et moy supplions très-humblement Vostre dite Majesté de vouloir bien employer en choses possibles, quelque hasardeuses qu'elles soyent, nos bras et nos vies, comme estant, autant qu'elles dureront, Sire, vostres. »

son ambassadeur à Rome, et qui a été publiée d'après les manuscrits de Du Puy, par M. Frédéric de Raümer, *Briefe aus Paris zur Erlaeuterung der geschichte*, etc., prouve aussi, par la manière ambiguë dont elle est rédigée, combien il était impossible de faire à des lettres si peu nettes des réponses aussi formelles, aussi décisives, que l'est celle prêtée par d'Aubigné au vicomte d'Orthez. *V.* encore, pour les lettres écrites par Charles IX à cette date fatale, le *Bulletin du Bibliophile*, 1842, p. 198, et le t. VII de la *Correspondance* de Bertrand de Salignac de La Mothe-Fénelon.

1. Le lieutenant du roi en Dauphiné aurait, selon le *Scaligerana* (Cologne, 1667, in-12, p. 78), fait une réponse à peu près pareille : « Monsieur de Gordes empescha que le massacre ne fust fait à Grenoble ; il respondit qu'il estoit lieutenant du roy et non bourreau. »

Aucun historien n'a rapporté cette pièce, pas même de Thou, qui, ne lui trouvant pas une authenticité suffisante, « n'a pas oser l'adopter, dit l'abbé Caveirac [1], malgré sa bonne volonté pour les huguenots et ses mauvaises intentions contre Charles IX ». D'Aubigné est le seul qui l'ait connue, et cela pour une excellente raison, si, comme j'ai tout lieu de le penser, c'est lui qui l'a fabriquée [2].

C'est bien d'après lui du moins qu'elle a couru et fait fortune dans l'histoire. Par malheur, il n'a pas été heureux dans le choix de l'homme à qui il en a fait endosser l'héroïsme. D'après le langage qu'il lui prête, ce vicomte d'Orthez vous semble

---

1. *Dissertat. sur la journée de la Saint-Barthélemy*, etc. (*Archives curieuses*, 1re série, t. VII, p. 508). — C'est autour de cette dissertation, reprise par Lingard et combattue par M. Allen, qu'on fit si grand bruit de brochures en Angleterre, vers 1829. Aujourd'hui, l'on en fait grand cas, et on la trouve d'une logique fort acceptable. Du temps de Voltaire, ce n'était qu'une monstruosité. « Envoyez-moi, je vous prie, écrivait-il à Thiriot, le 24 décembre 1758, cette abominable justification de la Saint-Barthélemy; j'ai acheté un ours, je mettrai ce livre dans sa cage. Quoi! l'on persécute M. Helvétius et l'on souffre des monstres? »

2. Et il y tenait, car, ainsi que l'a remarqué M. Léon Feugère (*Revue contemp.*, 31 déc. 1854, p. 278), il l'a résumée dans ce vers des *Tragiques* :

Tu as, dis-tu, soldats et non bourreaux, Bayonne.

sans doute n'avoir pu être qu'un homme de la plus énergique intégrité, catholique clément, ennemi de toute rigueur. Or, sachez au contraire qu'il n'y avait pas de plus enragé guerroyeur contre les protestants. Fallait-il tenter quelque coup de main contre eux ; était-il besoin, comme en 1560, de se joindre à l'armée du roi d'Espagne pour entrer dans les États du Navarrais huguenot, et, comme dit La Planche, pour « tout râcler, sans espargner femmes ni enfans[1] » ; on pouvait compter sur lui. Il allait même si loin dans ses sévices, il était si ardent au massacre et à la curée quand il s'agissait des religionnaires de Bayonne qu'on lui avait donnés à gouverner, que ce même roi aux cruautés duquel d'Aubigné voudrait qu'il eût si courageusement refusé de prêter les mains, Charles IX, se vit forcé de lui ordonner moins de rigueur. M. Huillard-Bréholles en a donné des preuves dans un Rapport au ministre sur deux cent trente-huit lettres de rois et de reines de France conservées aux archives de Bayonne.

« J'appellerai, dit-il, votre attention sur une lettre de Charles IX, du mois de mai 1574 à Vin-

---

1. *Hist. de l'Estat de France*, par Regnier de La Planche, édit. in-8°, p. 116.

cennes, confirmée par une autre de Catherine de Médicis, portant injonction au vicomte d'Orthez de se conduire avec plus de modération, et la promesse de faire droit aux plaintes des habitants contre ce gouverneur. En y joignant deux notifications de Henri III, du 8 novembre 1584 à Ollainville et du 29 janvier 1582 à Paris, où il est question d'une réponse de ce même gouverneur contre l'autorité royale, on pourrait sans doute se faire une idée plus exacte du caractère d'un personnage qui n'est guère connu que par la lettre de d'Aubigné, reproduite avec empressement par Voltaire, mais rejetée à juste titre par la critique moderne [1]. »

On m'objectera maintenant que s'il n'y eut pas de massacres à Bayonne, il faut que quelqu'un s'y soit opposé; et l'on me demandera qui ce put être. Tallemant va nous répondre par deux lignes de son *Historiette* sur le musicien de Niert, qu'on ne s'était pas encore avisé de citer à ce sujet.

« De Niert, écrit Tallemant [2],... est de Bayonne; il dit que son grand-père étant maire empescha qu'on ne fist le massacre dans Bayonne. »

Qui croire maintenant, de d'Aubigné qui tient

---

1. *Bulletin des comités histor.*, 1850, p. 167.
2. Édit. P. Paris, t. VI, p. 192.

pour le vicomte d'Orthez, ou de de Niert qui tient pour son grand-père ? Ni l'un ni l'autre de façon certaine. S'il fallait opter cependant, c'est pour d'Aubigné et le vicomte que je me déciderais, ne voyant dans le dire de de Niert que la vantardise d'un descendant, qui se fait une gloire de la belle action qu'il prête à son aïeul. Quant au vicomte d'Orthez, d'Aubigné revient trop sur son action, et lui en tient trop de compte [1] pour qu'il n'y eût pas quelque réalité dans le fait : un homme de guerre, ainsi que l'a dit fort bien M. de Samaseuilh [2], peut être à la fois cruel et loyal ; et le vicomte, par conséquent, qui ne reculait pas devant les plus sanglants massacres contre des gens armés, pouvait au contraire avoir de la répugnance pour une exécution digne du bourreau [3]. De là son refus, dont je ne repousse expressément que la forme donnée par

---

1. Il alla jusqu'à épargner, dans un jour de massacre, les soldats du vicomte d'Orthez, pour lui rendre ainsi ce qu'il avait fait à ses coreligionnaires de Bayonne. (*Hist. univ.*, liv. III, ch. XIII.)

2. *Bulletin de la Société de l'hist. du Protestantisme français*, 1863, p. 19.

3. Les gens d'Agen avaient pour la même raison répugné aux ordres du massacre. Les plus rigoureux contre les huguenots dans les temps ordinaires furent ceux qui se montrèrent les plus ardents à la désobéissance. (*Scaligerana*, p. 5, 96.)

d'Aubigné. Le fait peut être vrai ; mais la lettre qui l'annonce est, à mon avis, incontestablement fausse dans le texte de l'historien. Or, ici, qu'est-ce qui nous importe le plus ? La réalité des *mots* prononcés, l'authenticité des lettres écrites [1].

1. Ceci était écrit et sous presse lorsqu'un excellent article de M. Ph. Tamisey de Larroque, dans la *Revue des Questions historiques*, 1er janvier 1867, p. 292-296, est venu clore le débat et nous donner raison. M. de Larroque a découvert dans les manuscrits de la Bibliothèque Impériale, f° fr., n° 15555, p. 601, une lettre du vicomte d'Orthez au roi, en date du « dernier août 1572 », par laquelle il lui promet « de fere vivre en tel poinct » ceux dont il est chargé, qu'aucun trouble ne puisse être à craindre ; ce qui eut lieu. Il tint en brides catholiques et huguenots, et lutte et massacre furent ainsi empêchés. M. de Larroque pense avec assez de raison que de Niert, le maire, dut lui venir en aide pour cette tâche difficile, ce qui expliquerait le dire de son petit-fils, rapporté par Tallemant.

## XXXI

On a prêté[1] à M. de Montmorin, que Charles IX aurait aussi sommé de sévir contre les huguenots de l'Auvergne, dont il était gouverneur, une réponse assez semblable à la prétendue lettre du vicomte d'Orthez. Elle n'a pas mieux tenu devant la critique. Dulaure, que l'on n'attendait guère en pareille affaire, puisqu'il s'agissait de mettre à néant un fait défavorable à l'un des rois qu'il a le plus maudits, en a impartialement et logiquement nié l'existence, dans un *Mémoire* lu à l'Institut en 1802[2].

Le fait du discours qu'Hennuyer, évêque de

---

1. Voltaire, *Essai sur les guerres civiles*, édit. Beuchot, t. X, p. 365.
2. *V. Décade philosophique*, t. XXXII, p. 188-189.

Lisieux, adressa, dit-on, aux massacreurs pour arrêter leurs bras levés contre les huguenots, « ces brebis égarées », s'est réfuté de lui-même[1].

---

1. Ce discours se trouve partout, notamment dans une note de la *Vie de l'Hôpital*, en tête de l'édit. de ses *Œuvres* donnée par Dufey (de l'Yonne), p. 283. — Puisqu'il vient d'être parlé de la vie de l'Hôpital, ce bon citoyen « qui avoit les fleurs de lys dans le cœur », comme dit L'Étoile, n'oublions pas de rappeler ses paroles à propos des massacres : « Voilà un très mauvais conseil ; je ne sais qui l'a donné, mais j'ay belle peur que la France en pâtisse. » Brantôme lui attribue cette plainte, ce qui ne l'empêche pas de la mettre aussi dans la bouche du pape Pie V ; mais comme ce pontife était mort trois mois avant la Saint-Barthélemy, la seconde attribution ne doit pas nuire à la première, comme l'a déjà remarqué G. Brotier (*Paroles mémorables*, 1790, in-12, p. 40). — Le *mot* doit rester au chancelier, qui eut le malheur de voir les massacres et de leur survivre six mois. On dit aussi qu'ils lui inspirèrent ce vers :

> Excidat illa dies ævo, nec postera credant
> Sæcula...

C'était une simple citation. Le vers se trouve dans les *Sylves* de Stace (lib. V, syl. II). L'application était très heureuse ; mais il paraît qu'elle fut faite par le président de Thou et non par l'Hôpital. C'est du moins le fils du premier qui l'assure dans les *Mémoires de sa vie*, liv. I. — L'avocat Gouthières (*De Jure manium*, lib. II, cap. XXVI) prête à l'Hôpital une parole satirique sur les Français pour laquelle je serais plutôt de l'avis de Montaigne, qui (liv. II, ch. XVII) l'attribue au chancelier Olivier. « Les François,

Il a suffi de se souvenir qu'Hennuyer était aumônier du roi, confesseur de la reine, et l'on s'est bientôt convaincu que ce prélat fanatique, sans doute l'un des conseillers du massacre, n'avait dû rien faire pour enchaîner l'ardeur des bourreaux. Il les eût plutôt armés lui-même. Au dernier siècle, le charitable élan qu'on lui prête passait déjà pour un mensonge tellement avéré que le *Gallia Christiana*[1] n'a pas osé en faire mention.

Comme la cause de l'erreur est des plus curieuses à connaître, je vais en dire quelques mots.

En 1562, après l'édit de janvier, qui fut, comme on sait, tout de conciliation, Charles IX avait envoyé dans les villes l'ordre de ne plus sévir contre ceux de la religion, et de tolérer l'exercice public

---

disait-il, semblent des guenons qui vont grimpant contremont un arbre, de branche en branche, et ne cessent d'aller jusques à ce qu'elles soyent arrivées à la plus haute branche, et y monstrent le cul quand elles y sont. »

1. Édition de 1759, t. XII, art. Lisieux. — Selon l'abbé Lebœuf, c'est Matignon, gouverneur du bailliage d'Alençon, d'où dépendait Lisieux, qui aurait empêché le massacre des protestants. V. le *Mercure*, décembre 1748. — Selon M.-L. Dubois, en son *Histoire de Lisieux*, citée par M. Despois (*Estafette* du 21 juillet 1857), l'honneur d'avoir protégé les huguenots reviendrait au capitaine Fumichon et aux conseillers municipaux, ainsi qu'il résulte d'un procès-verbal conservé à la mairie de Lisieux.

de leur culte. L'évêque de Lisieux crut devoir répondre à l'ordre du roi par une protestation dont lui tinrent beaucoup de compte les fervents du parti catholique. Sa désobéissance, en cette occasion, marqua même si bien, à leurs yeux, parmi les actes les plus honorables de sa vie, que mention en fut faite sur l'épitaphe de son tombeau, placé dans la cathédrale de Lisieux. De là vint la méprise. Son intolérante rébellion de 1562, transportée à dix années de là, quand on commandait, non plus des ménagements, mais des massacres, lui fut imputée comme un acte de la plus héroïque tolérance ! Je ne connais pas de contre-sens historique qui vaille celui-là. L'historien de Saint-Quentin, Héméré, fut le premier coupable ; les autres, les moutons de Panurge, suivirent, comme toujours, *à la queue leu-leu*.

# XXXII

J'aurais bien des choses à dire encore sur les différents épisodes qui précédèrent ou suivirent cette sanglante nuit de la Saint-Barthélemy. Que de faits à préciser mieux, entre autres ceux qui furent la véritable cause du massacre, et qui prouvent qu'il y eut là bien moins un sanglant parti pris de la part de Catherine de Médecis et du roi, qu'un complot particulier des Guises! Par ambition, ils en voulaient à la vie du roi de Navarre et du prince de Condé [1], héritiers du trône après le duc d'Anjou et le duc d'Alençon, auxquels ils ne voyaient pas d'espoir de postérité mâle; mais par vengeance sur-

---

1. *Mémoires* de Marguerite de Valois, édit. Lud. Lalanne, p. 35.

tout ils en voulaient à l'Amiral. Leur but était d'avoir raison de l'assassinat de leur père [1] ; afin d'atteindre Coligny, qui, d'après leurs soupçons, avait armé Poltrot et se trouvait être ainsi le vrai coupable, ils entassèrent des milliers de victimes [2].

Que de *mots* dits alors qui sont à rétablir aussi dans leur véritable formule !

---

1. *V.*, à ce sujet, dans nos *Variétés hist. et litt.*, t. VIII, p. 5 et suiv., l'*Interrogatoire et déposition de Jean Poltrot*, avec les notes que nous avons cru devoir y joindre.

2. Le duc de Guise, en mourant, semble lui-même avoir accusé Coligny. Ces mots : « Et vous, qui en êtes l'auteur, je vous le pardonne », étaient, selon Brantôme, à l'adresse de l'Amiral. (Édit. du *Panthéon*, t. I, p. 435.) Notons, en passant, que ces paroles suprêmes de François de Guise ont souvent été confondues avec celles qu'il dit, lors du siège de Rouen, à un gentilhomme angevin soupçonné d'être le chef d'une conspiration contre ses jours. Ces paroles que Montaigne rapporte, d'après ce qu'Amyot lui en avait dit (*Essais*, liv. I, ch. XXIII), et qui se trouvent aussi dans le livre du sieur de Dampmartin, *La Fortune de la cour* (p. 139), ont été reproduites, en ces vers que dit Guzman, dans *Alzire* :

> Des dieux que nous servons connais la différence.
> Les tiens t'ont commandé le meurtre et la vengeance ;
> Le mien, lorsque ton bras vient de m'assassiner,
> M'ordonne de te plaindre et de te pardonner.

Voltaire est convenu très franchement de l'imitation (*V.* sa *Lettre* à d'Argental, du 4 janv. 1736).

Celui, par exemple, de Charles IX à Coligny, blessé grièvement à la main par le fameux coup d'arquebuse qu'on a cru si longtemps avoir été tiré par Maurevers, mais qui maintenant, d'après de nouvelles preuves, passe pour être le fait d'un homme dont c'était bien mieux le métier : le capitaine Tosinghi, bravo florentin, « créature de la reine et favori intime de M. d'Anjou [1] ».

1. C'est M. A Baschet, dans son beau livre *la Diplomatie vénitienne*, t. I, p. 552-553, qui, d'après la relation de l'ambassadeur de Venise en France à cette époque, et d'après les dépêches du nonce, nous a le premier renseignés sur ce fait « dont Tosinghi s'était vanté lui-même à un ami ». M. Baschet eût pu ajouter que ce *bravo* était déjà connu. Le duc de Nevers l'avait nommé dans ses *Mémoires*, à propos des États de Blois de 1577, et il figure parmi les gens que le duc d'Anjou emmena en Pologne. *V.* nos *Variétés hist.*, t. IX, p. 104. — L'ambassadeur de Venise, dans le récit déjà mentionné, assure, comme nous l'avons dit nous-même (p. 204, note), que pour la Saint-Barthélemy comme pour le coup d'arquebuse qui eût empêché le massacre, si Coligny eût succombé, tout fut concerté par la reine, « avec la seule participation du duc d'Anjou », et que celui-ci se servit du *bravo* florentin parce qu'il ne trouva pas un seul Français à qui se fier. Le duc d'Anjou et la reine furent donc encore une fois tout ou presque tout dans le complot, avec la complicité tacite des Guises, mais sans l'avis du roi, qui jusqu'à la dernière heure ne sut rien. Philippe II, qu'on accusa d'avoir tout dirigé de loin, était moins instruit encore. Une lettre de lui au duc d'Albe, du 28 sept. 1572, retrou-

Ce *mot* a été vraiment dit, car il est relaté partout ; mais partout aussi c'est d'une manière différente qu'on nous le présente. Quelle est la bonne ?

Tel est le sort des *mots* historiques : ou ils n'ont pas été dits, ou l'on ne peut savoir comment au juste ils l'ont été. Les *mots* faux sont en cela ceux qui ont le plus de bonheur. Il y a toujours pour eux une formule nette, bien préparée, adroitement mise en saillie ; veut-on y déranger quelque chose, l'on a bien moins ses aises qu'avec les mots vrais, venus sans préparation, sans forme arrêtée, comme tout ce qui jaillit du prime saut de la pensée. Ceux-là ne sont arrivés qu'écrits, et on les a répétés comme on les avait lus ; ceux-ci, au contraire, ont été d'abord entendus, très mal souvent, puis ont été redits plus mal encore. Pour les uns, qui ne passent que du livre au livre, il n'y a presque pas de causes d'altération ; pour les autres, qui ont eu la forme parlée avant la forme écrite, il y en a mille. Ainsi Charles dit à Coligny. — je prends dans le nombre la plus simple version du *mot* qui m'occupe ici, celle de l'historien de Thou : « La blessure est pour vous, la douleur est pour moy. » Quelqu'un qui

vée il y a quelques années à Simancas par M. Gachard, témoigne de sa surprise après l'événement, et aussi, il est vrai, de sa satisfaction.

n'a entendu qu'à moitié, mais qui veut paraître avoir entendu tout à fait, répète la phrase comme il l'a recomposée, et l'on a cette variante : « La douleur des blessures est à vous, l'injure et l'outrage sont faicts à moy[1]. » Un autre se fait aussi l'écho de la royale parole, quoiqu'il n'en soit arrivé qu'un lambeau à son oreille, et nous avons cette troisième version[2] : « Vous avez reçu le coup au bras, et moy je le ressens au cœur. »

Vous voyez la transformation : plus le *mot* marche, plus il prend ses aises ; il grandit, il se prélasse dans sa formule amplifiée, *crescit eundo*.

Quelquefois pourtant il suit le procédé contraire ; il se resserre, il se condense, il prend la forme concentrée et brève de l'apophthegme ; au lieu d'un discours l'on a une phrase ; au lieu d'une lettre de vingt lignes l'on a cinq mots, comme nous l'avons vu par le célèbre : *Tout est perdu fors l'honneur*.

L'histoire, malgré sa mauvaise réputation, s'y prend dans ce cas tout au rebours des commères de la fable.

---

1. La parole du roi se trouve ainsi reproduite dans le *Réveil-Matin des Massacreurs*.
2. C'est celle qui a été adoptée par Le Laboureur.

## XXXIII

Je ne dirai qu'un mot en courant du médecin Ambroise Paré, que le roi sauva, assure-t-on, de la mort, quoiqu'il fût très bon calviniste [1]. Je laisserai à un savant de ma connaissance [2] le soin de vous prouver que Charles IX n'eut pas en cela grand effort de clémence à faire, puisque Paré, quoi qu'on en ait dit, était catholique [3].

---

1. Le *mot* de Paré : *Je le soignay, Dieu le guarit,* gravé sur sa statue à Laval, n'était qu'une réminiscence de ce que disait le roi de France à chacun de ceux qu'il touchait pour les écrouelles : « Le Roy te touche, Dieu te guérit. » (*V.* Du Peyrat, p. 793.)

2. A. Jal, *Dictionnaire critique*, 1867, in-8°, p. 936-941.

3. M. Malgaigne, dans sa remarquable *Introduction* aux *Œuvres complètes* d'A. Paré (t. I, p. CCLXXIX), avait émis

Je ne chercherai pas non plus à éclaircir le mystère de la mort de Jean Goujon, qu'on prétend, sans preuve, avoir été massacré à la Saint-Barthélemy ; je vous dirai seulement qu'il ne fut pas tué d'une balle sur son échafaud du Louvre [1], ni, plus

déjà, sur ce sujet, des doutes équivalant presque à une négation absolue du fait accepté par tout le monde, depuis Brantôme (Sully, *Mémoires*, liv. I). C'est surtout au premier qu'il faut renvoyer le mensonge, rapporté deux fois dans ses *Hommes illustres* : au discours sur l'*Amiral Coligny* et à celui sur *Charles IX*. Il dit notamment en ce dernier endroit que le roi « incessamment crioit : *Tuez, tuez*, et n'en voulut jamais sauver aucun, sinon maistre A. Paré, son premier chirurgien... ». L'erreur est double ici : d'abord, en ce que Charles IX, contre l'avis duquel le massacre eut lieu, voulut au moins qu'on épargnât Téligny, La Nouë, La Rochefoucauld et même l'Amiral ; c'est Marguerite de Valois, sa sœur, qui le dit, et rien ne s'oppose à ce qu'on l'en croie (*Mémoires*, édit. L. Lalanne, p. 27-28) ; ensuite, parce que, je le répète, A. Paré, que Brantôme déclare avoir été le seul épargné, était de ceux qui n'avaient pas besoin de l'être, puisqu'il était catholique. M. Malgaigne (p. CCLXXX-CCLXXXII) démontre qu'il en eut toujours les croyances. On trouve dans ses *Œuvres* des preuves de sa dévotion toute catholique au Saint-Esprit, et de sa confiance, très peu huguenote, dans les exorcismes, etc. Ce n'est pas tout : quand il mourut, où l'enterra-t-on ? Dans une église, à Saint-André-des-Arcs, alors qu'Aubry, le plus enragé des prêtres ligueurs, en était curé ! M. Jal, p. 938, a reproduit l'acte mortuaire.

1. Dans un de ces romans modernes qui ont tant ajouté aux mensonges que nous ont laissés les derniers

certainement encore, au moment où il achevait de sculpter les belles nymphes de la fontaine des Innocents. En 1572, il y avait vingt-deux ans que ce travail était terminé.

Avant de tenter la solution de ce problème, il faudrait pouvoir porter la lumière sur tous les points de l'existence obscure du glorieux artiste; chercher, par exemple, où et quand il est né, avant de demander où et quand il est mort [1].

siècles, l'on a été jusqu'à dire que c'est Charles IX qui, de son arquebuse, avait lui-même tué le sculpteur du Louvre. « Dans ce cas, dit M. de Longpérier, l'histoire ne laisse même pas, par son silence, le champ libre aux conjectures : nous trouvons dans un ancien historien que la reine Catherine de Médicis avait fait avertir Jean Goujon de ne pas sortir de chez lui. » (*Le Plutarque français*, XVIe siècle, notice sur JEAN GOUJON.)

1. V. *Revue des Deux-Mondes*, 15 juillet 1850. — « Il serait même possible de supposer, dit encore M. de Longpérier dans son excellente notice, que Jean Goujon, contrairement à l'opinion reçue, n'est pas mort dans la triste journée de la Saint-Barthélemy. Les *Martyrologes* protestants, plusieurs fois réimprimés, et qui contiennent la liste fort exacte et fort détaillée des réformés qui périrent dans les troubles du XVIe siècle, ne font aucune mention de Jean Goujon. »

## XXXIV

« Guise, averti de se garder des assassins, répond : « Ils n'oseraient. » César, en pareille circonstance, avait dit la même chose. S'ensuit-il que Guise ait imité César ? Non ; mais il y avait dans Guise quelque chose de César. Guise ressemblait à César, mais il ne le copiait pas. »

L'académicien Arnault, qui a écrit ces lignes dans un article de la *Revue de Paris*, sur les imitations plus ou moins fortuites d'actions ou de paroles, a tout à fait raison : c'est une rencontre de pensées inspirées par une rencontre d'événements semblables. Le *mot* de Guise, dont nous avons la preuve par tous les historiens de son temps, contribue même à nous faire croire davantage à celui de César, dont l'authenticité nous est certifiée par un moins grand nombre de témoignages.

Tout au rebours de celui-ci, le *mot* du duc de Joyeuse, s'écriant avant le combat de Coutras, lorsqu'il vit les soldats du roi de Navarre se mettre à genoux pour prier et non pas pour demander pardon, comme il le pensait : *Ces gens tremblent, ils sont à nous;* ce *mot*, dis-je, est évidemment renouvelé de vingt autres du même genre. C'est ce qu'avait dit Charles le Téméraire, à la bataille de Granson, lorsque, voyant les Suisses s'agenouiller, il estima qu'ils demandaient merci ; c'est ce qu'avaient dit encore les Autrichiens à Frastenz [1]. Il n'y a que les anecdotiers comme L'Étoile, ou les historiens suspects comme d'Aubigné, qui prêtent cette parole à Joyeuse. Qu'en savaient-ils : l'un, puisqu'il était alors à Paris ; l'autre, puisqu'il combattait dans le camp opposé ? Sully, historien beaucoup moins inventif que d'Aubigné, n'en dit mot : c'est lui seul que je crois [2].

---

1. *V.* un article de M. de Golbéry, *Revue du XIXᵉ siècle*, 6 oct. 1838, p. 69.

2. Il n'y eut d'authentique à Coutras que le *mot* du Béarnais : « Nostre grand et brave roy Henry IV, rapporte

Vous avez pu juger, par ce qui précède, que je n'ai pas grande foi dans ce que dit d'Aubigné. Je suis, en cela, de l'avis de plus d'un esprit raisonnable de son temps. Voici ce que Malherbe écrivait à son cousin, le 14 février 1620, dans une lettre déjà citée, lorsque le second volume de la première édition de l'*Histoire universelle* était encore dans sa nouveauté, et que le troisième, publié en effet bientôt après, était attendu :

« Pour ce que vous m'escrivez au bas de vostre lettre touchant l'histoire de d'Aubigné, vous avez en ce volume, que je vous ay envoyé, tout ce qu'il a faict imprimer. Je crois bien qu'il sera suivy d'un troisième, mais il a si mal rencontré en ce commencement, que je crois qu'il y pensera de plus près dans l'advenir. Vous pouvez juger comme il doit parler véritablement des affaires du Levant et du Midy, puisqu'en ce qui s'est faict auprès de luy, par manière de dire à sa porte, il rencontre si mal. Le meilleur que j'y voye, c'est que ses mensonges ne feront pas geler les vignes, et que les denrées seront en la halle au prix qu'elles ont

---

Brantôme, avec de longues et grandes plumes bien pendantes, disoit à ses gens : « Ostez-vous de devant moy, « ne m'offusquez pas, car je veux paroistre. »

accoustumé. C'est de quoy il est question. Tout le reste, vanité, sottise et chimère[1]. »

[1]. *Les Œuvres de messire François de Malherbe*, 1634, in-8º, p. 464.

XXXV

Le plus éloquent de nos rois, le mieux épris des grâces du bien dire, et le mieux disant lui-même, ce fut peut-être Henri III. « On sait, écrit l'abbé Coupé [1], qu'il composait lui-même ses harangues,

---

1. *Essai de traduction des poésies de L'Hôpital*, t. II, p. 103. — *V.* Henry Estienne, *Epistre au roy*, en tête de la *Précellence du langage françois*. — Quand il monta sur le trône, Amyot composa pour lui un *Projet de l'Eloquence royale*, etc., publié pour la première fois, d'après le manuscrit autographe, dans la *Bibliothèque choisie du Constitutionnel*, t. I, p. 77. Le grand aumônier de France, en bon courtisan, y donne au roi plus d'éloges que de conseils. « Quant au jugement et à la mémoire, lui dit-il au chap. IV, vous en avez, Sire, ce qu'on en peut souhaiter en un prince très accompli... Nous avons encore à déduire ce qui est de la troisième faculté de l'âme et de la première

et qu'il avait souvent le don de bien dire, s'il n'avait pas toujours celui de bien faire. » Cependant, il n'est pas resté un seul mot de lui. Tout à l'heure, nous avons trouvé une anecdote à son honneur, et c'est Louis XI que la tradition, toujours favorable aux princes populaires, — Louis XI le fut plus qu'aucun, — s'est empressée d'en gratifier. Henri III porte ainsi la peine de sa vie clandestine et perdue, la peine de son règne sans popularité.

Il en est tout autrement pour Henri IV, qui lui pourtant ne « se faisoit pas gloire de passer pour excellent orateur », comme il le disait au commencement de sa *Harangue aux notables de Rouen*, un peu par ironie pour les prétentions oratoires de son prédécesseur[1]. Plutôt que de le laisser chômer, lui, d'esprit et de bonnes répliques, on s'en va, nous l'avons déjà bien montré, oui, l'on s'en va, pour lui en trouver, jusque chez les anciens. On eût mieux fait de s'en tenir aux *mots* qu'il dit réelle-

---

partie de l'éloquence qu'on nomme invention, en quoy la promptitude, vivacité et agilité de vostre esprit est incomparable. »

1. C'est une remarque de l'abbé Brizard en son livre si remarquable d'érudition pour son temps et si peu connu dans le nôtre : *De l'Amour de Henri IV pour les Lettres*, 1785, in-12, p. 64.

ment, et dont le recueil n'est certes pas mince; on eût mieux fait surtout de nous transmettre, sans les frelater d'aucune sorte, les gaillardes paroles échappées à sa verve aimable et vaillante.

Après une de ses victoires, répète-t-on partout en copiant une note de Voltaire dans la *Henriade*[1], le Béarnais aurait écrit à celui de ses braves qu'il aimait le plus, et qui n'avait pas été de la partie :

*Pends-toi, brave Crillon; nous avons combattu à Arques et tu n'y étois pas.... Adieu, brave Crillon, je vous aime à tort et à travers.*

On a longtemps cherché et enfin on a trouvé, publié[2], le vrai billet de Henri IV à Grillon, — c'est ainsi que le roi l'appelait, — et il est arrivé

---

1. Chant VIII, vers 109. — La *Biogr. univ.*, t. X, p. 262, a reproduit la lettre.
2. Berger de Xivrey, *Recueil des lettres missives de Henri IV* (*Collect. des docum. inéd.*), t. IV, p. 848. Cette lettre, dont l'original autographe se trouve dans les archives de M. le duc de Crillon, avait été imprimée, longtemps avant que Voltaire en donnât la *variante* qui l'a si complètement dénaturée, dans *le Bouclier d'honneur*, par P. Bening (Avignon, 1616, in-8°). — Elle fut aussi publiée, sauf deux ou trois altérations de texte et la dernière phrase, par M. de Valory, dans le *Journal militaire de Henri IV* (1821, in-8°), p. 259; et aussi par M. de Fortia d'Urban, dans la *Vie de Crillon, suivie de notes histor. et critiques* (1825, in-8°), t. I, p. 69-70.

alors ce que nous avons déjà vu pour la lettre de François Ier après Pavie : le billet authentique a prouvé que les trois lignes fanfaronnes qui avaient eu la prétention de le résumer étaient tout bonnement un mensonge. Comme avec la lettre de François Ier, et mieux même encore, on tenait là une pauvre vérité qui s'était faite erreur en s'abrégeant.

D'abord ce n'est pas du champ de bataille d'Arques, où Crillon ne pouvait pas être, puisque en 1589, selon M. Berger de Xivrey [1], il n'avait pas encore combattu dans l'armée du roi, que la lettre est datée : c'est du camp devant Amiens, huit ans plus tard, le 20 septembre 1597. Pour donner plus d'éclat à la lettre, Voltaire aura cru devoir lui assigner une date plus éclatante, ou bien encore, comme l'a dit M. Berger de Xivrey, « son imagination aura suppléé à sa mémoire. Le siège d'Amiens, qui sortait du cadre de la *Henriade*, ne lui était pas aussi présent que le combat d'Arques. »

Quoi qu'il en soit, voici la lettre :

« A M. DE GRILLON.

« Brave Grillon, pendés-vous de n'avoir esté icy

---

1. Berger de Xivrey, *Recueil des lettres missives de Henri IV*, t. T, p. 848 et 899. — M. Borel d'Hauterive

près de moy, lundy dernier, à la plus belle occasion qui se soit jamais veue, et qui peut-estre ne se verra jamais. Croyés que je vous y ay bien désiré. Le Cardinal nous vint voir fort furieusement, mais il s'en est retourné fort honteusement. J'espère jeudy prochain estre dans Amiens, où je ne sesjourneray gueres, pour aller entreprendre quelque chose, car j'ay maintenant une des belles armées que l'on sçauroit imaginer. Il n'y manque rien que le brave Grillon, qui sera toujours le bien venu et veu de moy. A Dieu. Ce xxe septembre, au camp devant Amiens.

« HENRY. »

Remarquez que Henri IV ne tutoie pas Crillon. Il eût manqué, s'il l'eût fait, non pas seulement à l'une de ses habitudes, mais à l'un des usages de son siècle, où ces manies de familiarités, qui ont si trivialement ajouté au peu d'urbanité du nôtre, n'avaient pas cours encore, Dieu merci ! Quant à la formule du billet, qui semble avoir été l'une des raisons qui l'ont fait remarquer, ne vous en étonnez pas trop ;

a été le premier à signaler la découverte faite par M. de Xivrey, dans un curieux article de son *Annuaire de la Noblesse*, 1851, p. 265-266.

elle était ordinaire au Béarnais en pareilles occasions. On a de lui un billet au borgne Harambure, écrit tout à fait dans le même style :

« Harambure, pendés-vous de ne vous estre point trouvé près de moy, en un combat que nous avons eu contre les ennemys, où nous avons fait rage, etc.... A Dieu, Borgne [1]. »

---

1. Berger de Xivrey, *Recueil des lettres missives de Henri IV*, t. IV, p. 375. — On conservait un billet du même genre, écrit par Henri IV à Fervacques, dans les archives du maréchal de Médavi, au château de Grancey (Fr. Barrière, *La Cour et la Ville*, p. 22). Chaque grande famille, en effet, possédait en son trésor un certain nombre de lettres de ce roi si prodigue d'écrire pour ses amis, et si grand dépensier d'âme et d'esprit dans tout ce qu'il écrivait. C'est ainsi que le baron de Batz, issu en ligne directe au cinquième degré de Manaud de Batz, put communiquer toute la correspondance de Henri IV avec son aïeul à l'abbé Brizard, qui en détacha le premier cet admirable fragment, tant de fois cité depuis, notamment il y a quelques mois, par M. Feuillet de Conches, en ses *Causeries d'un Curieux*, t. III, p. 221 : « Monsieur de Batz..., combien que soyez de ceux-là du Pape, je n'avois, comme le cuydiés, mesfiance de vous... Ceux qui suyvent tout droict leur conscyence sont de ma relygion, et je suis de celle de tous ceux-là quy sont braves et bons. » (*De l'Amour de Henri IV pour les Lettres*, p. 52.) Les Chastellux avaient aussi de ces billets en leurs archives. J'en citerai un récemment retrouvé, si leste et si gaillard, qu'il semble écrit sur la selle après le coup de l'étrier. Henri part du camp de Nangis pour faire le siège de Montereau, couper

les deux rivières de Marne et de Seine, et enlever toutes provisions aux Parisiens. « C'est, dit-il, estre bon medesyn de mon peuple, et n'est telle vigueur de dyette pour le remettre en santé. » Puis il ajoute, recommandant à Chastellux d'arrêter cinq bateaux de vin, qu'on lui signale comme descendant la Seine : « Ne leur laissés rien passer avant la convalescence, ce sera pour la fester tous ensemble. » (*Catal. des Autogr.*, du M$^{is}$ Raffaelli, 1863, in-8°, p. 23-24.) — Quant aux prétendues lettres du même roi à François Miron, citées, il y a quelques années, avec le plus grand sérieux, par plusieurs journaux, on sait qu'elles sont complètement fausses. M. Berger de Xivrey l'a prouvé sans réplique, à la grande confusion de certains hommes d'État, qui en avaient déjà détaché quelques citations pour émailler leur éloquence administrative (*V.* le *Moniteur* du 31 mai 1858).

## XXXVI

« La couronne vaut bien une messe. » D'autres disent : « Paris vaut bien une messe. »

Peu m'importe; sous l'une ou l'autre forme, c'est, à mon sens, un mot très-impudent. Si Henri IV en eut la pensée, lorsqu'il prit la résolution d'abjurer, pour en finir avec les difficultés qui lui barraient le libre chemin du trône et l'entrée dans sa bonne ville, il fut certes trop adroit pour le dire. Rétablissez-le tel qu'il est, ce *mot*, rendez-le surtout à qui il appartient réellement, et il va devenir tout à coup d'une grande justesse, d'une incontestable vraisemblance.

C'est une des babillardes des *Caquets de l'Accou-*

*chée*[1] qui va vous édifier à ce sujet et faire ainsi leçon à l'histoire, sa commère. « Il est vray, dit-elle, la hart sent toujours le fagot; et comme disoit un jour le duc de Rosny au roy Henry le Grand, que Dieu absolve, lorsqu'il luy demandoit pourquoy il n'alloit pas à la messe aussi bien que luy : « *Sire, sire, la couronne vaut bien une messe.* »

J'aurais eu du regret de laisser ce mot à Henri IV; mais je me serais bien plus encore gardé de le lui enlever s'il lui eût appartenu. A chacun ce qu'il fit ou ce qu'il dit, bien ou mal. Mon système n'est pas celui de M. C. de Montigny qui, élucidant, il y a quelque temps, dans un travail d'ailleurs remarquable et décisif[2], la question du procès du maréchal de Biron, la culpabilité du condamné et les raisons de sa condamnation, déclare, en concluant, qu'il n'eût pas publié ses recherches si le résultat en eût été défavorable à Henri IV. Bien qu'il eût été convaincu dans ce cas de pouvoir faire absoudre la mémoire d'un innocent, il n'aurait point parlé! Ses mains pleines de vérité ne se seraient pas ouvertes parce que ces vérités eussent été fatales à la popularité

---

1. *V.* notre édition, *Bibliothèque elzévirienne* de P. Jannet, p. 172-173.

2. *Le maréchal de Biron; sa vie, son procès, sa mort*, 1861, in-12.

d'un roi ! « Dois-je dire, écrit-il, qu'il m'en eût coûté de trouver Henri IV coupable de la mort d'un innocent, et que ces recherches personnelles n'eussent jamais vu le jour de la publicité, si j'avais acquis la conviction qu'une mesquine jalousie seule avait armé de vengeance le bras du Béarnais ? Oui, je crois devoir faire cet aveu. J'eusse préféré taire la vérité à l'histoire sur un point du reste d'une bien microscopique importance, plutôt que de ternir, de propos délibéré, la mémoire d'un roi resté si populaire. »

A cette théorie de l'écrivain moderne sur Henri IV, je laisserai répliquer celui même qui fit de son temps son histoire. « S'il y a, dit Pierre Mathieu, perfidie à écrire des choses fausses, c'est une honteuse couardise à dissimuler les vraies. »

## XXXVII

Revenons à Sully. Il fut un jour invité, par un bref venu directement du pape [1], d'avoir à se faire catholique. A cette prière du pontife il répondit par une lettre qui contenait un refus, mais très respectueux. L'une des dernières phrases était celle-ci : « Je publieray en tout lieu vostre gloire et louange immortelles, rendant mille grâces à Vostre Sainteté des belles admonitions qu'il luy a plu me faire, et la suppliant en toute humilité de ne trouver mauvais si, estimant ne pouvoir faire aucune action plus

---

[1]. *Rapport au ministre sur les manuscrits français des bibliothèques d'Italie*, par M. P. Lacroix, in-8°, p. 42.

louable qu'en imitant les vostres, j'adresse mes très ardentes prières à ce grand Dieu, créateur de toutes choses, afin qu'il luy plaise, estant le père des resplendissantes lumières, assister et illuminer de son saint esprit vostre zèle et béatitude, et luy donner de plus en plus entière connoissance de sa vérité et bonne volonté, en laquelle consistent le salut et la félicité éternelle de toute créature. »

Savez-vous comment les biographes ont raconté l'affaire, comment surtout ils ont résumé la lettre et changé en une lourde insolence la politesse un peu matoise et un peu ironique, il est vrai, de la fin de cette dernière phrase? Écoutez ce petit passage de l'article SULLY dans le *Dictionnaire historique portatif* du bénédictin Chaudon :

« Le pape lui ayant écrit une lettre qui commençait par des éloges de son ministère et finissait par le prier d'entrer dans la bonne voie, le duc lui répondit qu'*il ne cessait, de son côté, de prier Dieu pour la conversion de Sa Sainteté* [1]. »

Il est impossible de pousser plus loin cet abus dont je vous parlais, et qui consiste à résumer les

---

[1]. M. Berriat Saint-Prix en a fait le sujet d'une intéressante dissertation : *Recherches sur une réponse attribuée à Sully*, Paris, 1825, in-8°.

paroles pour les altérer, cette rage de brutaliser le vrai, cette manie de traduction concise d'une vérité en mensonge.

## XXXVIII

Je pourrais, aidé de Bassompière [1], réfuter très facilement ici la fable du grand veneur de Fontainebleau et de ses tapages giboyeux et lointains dans les bois pendant le règne de Henri IV ; je pourrais aussi vous montrer en quelques mots que la chanson de *la Belle Gabrielle* n'est de ce roi, ni pour les paroles, — dont une partie, le refrain, date de bien avant lui, j'en ai la preuve [2] ; — ni pour l'air en-

---

[1]. *Observations sur l'Histoire de France de Dupleix*, p. 55.
[2]. *V.* le *Bulletin de l'Académie de Bruxelles*, t. XI, p. 380. — M. Ph. Chasles pense aussi avec raison (*Revue des Deux-Mondes*, 1ᵉʳ juin 1844) que la chanson

> Viens, Aurore,
> Je t'implore, etc.,

n'est pas de Henri IV. *V.* encore Sainte-Beuve, *Derniers*

core moins[1], puisque, selon le cardinal Duperron, qui le connaissait bien, Henri IV n'entendait rien « ni en la musique ni en la poésie[2] »; mais c'est une question que je réserve pour le temps où je ferai l'histoire des chansons populaires. Il me serait très facile encore de vous faire voir que l'on a calomnié le *Diable à quatre* dans la pratique du premier de ses *talents*, celui de boire, quand on a prétendu qu'il aimait de passion le vin de Suresnes, près Paris, tandis qu'en réalité c'est le *Suren*, petit vin blanc *suret* du *Clos du Roi*, dans le Vendômois, qui le délectait plus que tout autre; mais j'ai déjà traité quelque part[3], d'après un curieux renseignement donné par Musset-Pathay[4], cette question impor-

---

*portraits*, p. 63. C'est, je crois, La Borde qui l'attribua le premier à Henri IV, dans le t. IV de ses *Essais sur la musique*, où l'abbé Brizard la reprit pour son livre cité tout à l'heure. Il espérait, dit-il, p. 92-93, qu'on lui ferait « voir l'original écrit de la main du Roi »; je crois bien qu'il l'espéra toujours. La première citation que j'en ai vue est dans les *Stromates* de Jamet le jeune, t. I, p. 984. Il n'en nomme pas l'auteur, ce qu'il n'eût pas manqué de faire si à cette époque déjà, c'est-à-dire en 1736, ces couplets eussent passé pour être de Henri IV.

1. V. Fétis, *Curiosités de la musique*, 1<sup>re</sup> édition, p. 376.
2. *Perroniana*, p. 167.
3. *Variétés histor. et littér.*, t. III, p. 133, note.
4. Dans son excellent livre, aujourd'hui introuvable, *Bibliographie agronomique*, 1810, in-8°, p. 459.

tante, et j'ai trop à dire encore pour avoir le temps de me répéter ici.

Ce sont là d'ailleurs, comme la grande affaire des dindons importés par les jésuites, selon les uns, ou, selon d'autres, naturalisés en France à une époque bien antérieure [1] ; comme aussi la grave querelle relative aux bas de soie de Henri II [2] ; ce sont là, dis-je, de petits faits accessoires, de petites discussions incidentes dont je ne puis m'occuper même en passant.

Ce qui, pour moi, est une affaire bien autrement importante ici, c'est la *Poule au pot* du bon roi. En a-

---

[1]. *V.*, à ce sujet, une très curieuse note de M. L. Dubois, *Chansons d'Olivier Basselin*, édit. Ad. Delahays, in-18, p. 33-34, et un article du *Magasin pittor.*, 1835, p. 62.

[2]. Mézeray a écrit (*Abrégé chronologique*, in-4°, p. 1388) que Henri II fut le premier qui porta des bas de soie aux noces de sa sœur, et depuis, je ne saurais dire combien d'*Histoires*, de *Dictionnaires des origines*, etc., ont répété la phrase. C'est cependant tout le contraire qu'il faut croire pour être dans la vérité, telle que nous la tenons d'un contemporain même, d'Olivier de Serres, qui certes devait la savoir. Il vient de parler d'Aurélien, qui ne voulut jamais « porter de robe de soie », et il ajoute : « Semblable modestie se remarque du roy Henry second, *n'ayant jamais voulu porter de bas de soie*, encore que l'usage en fust jà receu en France. » (*Théâtre d'agriculture*, édit. François de Neufchâteau, in-4°, t. II, p. 107.)

t-il parlé ? l'a-t-il souhaitée sur la table du paysan chaque dimanche ? Je n'en doute pas. Cette parole-là est un *mot* de son cœur, et j'y crois plus qu'à ceux de son esprit. On se la répétait aux règnes suivants, même chez les ministres, et il semble que Colbert s'était fait une loi de satisfaire au royal et paternel souhait. Le passage suivant d'une de ses lettres à l'intendant de Tours, Voisin de la Noiraye [1], n'est qu'une paraphrase du *mot* de Henri IV, son désir transformé en vague espérance. Colbert demande : « si les paysans commencent à estre bien vestus et bien logés, et s'ils pourront enfin se réjouir un peu, aux jours de feste et de noces ». Je crains bien que la réponse de l'intendant n'ait pas été satisfaisante. La poule n'était pas encore au pot, bien qu'on la plumât depuis longtemps, comme disait la vieille épigramme.

1. *Correspondance administrat. de Louis XIV*, à la date du 21 nov. 1670.

## XXXIX

« Henry le Grand, dit le chevalier de Méré[1], trouvoit bon tout ce qu'on lui disoit de facétieux, et le feu roy (Louis XIII), qui se plaisoit assez à dire de bons mots, aimoit encore mieux que l'on se défendist agréablement. »

Cependant, de ce roi ami des bonnes ripostes pas un *bon mot* n'est resté. Il fut impopulaire comme Henri III, et comme lui il en porte la peine. Aux autres on prête de l'esprit; à ceux-là, on ne fait même pas honneur de celui qu'ils ont eu.

Ce que Richelieu dit dans son *Testament politique*[2],

---

1. *Œuvres posthumes*, p. 282.
2. P. 199. On voit que, malgré Voltaire, je crois à ce livre, dont il ne cessa de combattre l'authenticité. J'ai pour moi La Bruyère, Foncemagne, le P. Griffet, qui me

sur les plaisanteries des rois, plus cruelles dans leur bouche que dans toute autre, doit être à l'adresse de son maître. Ce sont de belles paroles, comme vous allez voir, et que Péréfixe a eu grand tort d'enlever au cardinal pour les prêter au Béarnais[1]. Le *Diable à quatre,* qui ne sut jamais retenir un bon mot contre personne, n'était pas d'humeur à se faire à lui-même cette grave leçon de silence :

« Les coups d'épée se guérissent aisément, mais il n'en est pas de même de ceux de la langue, particulièrement de celle des rois, dont l'autorité rend les coups presque sans remède, s'il ne vient d'eux-mêmes. Plus une pierre est jetée de haut, plus elle fait d'impression où elle tombe. »

Louis XIII, d'après ce que nous a dit Méré, en aurait lancé beaucoup de cette sorte dans le jardin de ses amis; mais, encore une fois, personne ne les a ramassées.

Les seuls faits qu'on raconte de ce prince sont

---

semblent en histoire d'aussi bonnes autorités que l'auteur de l'*Essai sur les mœurs.* Le P. Griffet, pour affirmer son témoignage, invoquait celui de Huet, qui avait vu le ms. dont on s'était servi pour l'impression, et que la nièce du cardinal, M<sup>me</sup> d'Aiguillon, avait prêté. (*Traité des différentes preuves...,* 1770, in-8°, p. 102.)

1. *Hist. de Henri IV,* Paris, 1681, in-8°; p. 54-55.

presque tous ridicules; les seuls *mots* qu'on répète de lui sont odieux. Par bonheur pour sa mémoire, il n'est pas bien difficile de prouver que les uns et les autres sont inventés. L'aventure du billet que M^lle de Hautefort cache dans son sein et que la main pudique du roi n'ose aller y prendre, est un conte fabriqué par l'auteur du mauvais livre : *Intrigues galantes de la cour*, dans lequel il se trouve pour la première fois.

L'anecdote du volant qui va se nicher à la même charmante place, et que le roi n'ose reprendre qu'avec des pincettes et en fermant les yeux, n'est pas certainement plus vraie[1] : c'est une invention du prédicateur qui, faisant l'oraison funèbre de Louis XIII, ne crut pouvoir trouver mieux pour exalter par un exemple la vertu la plus célèbre de ce chaste roi. On s'en est bien moqué dans le *Segraisiana*[2].

« Un prédicateur, y est-il dit, faisoit le panégyrique de Louis XIII, et en le louant de sa chasteté, il en rapportoit cet exemple avec une grande exagération : « Ce prince, disoit-il, jouant un jour au « volant avec une dame de sa cour, et le volant

---

1. Elle se trouve dans la *Biogr. univers.*, 1^re édit. t. XLI, p. 223-224.
2. P. 174-175.

« étant tombé dans le sein de la dame, la dame
« voulut qu'il vînt l'y prendre. Que fit ce chaste
« prince pour éviter le piège qu'on lui tendoit ? Il
« alla prendre les pincettes au coin de la chemi-
« née, etc. » Cela seroit bon à mettre dans un
*Asiniana*. C'est se moquer, d'amuser un grand auditoire de ces bagatelles; aussi un gentilhomme se
leva et cria hautement : « Il auroit bien mieux fait
« de ne me pas mettre à la taxe, » ce qui fit rire
toute la grande assemblée. »

Quel était le prédicateur ? peut-être le P. Joseph,
peut-être saint Vincent de Paul, qui, sur ce point-là
surtout, servaient, par la colère de leurs sermons,
la pudeur chatouilleuse du roi. Blot, dans ses
*Rêveries, Rébus*, etc., dont Lancelot possédait le
manuscrit, après avoir fait une très spirituelle dissertation sur le *beau tétin* [1], parle de l'horreur qu'en
avait Louis XIII, « qui le regardoit comme damna-
tion et lui faisoit même des avanies, ce qui faisoit,
ajoute-t-il, que le P. Joseph et Vincent de Paul ne
tarissoient pas en invectives sur cette partie de l'or-
nement des belles ».

---

[1]. Citée, d'après le ms. que lui avait prêté Lancelot
par Jamet, dans ses *Stromates*, t. II, p. 1014.

## XL

« Quand M. le Grand (Cinq-Mars) fut condamné, il (Louis XIII) dit : « Je voudrois bien voir la gri-« mace qu'il fait à cette heure sur cet échafaud. » C'est un mot horrible. Tallemant fait bien son métier de médisant quand il le répète[1] ; mais M. Bazin remplit encore mieux sa mission d'historien sérieux quand il semble n'y pas croire, en disant : « Aucun témoin digne de foi ne garantit l'anecdote[2]. »

Louis XIII ne pouvait savoir à quelle heure ni même quel jour l'exécution avait lieu, puisqu'elle

---

1. *Historiettes*, édit. in-12, t. III, p. 58.
2. *Hist. de Louis XIII*, t. IV, p. 416.

avait été tout à coup retardée à cause du bourreau de Lyon qui s'était cassé la jambe [1], et par conséquent aussi ne pouvait-il pas tenir sur la *grimace de M. le Grand à cette heure-là* le propos qu'on lui prête.

Pour dire la vérité, ce *mot* me semble, comme à M. Paulin Paris [2], la seconde édition abrégée de celui qu'on attribue au duc d'Alençon, lorsqu'on vint lui apprendre que le comte de Saint-Aignan avait été tué au *tumulte* d'Anvers, le 19 janvier 1583.

« J'en suis bien marry, » dit-il. Souldain, se prenant à rire : « Je croy, dit-il, que quy eust pu
« prendre le loisir de contempler à cette heure-là
« Saint-Aignan, qu'on luy eust veu faire alors une
« plaisante grimace [3]. »

Il n'y a que mensonge dans l'histoire de Cinq-Mars, telle qu'elle court le monde et les livres, depuis qu'un roman trop heureux en a faussé la vérité. Les pleurs ont, comme le rire, le don de désarmer. Le romancier nous a fait pleurer sur la jeunesse de Cinq-Mars, et nous n'avons plus vu son crime ; le conspirateur de ruelle, le mignon de cou-

---

1. *V.* Rosset, *Hist. tragiques.*
2. Tallemant des Réaux, *Historiettes,* nouvelle édition, t. II, p. 265, note.
3. L'Estoille, *Journal,* édition de 1719, t. I, p. 156.

chette ambitieux, qui vendait la France à l'Espagne ; le traître, enfin, a disparu. Toutes les déclamations de la sensiblerie se sont apitoyées sur lui ; et tous les anathèmes se sont déchaînés contre Richelieu, dont la rigueur en cette circonstance arrêtait d'autres complots et sauvait la France des menaces du dedans conspirant avec le dehors. Cette rigueur de Richelieu fut sans doute impitoyable, mais, même contre de Thou, dont la part dans le complot n'est pas douteuse, elle n'eut rien que de juste. Il suffit de lire les *Mémoires* de Retz, qui fut alors sollicité de conspiration par de Thou [1], pour être sûr de sa complicité [2].

1. *V.* dans l'édit. abrégée qu'il a donnée des *Mémoires*, p. 54, une note de M. Alph. Feillet, où il convient que de Thou fut plus coupable qu'on ne le croit.
2. C'est de Thou qui avait ménagé l'entrevue de Cinq-Mars avec M. de Bouillon (*Mém.* d'Arnault d'Andilly, *Collect. Petitot*, 2ᵉ série, t. XXXIV, p. 67). On voit encore qu'il s'était fait recruteur de conjurés par une lettre à Alexandre de Campion, qu'il avait voulu, mais sans succès, entraîner dans le complot. M. C. Moreau, qui a publié cette lettre (*Mém.* de A. de Campion, édit. P. Jannet, p. 379), dit fort justement, et avec une certaine ironie, à l'adresse du roman indiqué tout à l'heure : « Il est certain que de Thou avait fait un peu plus que de garder le secret de son ami. » — P. Delaroche, dans son tableau, nous fait voir sur la même barque Cinq-Mars et de Thou, traînés à la remorque par le bateau du cardinal. C'est une

## CHAPITRE XL

Le cardinal disait souvent : « On ne ramène guère un traître par l'impunité, au lieu que par la punition l'on en rend mille autres sages [1]. » Le supplice de Cinq-Mars ne fut que la sanglante mise en œuvre de cette loi sans merci qu'il s'était faite, et dont on retrouve une formule étendue dans son *Testament politique* [2] : « Être rigoureux pour les particuliers qui font gloire de mépriser les loix, c'est être bon pour le public... On ne sauroit faire un plus grand crime contre les intérêts publics qu'en se rendant indulgent envers ceux qui les violent. »

Quand Richelieu fut sur son lit de mort, « le curé lui demandant s'il ne pardonnoit point à ses ennemis, il répondit qu'il n'en avoit point que ceux de l'Estat ». Le mot est vrai, et il dut le dire [3]. Or, c'est comme ennemi de l'État qu'il poursuivit Cinq-Mars et qu'il fit tomber sa tête. La lettre qu'il écrivit

erreur à effet, comme toutes celles des peintres. Richelieu n'était pas assez maladroit pour laisser ensemble les deux coupables. Cinq-Mars était dans un carrosse fermé et bien escorté, qui suivait les bords du Rhône, tandis que de Thou, seul dans la barque, descendait le fleuve à la remorque de Richelieu (*Athenæum*, 1854, p. 758).

1. *Mercure histor. et polit.*, juillet 1688, p. 7-8.
2. P. 24.
3. *Mém.* de Monglat, *Collection Michaud*, 3ᵉ série, t. V, p. 133 ; — *Mém.* de Montchal, 1718, in-8º, p. 268.

à la malheureuse marquise d'Effiat, qui le suppliait pour son fils, respire toute l'inflexibilité d'un homme qui parle, non pour lui, mais pour l'État offensé. Voici cette lettre, qui est *inédite*, ou peu s'en faut[1] :

« Si votre fils n'étoit coupable que de divers desseins qu'il a faits pour me perdre, je m'oublierois volontiers moy-même, pour l'assister selon votre désir : mais l'estant d'une infidélité inimaginable envers le Roy, et d'un parti qu'il a formé pour troubler la prospérité de son règne, en faveur des ennemis de cet Estat, je ne puis en façon quelconque me mesler de ses affaires, selon la prière que vous me faites. Je supplie Dieu qu'il vous console. »

---

[1]. Elle n'a été imprimée que dans la *Revue des Deux-Mondes*, 15 nov. 1834, p. 427.

## XLI

On met souvent sur le compte de Richelieu cette parole patibulaire : « Qu'on me donne six lignes écrites de la main du plus honnête homme, j'y trouverai de quoi le faire pendre. » Si quelqu'un a dit cela pendant ce règne, c'est Laubardemont certainement, ou bien encore Lafférnas[1].

Richelieu ne descendait pas à ces détails de justicier farouche et de bourreau en quête de supplices.

Il ne s'amusait pas non plus, croyez-moi, à faire

---

1. Encore faut-il dire que celui-ci se lassa bien vite d'être bourreau, comme on le voit par une lettre où il demandait au chancelier Séguier d'être relevé de ses « emplois criminels... pour ne plus passer pour un homme de sang » (Sainte-Suzanne, *les Intendants de la généralité d'Amiens*, p. 239).

des antithèses sur le sang de ses victimes et sur la couleur de sa robe de cardinal. « Il avait dit, écrit M. Michelet[1] : « Je n'ose rien entreprendre que je « n'y aie bien pensé ; mais quand une fois j'ai pris « ma résolution, je vais droit à mon but, je ren-« verse tout, je fauche tout, et ensuite je couvre « tout de ma robe rouge. » Ce sont là, s'écrie M. Michelet, des paroles qui font frémir. » Écoutez-les telles que Richelieu les a dites, et vous ne frémirez pas tant. Vous n'y trouverez, en effet, que l'expression d'une volonté inexorable qui, sans se faire gloire de *tout faucher*, marche toujours dans sa force et n'est arrêtée par rien : « Quand une fois j'ai pris ma résolution, je vais droit à mon but et je renverse tout de ma soutane rouge. »

Un autre de ses *mots*, que Voltaire[2], je ne sais pourquoi, trouve trivial, était celui-ci : « Tout par raison ; » et c'est en effet par raison qu'il fit tout. La politique de Henri IV lui semblait être la vraie

---

1. *Précis de l'Hist. de France*, p. 237.
2. *Lettre du 21 mars 1768*, à M. de Taulès, dans laquelle il reprend quelques points de sa *Dissertation* tendant à prouver que le *Testament politique du cardinal de Richelieu* n'était pas de ce ministre. Cette *Dissertation*, imprimée dans son chapitre des *Mensonges imprimés*, a été mise à néant, avec toutes ses objections, par la *Lettre* de Foncemagne sur ce même *Testament politique*, 1769, in-12.

politique de la France ; il s'en rendit bien compte, et ne se donna d'autre tâche que de la continuer. Henri IV avait dit : « Je veux bien que la langue espagnole demeure à l'Espagnol ; l'allemande à l'Allemand ; mais toute la françoise doit être à moy[1]. » C'était poser les véritables limites de la France. Richelieu, qui le comprit, dit à son tour : « Le but de mon ministère a été celui-ci : rétablir les limites naturelles de la Gaule ; identifier la Gaule avec la France, et partout où fut l'ancienne Gaule constituer la nouvelle[2]. »

Louis XIII le laissa faire, et pour cette liberté d'action accordée par lui à son ministre, il faut lui savoir presque autant de gré que s'il eût agi lui-même. S'effacer du premier rang pour passer volontairement au second n'est pas un mérite commun chez un souverain absolu : ce fut le mérite de Louis XIII, qui, après avoir bien calculé l'importance du fardeau qui lui était remis, et s'être avoué qu'il n'était pas de force à le porter dignement, le confia sans réserve à son ministre. Abnégation généreuse, car elle fut complète et persistante, sans

1. Mathieu, *Hist. de Henry le Grand*, t. II, p. 444.
2. *Testamentum politicum*, publié d'abord dans les *Elogia sacra* de Labbe, 1706, p. 253 ; puis à la suite de la *Lettre de Foncemagne*, p. 105.

arrière-pensée de regret, sans révolte de vanité. Il consentit à ce que le cardinal fût, comme on l'a si bien dit, « le fondé de pouvoir universel de la royauté [1] ». Jamais il ne revint, de lui-même, sur le mandat qu'il lui avait octroyé [2]. Ce fut, pourrait-on dire, une sorte de monarchie en commandite : le roi fournissait la puissance, le ministre en trouvait l'emploi ; Louis XIII régnait, Richelieu gouvernait, et tous deux préparèrent ainsi l'avènement d'un prince qui pût tout à la fois gouverner et régner.

Ce qui fit la durée et la prospérité de cette commandite monarchique, de ce pouvoir royal affermé en des mains ministérielles, c'est que l'homme de génie à qui l'exploitation était remise n'en retint jamais rien de ce qu'aurait pu réclamer l'ombra-

---

1. A. Thierry, *Essai sur l'histoire et la formation du Tiers-État* (*Revue des Deux-Mondes*, 1ᵉʳ mars 1850, p. 824).
2. Il ne fallait pas moins que les obsessions les plus puissantes et les plus persistantes pour lui faire prendre une résolution contre son ministre. Rendu à lui-même ou à quelque bon conseil, il lui revenait toujours et tout entier, comme on le voit par ce qui arriva dans la *Journée des dupes*. V. dans nos *Variétés hist. et littér.*, t. IX, p. 309, la relation qu'en a donnée Saint-Simon, relation si peu connue, mais qui mérite tant de l'être, à tous égards, pour les faits qui s'y trouvent et pour le style incroyable qui les revêt.

geuse jalousie du maître. Toujours il fit remonter au roi l'honneur et l'éclat que ses actes pouvaient jeter sur la royauté. Dans tout ce qu'il a dit ou écrit, on ne trouve pas un mot qui ne soit à la glorification du pouvoir qu'il tient de Sa Majesté et sans lequel il n'eût rien fait. Jamais il ne parle autrement que dans ce passage de son *Testament politique*[1] : « Je promis à Votre Majesté d'employer toute l'autorité qu'il lui plairoit me donner. »

Lorsqu'il craint de la part du roi, que tant d'ennemis entourent, quelque défaillance de bonne volonté, quelque défiance, qui en détruisant leur accord nuirait aux intérêts de l'État, il se permet de lui dire : « Je supplie Votre Majesté de repasser ce que je lui ai représenté plusieurs fois, qu'il n'y a point de prince en si mauvais état, que celui qui ne pouvant toujours faire par soi-même les choses à quoi il est obligé, a de la peine à souffrir qu'elles soient faites par autrui ; et, qu'être capable de se laisser servir n'est pas une des moindres qualités que puisse avoir un grand roi[2]. »

Voilà Richelieu, toujours prêt à dire à Louis XIII : « Je souhayte votre gloire, plus que jamais serviteur

---

1. P. 7.
2. P. 198.

qui ayt esté n'a fait celle de son maître... je suis la plus fidèle créature, le plus passionné sujet et le plus zélé serviteur que jamais roy et maître ayt eu au monde[1] »; répétant sans cesse, à propos de cette gloire, qui ne vient que de lui : « Je n'oublieray jamais rien de ce que j'y pourray contribuer[2] »; et s'employant en effet de toutes les forces de son infatigable génie à ce service, où chacun le subit, tant il en pousse les moyens à l'extrême, mais où personne, même des plus hostiles, n'ose dire qu'il n'est pas nécessaire[3].

« Nous, dit M. Augustin Thierry[4], qui avons recueilli le fruit lointain de ses veilles et de son dévouement patriotique, nous ne pouvons que nous incliner devant cet homme de révolution, par qui ont été préparées les voies de la société nouvelle. »

---

1. *Lettre au Roy*, publiée pour la première fois dans la *Revue des Deux-Mondes* du 15 nov. 1834, p. 424.
2. *Id., ibid.*
3. *V.* encore à ce sujet la relation de la *Journée des dupes*, par Saint-Simon.
4. *Revue des Deux-Mondes*, 1ᵉʳ mars 1850, p. 836.

## XLII

Lorsque Louis XIII était sur son lit de mort, le dauphin, qu'on venait de baptiser, et qu'il aurait interrogé sur son nom, aurait répondu, comme un enfant terrible : « Je m'appelle Louis XIV... », et le roi, tout agonisant, aurait répliqué : « Pas encore, mon fils, pas encore. »

Ce petit dialogue, dont se fussent attristés les derniers moments du mourant, aurait besoin de preuves pour être accepté. Or, la relation très circonstanciée du valet de chambre Dubois et les *Mémoires* de La Porte n'en disent pas un mot. L'on me permettra donc d'en douter, en dépit de Montglat [1] et du P. Griffet [2].

1. *Mémoires (Collect. Petitot)*, p. 136.
2. *Hist. de Louis XIII*, t. III, p. 608. — L'éditeur du

Nous voici aux premiers temps du grand règne ; nous touchons à la Fronde, abordons-la.

Pendant une de ses crises les plus violentes, le président Mathieu Molé, qui n'était pas, certes, un faiseur de phrases, a-t-il assez menti à ses habitudes gravement modestes et à son langage ordinaire, pour se permettre cette parole de matamore qui ronfle et s'étale dans tous les livres d'*Ana* : « Il y a loin du poignard d'un assassin à la poitrine d'un honnête homme »! Non, certainement. Il se contenta de dire avec la plus courageuse simplicité à ceux qui le menaçaient : « Quand vous m'aurez tué, il ne me faudra que six pieds de terre [1]. »

Le fanfaron paradait alors au théâtre et faisait tapage au cabaret ; il ne siégeait pas encore au Parlement.

Louis XIV, dont la jeunesse et même les amours eurent quelque chose de poli et de solennel, ne fit pas non plus asseoir avec lui sur le trône ce type

---

*Mémoire* de Dubois sur la mort de Louis XIII pense, comme nous, que le silence de ce très exact journal détruit le fait tout naturellement (*Collect. Michaud*, t. XI, p. 525, note).

1. *Biogr. univ.*, art. Molé (Mathieu), p. 289, note. *V.* aussi dans le *Plutarque français* (xvii<sup>e</sup> siècle, p. 306), la notice que M. le comte Molé a consacrée au plus illustre de ses ancêtres.

impudent et ferrailleur; loin de là, vous le savez tous. Aussi n'ai-je jamais voulu donner créance à ce qu'on nous raconte de sa prise de possession du pouvoir, de cette fameuse entrée qu'il aurait faite au Parlement, vêtu de la façon la plus cavalière et le fouet à la main. Passe encore pour le costume : *justaucorps rouge, chapeau gris et grosses bottes,* comme le dit Montglat, puisque alors le jeune roi chassait à Vincennes, et ne pouvait guère venir qu'en habit de chasse; mais je suis de moins bonne composition pour le reste.

C'est alors, ajoute-t-on, qu'il aurait dit son fameux *mot :* « *L'État c'est moi.* » Je n'y ai pas cru davantage, et dernièrement un homme d'une haute compétence pour ce qui regarde cette époque, M. Chéruel, m'est venu prouver que j'avais bien fait de douter. Le pupille de Mazarin ne devait pas sitôt s'émanciper en Louis XIV : c'est son avis, comme c'est le mien [1].

Laissons donc parler l'auteur de l'histoire de l'*Administration monarchique en France* [2]. Après avoir exposé les nouvelles tendances du Parlement à la

---

1. Ce fut aussi celui de M. de Noailles. *V.* son *Hist. de M<sup>me</sup> de Maintenon*, t. III, p. 687-689.
2. T. II, p. 32-34.

rébellion dans les premiers jours d'avril 1665, M. Chéruel ajoute :

« C'est ici que l'on place, d'après une tradition suspecte, le récit de l'apparition de Louis XIV dans le Parlement, en habit de chasse, un fouet à la main, et qu'on lui prête la réponse fameuse aux observations du premier président qui parlait de l'intérêt de l'État : « L'État c'est moi. » Au lieu de cette scène dramatique qui s'est gravée dans les esprits, les documents les plus authentiques nous montrent le roi imposant silence au Parlement, mais sans affectation de hauteur insolente. »

M. Chéruel, rappelant ensuite un *Journal* manuscrit où se retrouve la relation exacte de cette affaire, nous dit : « L'auteur, qui est si favorable au Parlement, aurait certainement signalé les circonstances que je viens de rappeler, si elles étaient réelles. »

Ce même récit, qu'il nous est inutile de reproduire, comme l'a fait M. Chéruel, se termine par ces mots : « Sa Majesté s'estant levée promptement sans qu'aucun de la compagnie eust dit une seule parole, elle s'en retourna au Louvre et de là au bois de Vincennes, dont elle estoit partie le matin et où M. le cardinal l'attendoit. »

Ainsi Mazarin attend le roi, pour apprendre de

lui comment tout s'est passé, pour savoir surtout comment le jeune prince a dit la leçon qu'il lui avait certainement faite lui-même[1]; et dans cette leçon, soufflée par le cardinal et dont l'élève ne dut pas se départir d'un mot, vous voudriez qu'une phrase comme celle-ci : « *L'État c'est moi* », aussi inquiétante au moins pour le pouvoir du vieux ministre que menaçante pour la puissance du Parlement, se fût glissée tout à coup? C'est impossible. L'État ce n'était pas encore Louis XIV, c'était toujours Mazarin.

Le *mot*, je dois l'avouer, n'en est pas moins très bien trouvé. Il ne lui faudrait, comme vraisemblance, qu'arriver un peu plus tard dans ce règne, dont il est la plus exacte, la plus formelle expres-

1. C'était une des habitudes prudentes de Mazarin. On a su par ses *carnets* manuscrits, conservés à la Bibliothèque nationale, qu'il disait non seulement à Anne d'Autriche tout ce qu'elle devait faire, mais qu'il lui dictait tout ce qu'elle devait dire, et l'on a pu se convaincre aussi, par les *Mémoires* du temps, de la docilité de la reine. Ainsi, certaines paroles railleuses qu'il avait écrites pour elle sur le douzième de ses carnets (p. 95), afin qu'elle les apprît et pût, le moment venu, les adresser en se moquant à M. de Jarzé, se retrouvent presque mot pour mot dans le récit que nous a fait M^me de Motteville de l'entretien de la reine avec Jarzé (*Collect. Petitot*, 2ᵉ série, t. XXXVIII, p. 405-406).

sion; comme vérité, il ne lui manque que d'avoir été dit[1].

---

[1]. Dans un cours de droit public que Louis XIV fit composer sous l'inspiration de M. de Torcy, pour l'instruction du duc de Bourgogne, et dont Lemontey retrouva le manuscrit, on lit à la première page : « La nation ne fait pas corps en France; elle réside tout entière dans la personne du roy. » *L'État c'est moi* n'en disait pas tant (*Monarchie de Louis XIV*, etc., 1818, in-8°, p. 327). — Ajoutons, pour en finir avec ce *mot*, que, suivant les Anglais, c'est la reine Élisabeth qui l'aurait dit la première (*Rev. britann.*, mai 1851, p. 254).

## XLIII

Ces souvenirs de la puissance de Mazarin m'amènent tout naturellement à penser à son fameux *mot* : « Ils chantent, ils payeront », qui est vrai, quelle que soit la forme, plus ou moins française, sous laquelle il l'ait dit [1], et pour lequel je ne trouve

[1]. Voltaire le donne ainsi : « Laissons-les dire et qu'ils nous laissent faire. » (*Lettre* à M. Hénin, 13 sept. 1772.) Dans la *Vie de Mazarin*, il est reproduit dans cette espèce de patois mi-partie italien et français, qui était la langue du ministre, qui lui faisait prononcer *ognion* pour *union*, et écrire *Rocofoco* pour La *Rochefoucauld*, ainsi qu'on le voit sur un de ses *carnets*. Il disait donc : « S'ils chantent la cansonette, ils pagaront. » La princesse Palatine cite aussi le *mot*, en le faisant suivre d'une anecdote qui lui venait de je ne sais où : « Le cardinal Mazarin disoit : « La nation « françoise est la plus folle du monde : ils crient et chantent « contre moi, et me laissent faire ; moi, je les laisse crier

qu'un commentaire possible ; c'est cette jolie phrase dont on a fait honneur à tant de gens, excepté à Chamfort, qui l'a écrite : « La France est un gouvernement absolu, tempéré par des chansons [1]. »

Mazarin laissait chanter sans chanter lui-même ; mais, à défaut de couplets, il faisait des *mots*. N'est-ce pas lui qui dit cette parole si spirituelle, à propos de la fille de Gaston, dont le canon de la Bastille braqué par ses ordres détruisit toutes les espérances qu'elle pouvait avoir d'épouser son royal cousin :

« Mademoiselle, — lit-on dans le *Suppl. manuscrit du Ménagiana* [2], où le mot attribué à tant d'autres, même au jeune roi, est enfin restitué au ministre,

---

« et chanter, et je fais ce que je veux. » Voici un tour plaisant dont il s'avisa ; il faisoit parfois rechercher et saisir les libelles et les chansons qu'on faisoit contre lui, et il les faisoit vendre en secret ; il a de cette manière gagné dix mille écus. » (*Nouvelles Lettres de la duchesse d'Orléans, née princesse Palatine*, 1853, in-12, p. 249.)

1. *Œuvres choisies*, édit. A. Houssaye, p. 80.
2. Fonds Bouhier, à la Biblioth., p. 78. — On a souvent dit que Mademoiselle mit elle-même le feu au canon. C'est une exagération du fait vrai. Elle ordonna de tirer, mais elle n'était même plus là quand les coups partirent. « L'on tira de la Bastille, dit-elle, deux ou trois volées de canon, comme je l'avois ordonné, quand j'en sortis. » (*Mémoires*, édit. Petitot, t. II, p. 111.)

son véritable auteur, — ayant autrefois fait tirer le canon de la Bastille sur l'armée du Roy, monseigneur le cardinal Mazarin dit en raillant qu'elle avoit tué son mary à coups de canon. »

L'histoire de Mazarin me remet aussi en mémoire un autre fait d'un ordre tout différent, moins politique, plus intime; certaine affaire d'amour, qui, racontée comme elle se passa, eût fait une très piquante histoire, mais qu'à toute force l'on a voulu gâter en roman sentimental et attendri, avec un *mot* au dénouement.

C'est cet épisode de la passion de Louis XIV pour la nièce du cardinal, Marie Mancini, qui fut terminé par un départ, au lieu de l'être par un mariage, comme le roi l'avait sérieusement souhaité pendant quelque temps.

Selon les versions les plus courantes, la belle, toute éplorée, lui aurait dit pour adieu : « Vous m'aimez, vous êtes roi, et je pars. » Mot charmant, sans doute, que tout le monde a répété, — même Saint-Simon [1], qui ne s'amuse pas d'ordinaire à redire ainsi les paroles tendres, — mais auquel pourtant, malgré son charme, malgré l'autorité des

---

1. Notes sur le *Journal de Dangeau,* dans Lemontey *Monarchie de Louis XIV,* p. 170.

témoignages qui l'ont garanti, l'impitoyable Bayle n'a pas cru devoir faire grâce. Il eut raison, sauf pour un point, comme on verra.

Au chapitre LXI de ses *Réponses aux Questions d'un Provincial*, il remonte à l'origine du *mot*, et la trouve dans un roman[1] sur lequel il daube d'importance, mais qu'il cite d'abord pour le mieux gourmander après. Voici les lignes qu'il en extrait :

« Le cardinal, dit-il, maria enfin sa nièce au duc de Colonna. Notre prince pleura, cria, se jeta à ses pieds, et l'appela son papa ; mais enfin il étoit destiné que les deux amans se sépareroient. Cette amante désolée étant prête à partir, et montant pour cet effet en carosse, dit fort spirituellement à son amant, qu'elle voyoit plus mort que vif par l'excès de sa douleur : « Vous pleurez, vous êtes « roi, et cependant je suis malheureuse et je pars. » Effectivement, le roi faillit mourir de chagrin de cette séparation ; mais il étoit jeune, et à la fin s'en consola, selon les apparences[2]. »

---

1. *Le Palais-Royal* ou *les Amours de Madame de la Vallière*, 1680, in-12, p. 66.

2. Une preuve, au moins singulière, de la réalité de la douleur du roi se trouve dans le *Journal de sa santé*, dont le manuscrit existe à la Bibliothèque nationale (*Suppl. franç.*, n° 127, 1). Vallot, qui le soignait alors, crut bon

Cela cité, Bayle en appelle aussitôt à l'histoire pour attaquer et couler bas ce roman. « Je suis sûr, dit-il en commençant sa longue réfutation, que nous ne suivrons pas jusqu'au bout, je suis sûr que vous me pourriez nommer plus de cent personnes qui vous ont allégué ce discours de la demoiselle Mancini, non seulement comme une pensée délicate et ingénieuse, mais aussi comme un fait certain[1], et cependant ce n'est qu'une fable romanesque et très impertinemment inventée. Car lorsque Marie Mancini partit de France pour aller épouser en Italie le connétable Colonna, elle n'avoit plus de part à l'amour du roi, et il n'étoit plus possible qu'elle conservât aucune espérance. Il y avoit plus de neuf mois que l'infante Marie-Thérèse étoit l'épouse de ce prince... »

Bayle cite alors, à l'appui de son dire, les *Mémoires*

---

de le saigner deux fois des pieds, six fois des bras, et de le purger quatre fois!

1. Saint-Simon, dans le passage cité tout à l'heure, est un de ceux qui y ont cru le mieux. Il pense que le départ définitif de Marie suivit de près la fameuse phrase : « Elle partit toutefois, dit-il, et courut bien le monde depuis. C'étoit la meilleure et la plus folle de ces Mancines. Pour la plus galante on auroit peine à le décider, excepté la duchesse de Mercœur, qui mourut dans la première jeunesse et dans l'innocence des mœurs. »

de Marie Mancini elle-même[1], dédaignant, tant avec cette preuve il se croit sûr de son fait, de recourir aux *Mémoires* de l'abbé de Choisy[2], qui eussent pu prêter de nouvelles forces à sa critique.

Il omet toutefois un point très important : il ne dit mot d'une première séparation qui eut lieu avant celle dont parle le roman, c'est-à-dire en 1659, entre le jeune roi et Marie Mancini, lorsque l'un partit pour chercher son épouse aux Pyrénées, tandis que l'autre, par ordre de son oncle, allait, la mort dans le cœur, s'exiler à Brouage. Alors se passa une scène où purent s'échanger les paroles d'adieu les plus tendres et les plus déchirantes.

Les *Mémoires* de Marie, il est vrai, n'en disent rien, non plus que ceux de sa sœur Hortense, publiés par Saint-Réal[3]. M<sup>lle</sup> de Montpensier, qui mentionne légèrement cette touchante entrevue, mais qui semble avoir peur de parler, n'en dit pas davantage[1]. En revanche, M<sup>me</sup> de Motteville s'en

---

1. Brémond, *Apologie* ou les *Véritables mémoires de Marie Mancini, connétable de Colonna, écrits par elle-même.* Leyde, 1678, in-12, p. 29 et suiv.
2. Coll. *Petitot*, 2ᵉ série, t. LXIII, p. 237.
3. *Œuvres* de Saint-Réal, Paris, 1745, in-8°, t. VI, p. 161-162.
4. Coll. *Petitot*, 2ᵉ série, t. XLII, p. 425.

explique à peu près nettement[1]. C'est dans son récit que nous voyons apparaître le vrai *mot* dit par Marie Mancini, ce *mot* simple, sans emphase comme tout ce qui vient du cœur ému, ce *mot* que les historiens, ceux mêmes qui rétablissent le mieux la date de la scène[2], ont tous oublié pour répéter la phrase qui en est la prétentieuse altération, et dont le roman critiqué par Bayle avait fait la fortune.

« Il fallut enfin, dit donc Mme de Motteville, que le roi consentît à une séparation si rude et qu'il vit partir Mlle de Mancini pour aller à Brouage, qui fut le lieu choisi pour son exil. Ce ne fut pas sans répandre des larmes, aussi bien qu'elle ; mais il ne se laissa pas aller aux paroles qu'elle ne put s'empêcher de lui dire, à ce qu'on prétend : *Vous pleurez et vous êtes le maître !* »

Voilà, encore une fois, le *mot* véritable, le seul que durent répéter les gens bien renseignés sur toute cette affaire[3]. Ce qui m'en assure, c'est que

---

1. *Coll. Petitot*, 2ᵉ série, t. XL, p. 11.
2. Walckenaër, *Mémoires sur la vie de Mme de Sévigné*, t. II, p. 158. — Amédée Renée, *les Nièces de Mazarin*, 1856, in-8º, p. 268. — *Biogr. univ.*, art. MARIE MANCINI.
3. Le comte de Caylus, dans ses *Souvenirs*, au chapitre :

Racine, composant, par ordre, pour célébrer un autre désespoir d'amour de Louis XIV, la tragédie de *Bérénice*, et persuadé qu'il serait d'un bon courtisan et tout à fait à propos de lui rappeler en même temps la première de ses passions [1], trouva moyen de glisser dans sa pièce la fameuse phrase tout entière, presque textuellement, au risque de n'en faire qu'un très mauvais vers. C'est à la scène V de l'acte IV. Bérénice, qui parle à la fois pour Marie Mancini et Henriette d'Angleterre, dit à Louis XIV, c'est-à-dire à Titus :

Vous êtes empereur, Seigneur, et vous pleurez !

*Anecdotes sur les amours de Louis XIV*, ne le reproduit pas autrement (p. 326).
 1. Il paraît d'ailleurs que cette allusion entrait dans le programme qu'Henriette d'Angleterre avait donné à Racine en lui commandant sa tragédie. Les mécomptes de son amour pour le roi, dont elle avait dû se résigner à n'être que la belle-sœur, étaient l'objet caché de cette pièce, mais elle voulait que l'histoire de la passion de Louis XIV pour Marie Mancini en fût l'objet apparent. « Elle avait en vue, non seulement, dit Voltaire, la rupture du roi avec la connétable Colonna, mais le frein qu'elle-même avait mis à son propre penchant, de peur qu'il ne devînt dangereux. » (*Siècle de Louis XIV*, ch. xxv.)

## XLIV

Bayle a quelque part mis en doute une ou deux railleries prêtées gratuitement à Louis XIV[1], et il a eu raison. Le grand roi savait quelle valeur les mots mordants auraient acquis dans sa bouche[2]; lors même que son esprit lui en eût fait trouver,

---

1. Édit. in-fol., t. I, p. 12; t. II, p. 98.
2. « Car encores qu'un roy, dit Amyot au chap. v de son *Projet de l'éloquence royale*, puisse non seulement dire mais aussi faire tout ce qui luy plaist : si est-ce qu'en ceci où il cherche du plaisir il y doibt avoir aussi quelque contentement pour ceuls à qui il parle; de sorte que ses propos semblent plutost chatouiller que piquer aigrement : tant pour retenir l'auctorité que telle chose diminüe, que pour ce que les hommes souvent endurent fort impatiemment un traict de moquerie, mesmement quand il est jetté par celuy contre lequel on n'ose user de revanche. »

soyez donc sûr que, par bonté, par dignité surtout, il ne s'en fût pas permis un seul. M. de Lévis nous dit, dans ses *Souvenirs* [1] : « Les plus anciens courtisans se rappeloient lui avoir entendu faire une plaisanterie ; mais, ajoute-t-il bien vite, on ne pouvoit en citer une autre. »

Était-ce impuissance ou retenue d'esprit ? L'une plutôt que l'autre. Ces quelques lignes de Bussy, que la vérité amène presque à être courtisan, vous en convaincront. « Le roy, dit-il, aime naturellement la société, mais il se retient par politique ; la crainte qu'il a que les François, qui abusent aisément des familiarités qu'on leur donne, ne choquent le respect qu'ils luy doivent le fait tenir plus réservé... » A peine se permettait-il de rire aux choses les plus risibles. Quand cela d'aventure arrivait, c'était un événement qui faisait grand bruit à la cour, et dont Saint-Simon, rentré chez lui, prenait note pour ses *Mémoires* [2].

---

1. 2ᵉ édit., p. 25-26.
2. Il écrivait, par exemple, en pareil cas : « Le roy, tout *contenu* qu'il étoit, rioit aussi. » Or, notez bien ce mot *contenu*. Dans toutes les éditions qui précédèrent celle de M. Chéruel, on avait imprimé *content*. Comprenait qui pouvait. *V.* sur ces fautes d'impression de l'ancien texte, corrigées dans le nouveau, l'*Année littéraire,* par G. Vapereau, 1858, in-12, p. 318.

Il ne parlait pas d'abondance, surtout lorsqu'il lui fallait avoir de l'esprit. S'il avait trouvé un mot gracieux pour quelqu'un, il le répétait presque toujours dans une circonstance pareille, à une autre personne. « Madame, dit-il à M<sup>me</sup> Scarron, en lui remettant le brevet de sa pension, je vous ai fait attendre longtemps ; mais vous avez tant d'amis, que j'ai voulu avoir seul ce mérite auprès de vous. » Le cardinal Fleury disait que Louis XIV, en le nommant évêque de Fréjus, lui avait fait le même compliment [1].

Ne croyez donc pas désormais avec trop de facilité à toutes les paroles que vous verrez circuler sous le nom de Louis XIV, fussent-elles même assez d'accord avec ce qu'on sait de la solennité de son caractère. Si vous lisez dans le *Ménagiana* [2] qu'un jour il dit à un seigneur de sa cour qui avait reçu une offense : « Comme ami, je vous offre mon bras ; comme maître, je vous promets justice, » souvenez-vous que c'est un *mot* de Henri IV à Duplessis-Mornay, un jour que celui-ci, qui ne l'a pas oublié dans ses *Mémoires*, avait été outragé par

---

[1]. Noël et Planche, *Éphémérides*, 1803, in-8°, *avril*, p. 144.
[2]. Édit. 1715, in-12, t. III, p. 134.

le jeune Saint-Phal [1]. Cette parole-là d'ailleurs semble au premier mot bien plus vraisemblable dans la bouche du Béarnais que dans celle de son petit-fils.

A la mort de sa femme, Louis XIV aurait dit : « Le ciel me prive d'une épouse qui ne m'a jamais donné d'autre chagrin que celui de sa mort. » Vieille pensée, vieux *mot*, et qui feraient de Louis XIV un plagiaire de ces vers de Maynard [2] :

> La morte que tu plains fut exempte de blâme,
> Et le triste accident qui termina ses jours
> Est le seul déplaisir qu'elle a mis dans ton âme.

---

1. *Ducatiana*, t. II, p. 261. — M. Fr. Barrière, d'accord avec les *Mémoires* de La Porte (1830, in-12, p. 106), a de même, d'après les manuscrits du président Bouhier, restitué avec beaucoup de vraisemblance à Louis XIII un *mot* mis souvent sur le compte de Louis XIV. V. *Essai sur les mœurs et les usages du* XVIIe *siècle*, en tête des *Mémoires* de Brienne, t. I, p. 83-84.

2. *Œuvres*, p. 25. — Je ne crois pas davantage à ce billet, sur lequel Bruzen de la Martinière se récrie avec tant d'admiration, et que le roi, dit-il, avait écrit à un homme de qualité en le gratifiant d'une place considérable : « Je me réjouis avec vous, comme votre ami, du présent que je vous fais comme roy... » (*Nouveau portefeuille histor.*, p. 98.) L'abbé de Choisy (*Mémoires*, 1747, in-8º, p. 34) m'apprend que c'est à M. de La Rochefoucauld qu'il aurait écrit ce billet, en le nommant grand maître de sa garde-robe. Je n'y crois pas pour cela davantage. Je voudrais voir l'autographe.

Ne croyez pas non plus, de grâce, à ce compliment que Louis XIV aurait adressé à Boileau quand il lui présenta son épître sur le *Passage du Rhin* : « Cela est beau, et je vous louerois davantage si vous m'aviez loué moins. » Celui qui s'avisa le premier de cette belle phrase, dont Boileau ne parle pas (et eût-il manqué de le faire si elle lui eût été dite ?), l'avait pillée mot pour mot dans la préface des *Mémoires* de la reine Marguerite. On sait que c'est une sorte de dédicace que la reine fait à Brantôme pour le remercier du chapitre élogieux qu'il lui avait consacré dans ses *Dames illustres*, oubliant que la reine Margot ne devait avoir place que parmi ses *Dames galantes*. « *Je louerois davantage vostre œuvre*, lui dit-elle se rendant justice, *si elle me louoit moins.* »

## XLV

A propos de ce passage du Rhin, Louis XIV, s'il eût été sincère, n'eût pas eu tant à complimenter Boileau de son éloge.

Il savait à quoi s'en tenir sur cet exploit. Bien que brillante, la réalité, mise auprès du panégyrique, devait avoir un peu pour lui l'air d'une parodie.

Une armée passant à gué un fleuve, dans sa plus petite largeur, sous le feu d'une masure à moitié désemparée ; un chef, le prince de Condé, qui, à cause de sa goutte, craint de se moüiller les pieds, et passe en barque au lieu de se lancer à cheval ; un roi qui fait moins encore que le prince goutteux, et que sa *grandeur attache au rivage*, pour employer la formule de poétique politesse consacrée par Boileau, tout cela méritait-il tant et de si beaux vers?

On affaiblit toujours tout ce qu'on exagère,

dit La Harpe [1], et Boileau, en voulant renchérir sur le prestige de ce fait d'armes, a nui en effet à l'admiration qu'il pouvait mériter [2]; on a cherché l'histoire sous son épopée, et on l'a trouvée d'autant plus nue qu'il l'avait plus parée. « Quoi ! ce n'est que cela, » s'est-on mis à dire, et dès lors les rieurs ont eu beau jeu.

« Que je vous demande pardon, écrit Voltaire au président Hénault, le 1er février 1752, d'avoir dit qu'il y avait quarante à cinquante pas à nager au passage du Rhin ! il n'y en a que douze, Pélisson même le dit. J'ai vu une femme qui a passé vingt fois le Rhin sur son cheval en cet endroit; pour frauder la douane de cet épouvantable fort du Tholus [3]. Le fameux fort de Schenk, dont parle Boileau,

---

1. *Mélanie*, acte I, sc. 1.
2. Il y eut de fort beaux détails; toute la maison du roi passant à la nage, par escadrons, est une admirable chose. (*V.* Quincy, *Hist. milit. de Louis XIV*, 1726, in-4º, t. I, p. 322.)
3. Voltaire aurait dû faire remarquer mieux encore que

est une ancienne gentilhommière qui pouvait se défendre du temps du duc d'Albe. Croyez-moi encore une fois, j'aime la vérité et ma patrie. »

C'est l'absence de tout danger réel dans ce passage du Rhin qui fit blâmer, même par ses plus vifs admirateurs, le roi de ne l'avoir pas tenté de sa personne. Selon l'abbé de Choisy, ce fut une de ses fautes irréparables. Il ne la justifie pas, mais il l'explique. Le héros y perd, l'homme y gagne; car, ainsi qu'on va le voir, ce fut par déférence: bonté qu'il négligea cette occasion de gloire. « Il y avoit, écrit l'abbé [1], peu de danger à courir et une gloire infinie à acquérir. Alexandre et son Granique n'auroient eu qu'à se cacher. Il est vrai qu'il faut lui rendre justice ; il le vouloit, mais M. le Prince, qui n'osoit pas mettre le pied dans l'eau à cause de sa goutte, s'y opposa. Comment eût-il osé passer en bateau, le roi passant à la nage ? J'en suis témoin, j'y étois présent. »

---

cet *épouvantable fort* n'était qu'une *maison de péage*. C'est ce que signifie *Toll-Huys* en flamand. (*Mercure de France*, octobre 1809, p. 361.)

1. *Mémoires*, 1747, in-8°, p. 38. Plus loin, p. 43, l'abbé ajoute que le roi, d'après ce que lui en avait dit un ministre, se reprochait souvent d'avoir eu de la faiblesse dans cette occasion.

Pour le siège de Namur, la fameuse ode de Boileau est une autre mystification. Là rien ne manque, pas même les vers ridicules, c'est une parodie complète. Ce siège, où l'on vit en présence les deux grands ingénieurs du siècle, Vauban et Cohorn, est assez *mémorable*, suivant l'expression d'Allent [1], pour qu'on n'ait pas besoin de le célébrer pompeusement. Les déclamations en vers ne font ici, comme pour le passage du Rhin, qu'exciter la taquinerie des railleurs, et les pousser à chercher si tout ce faste ampoulé ne cache pas quelque détail bien ridicule, agréable pâture pour leur malignité. Or, le siège de Namur leur prête le flanc pour cela ; il n'y en eut pas de plus crotté.

Lisez Saint-Simon, et vous verrez quel bel exploit, sous les auspices de saint Médard [2], quelle belle victoire embourbée ce fut là. Louis XIV y fut pris de la goutte à son tour, et l'on ne savait comment

---

1. *Hist. du corps du génie*, 1805, in-8°, p. 273, 312.
2. « Le beau temps, dit Saint-Simon, se tourna en pluyes, de l'abondance et de la continuité desquelles personne n'avoit vu d'exemple, et qui donnèrent une grande réputation à saint Médard, dont la feste est au 8 juin. Il plut tout ce jour-là à verse, et on prétend que le temps qu'il fait ce jour-là dure quarante jours de suite. Le hazard fit que cela arriva cette année. » (*Mémoires*, t. I, ch. 1.)

s'en tirer. Madame Deshoulières ne fut pas empêchée pour si peu ; elle trouva moyen de dire dans son épître à la prosaïque maladie, que la *goûtte* du roi était un bienfait pour l'armée, que sans cela il aurait menée trop vite :

> Tout ce qu'affrontoit son courage,
> En forçant de Namur les orgueilleux remparts,
> Peignoit l'effroy sur le visage
> Des généreux guerriers dont ce héros partage
> Les pénibles travaux, les glorieux hazards.
> Dans la crainte de luy déplaire
> On n'osoit condamner son ardeur téméraire,
> Bien qu'elle pût nous mettre au comble du malheur.
> A force de respect on devenoit coupable :
> Vous seule, Goutte secourable,
> Avez osé donner un frein à sa valeur.

Est-ce charmant !

Pendant que Boileau dans son ode, madame Deshoulières dans son épître, prenaient tant de peine pour mentir en mauvais vers, les comédiens italiens y mettaient moins de façons avec ce siège de Namur. Ils se donnaient bel et bien là-dessus leur franc-parler :

« ISABELLE. Vous estiez donc à Namur ?

« ARLÉQUIN. Si j'y estois ! Ouy, par la sambleu ! j'y estois ; j'en suis encore tout crotté.

« ISABELLE. En quelle qualité serviez-vous, Monsieur, dans l'armée ?

« ARLEQUIN. Moi servir ! Eh ! pour qui me prenez-vous donc ? Je commandois en chef le détachement des brouettes qui enlevoient les boues du camp [1]. »

1. *Les Chinois,* par Regnard et Du Fresny, *Théâtre italien de Gherardi,* t. IV, p. 198-199.

## XLVI

Je pourrais, après avoir soufflé quelque peu, comme je viens de le faire ici, sur les rayons de la gloire du grand roi, donner une revanche à l'histoire de son règne, en me hâtant de biffer d'un trait de plume ce roman de l'incendie du Palatinat par Turenne, que Sandras de Courtilz a complaisamment inventé [1] ; mais cette réfutation a été faite si complètement par le comte de Grimoard [2],

---

1. *Vie du vicomte de Turenne*, 1685, in-12, par Dubuisson (Sandras de Courtilz).
2. *Histoire des dernières campagnes de Turenne*, 1782, in-fol., t. II, p. 117 ; ouvrage publié sous le pseudonyme de Beaurain fils. M. de Grimoard y prouve que s'il y eut d'horribles ravages dans le Palatinat, ce fut seulement en 1689, lors de l'expédition du maréchal de Duras et du

## CHAPITRE XLVI

et même par Voltaire [1], que je ne pourrais ajouter aucun fait nouveau [2].

C'est là certainement un *sinistre* tout gratuit que supposa le romancier, afin, sans doute, que cet épisode de sa romanesque histoire eût plus d'intérêt

---

général Mélac. « On a fait brûler Spire, Worms, Oppeinheim, dit Dangeau, pour empêcher que les ennemis ne s'y établissent et n'en tirassent des secours. » (*Journal*, édit. complète, t. II, p. 406.) — C'est Louvois qui avait commandé ces ravages. « J'éprouve, écrit la Palatine, une douleur amère, quand je pense à tout ce que M. Louvois a fait brûler dans le Palatinat, je crois qu'il brûle terriblement dans l'autre monde. » (*Nouvelles Lettres*, p. 181.)

1. *Lettre* à Collini, 21 octobre 1767.
2. Je dirai pourtant que d'après une lettre longtemps *inédite*, du marquis d'Hauterive à Bussy, datée du 10 août 1674, il y avait eu des incendies dans plusieurs endroits du Palatinat, et que l'Électeur furieux avait alors fait défier Turenne, « lui demandant un jour et un lieu pour le combat » seul à seul. « La réponse de M. de Turenne a été que, bien loin que le feu ait été commandé, il avoit été expressément défendu, mais que quelques soldats des nôtres, ayant trouvé de leurs camarades brûlés par les paysans, ils s'étoient vengés sur les paysans par le feu même, et qu'il supplioit Son Altesse Électorale de lui conserver sa bonne volonté. » (*Correspondance de Bussy*, édit. Lud. Lalanne, t. II, p. 381.) M. d'Hauterive était fort bien renseigné, sa lettre donne en substance ce qui se trouve dans celle que Turenne écrivit lui-même à Louvois, quelques jours après. Il y réduit à quelques bourgades brûlées par représailles ce fameux incendie de toute une contrée. « Je lui mandai (à l'Électeur), écrit Turenne, ce

et de couleur ; ou bien plutôt encore à la sollicitation des ennemis de la France, pour jeter de l'odieux sur la politique de Louis XIV, en montrant quels moyens extrêmes il ne craignait pas d'employer quand il voulait pousser ses conquêtes. Dans ce dernier cas, si Sandras de Courtilz avait été réellement payé par les cabinets d'Allemagne pour fausser la vérité, il n'aurait fait que recourir, en leur nom, à un procédé très souvent mis en usage, je ne dis pas par Louis XIV, mais par ses ministres, notamment par Louvois.

Voici, par exemple, une lettre que celui-ci écrivit de Saint-Germain, le 14 mars 1675, à *M. Descarrières, envoyé du roy à Liège ;* vous y trouverez la preuve que le mensonge et le faux en écriture politique étaient des moyens d'action qui ne répugnaient pas à M. le surintendant de la guerre :

« Voyez si vous ne pourriez pas feindre qu'on a trouvé dans les papiers du cardinal de Baden quelque lettre du ministre de l'empereur qui pût, étant répandue dans l'Allemagne et les Pays-Bas, y décrier les affaires de Sa Majesté Impériale et de

qui est vrai, que si les soldats avoient brûlé sans ordre quelques villages, c'étoient ceux où ils avoient trouvé des soldats tués par les paysans. » (Rousset, *Hist. de Louvois*, t. II, p. 83.)

son parti. Il faudroit que cette lettre fût à peu près du style de la cour de Vienne, et remplie de toutes choses qui pourroient rendre sa conduite plus odieuse. Brûlez ceci après que vous l'aurez lu [1]. »

Ce Sandras de Courtilz, que je viens de nommer, est l'un des hommes les plus funestes à la vérité qui aient écrit, — et que n'a-t-il pas écrit ! — pendant le XVIIe siècle. Un bon travail sur lui serait nécessaire, non pour montrer tous ses mensonges, ce serait impossible, mais pour prouver qu'il est le mensonge même. Il a inventé le roman historique, c'est assez dire. Du moins ne le faisait-il guère qu'en un, deux ou trois volumes au plus, tandis que de nos jours vous savez à quel nombre de tomes on a porté les livres du même genre, qu'on lui a

---

1. *Recueil* (ms.) *de pièces et de faits particuliers que le P. Griffet n'a pas cru devoir ni pouvoir insérer dans l'Histoire de Louis XIII et dans les Fastes de Louis XIV, dont il est auteur.* (Bibliothèque nation.) — Ces suppositions de documents étaient un des procédés politiques de Louvois. Sur la fin de son ministère, toutes les correspondances d'Angleterre ou de Hollande, qui parurent dans la *Gazette*, avaient été écrites par lui, ou tout au moins revues et corrigées pour se trouver bien au point de sa politique, dont il enflait les succès et cachait les défaites. *V.* Rousset, *Hist. de Louvois*, t. IV, p. 376, et les *Rois et Princes journalistes*, dans la *Revue des Provinces* du 15 avril 1865, p. 142.

presque tout, repris. Il est de cette famille de romanciers mixtes dont fait partie l'auteur du livre que Bayle a si bien malmené tout à l'heure, et dans laquelle il faut aussi ranger un peu l'abbé de Saint-Réal, un peu l'abbé de Vertot, avec son leste procédé d'écrire l'histoire sans attendre les renseignements; d'où le fameux *mot : Mon, siège est fait !* qu'il dit si naïvement lorsque, son *Histoire de l'Ordre de Malte* et du siège si vaillamment soutenu par les chevaliers étant finie, il reçut les documents avec lesquels il eût fallu la faire, ou tout au moins la recommencer, ce dont il se garda[1].

Que de gens étaient alors de cette école ! que de gens en sont toujours ! celui par exemple, qui inventa les singulières aventures du *Masque de fer*, prétendu fils de Mazarin et d'Anne d'Autriche, ou frère jumeau de Louis XIV, légende à présent éclaircie, ou plutôt dissipée, qui, en disparaissant, a laissé le mystérieux personnage passer enfin du roman dans

---

1. Le *mot* se trouve, je crois, pour la première fois, dans les *Réflexions sur l'histoire*, par d'Alembert, 1762. L'abbé dut le dire à la fin de 1725. C'est alors, en effet, que son livre fut fini. Le 9 nov., Marais en avait parlé à Bouhier, dans une lettre encore *inédite*, et ce qu'il lui en avait dit, donnait, par un mot, une idée de la hâte que l'abbé de Vertot mettait à ce travail, et du désir qu'il avait d'en finir vite.

l'histoire[1]; cet autre qui supposa l'anecdote de la subite conversion de l'abbé de Rancé, à la vue du cadavre décapité de madame de Monbazon[2]; celui

---

1. On sait maintenant de façon presque certaine que le prisonnier au *masque de fer* n'était autre que Matthioli, ministre du duc de Mantoue, chargé par son maître d'organiser une ligue des princes d'Italie contre Louis XIV, pour laquelle il avait presque entièrement réussi, quand Louvois le fit enlever par notre ambassadeur à Turin, le marquis d'Arcy, et enfermer à Pignerol, puis aux îles Sainte-Marguerite, avec toutes les précautions et le mystère qu'exigeait une si grave violation du droit des gens. La vérité de ce fait, entrevue par M$^{me}$ Campan (*Mémoires*, t. II, p. 206), plus nettement précisée par Dutens, en 1789, dans la *Corresp. interceptée,* puis dans les *Mémoires d'un Voyageur qui se repose,* t. II, p. 206-210, a été à peu près établie par M. Rousset dans son *Hist. de Louvois*, in-12, t. III, p. 103-106, et par plusieurs correspondants de l'excellent recueil *l'Intermédiaire,* 3$^e$ année, p. 71, 108 et 140. — J'ajouterai que le mensonge et le roman naquirent vite du mystère en toute cette histoire. Dès 1688, Saint-Mars, gouverneur des îles Sainte-Marguerite et geôlier du *Masque de Fer*, écrivait à Louvois, le 8 janvier, à propos de son prisonnier : « Dans toute cette province, l'on dit que le mien est M. de Beaufort, et d'autres disent que c'est le fils de feu Cromwell. » Cette lettre, citée en 1800 par Roux-Farillac, qui tint le premier pour Matthioli, dans ses *Recherches... sur le Masque de Fer*, a été publiée tout entière en 1834, par M. Monmerqué, qui l'avait vue autographe, dans la Revue *Vieille France et Jeune France,* t. I, p. 297-300.

2. Cette anecdote sinistre, pour laquelle nous avons prouvé ailleurs (*Paris démoli,* 2$^e$ édit., p. 64-65) qu'il y

qui enjoliva si romanesquement l'histoire du musicien Stradella, dont le meurtre, sans le moindre attendrissement de la part des bravi, est le seul détail vrai [1]; celui encore qui imagina l'histoire impossible de saint Vincent de Paul se substituant à un forçat dans le bagne de Toulon, sublime invraisemblance, à laquelle pourtant le bon Abelli [2] se laissa prendre en toute ingénuité ; cet autre qui, s'ingérant d'un conte trop connu sur Salomon de

---

avait eu au moins supposition de personnages, et que par conséquent M. de Rancé n'y était pour rien, fut mise en circulation sous son nom par un livre, aujourd'hui fort rare, de Daniel de Larroque : *Les véritables motifs de la conversion de l'abbé de la Trappe,* Cologne, P. Marteau, 1665, petit in-12.

1. On sait maintenant que Stradella, poursuivi de Venise jusqu'à Turin par les *bravi* d'un Contarini, dont il avait enlevé la maîtresse, fut seulement blessé dans un premier guet-apens, puis un peu plus tard définitivement tué par les assassins, que le prestige de son talent n'eut pas à toucher une minute : Stradella était un compositeur et non un chanteur. M. Rousset, dans son *Histoire de Louvois*, édit. in-18, t. III, p. 91-92, note, avait jeté sur cette affaire des commencements de clarté que M. P. Richard, de la Bibliothèque nationale, a singulièrement étendus et complétés par d'excellents articles du *Ménestrel*, n[os] du 19 nov. 1865 et suivants.

2. *Vie de saint Vincent de Paul*, t. II, p. 294. — Le lazariste Collet, qui a aussi écrit la vie du saint homme, n'hésite pas à déclarer le fait impossible.

Caus, fait mourir méconnu, méprisé, fou, dans un cabanon de Bicêtre [1], un homme qui était à l'épo-

---

[1]. Ce conte-là est tout moderne; il parut sous la forme d'une lettre écrite par Marion Delorme. « C'est, dit M<sup>me</sup> de Girardin, la plus charmante mystification qu'homme d'esprit ait jamais imaginée et que grand journal ait jamais répétée. » (*Lettres parisiennes*, 1<sup>re</sup> édit., p. 170.) Cet homme d'esprit est Henri Berthoud, qui nous a conté lui-même l'histoire de son mensonge. La direction du *Musée des Familles* avait demandé à Gavarni un dessin pour une nouvelle, où figurait un fou regardant à travers les barreaux de son cabanon. Le dessin fut fait et gravé, mais arriva trop tard. La nouvelle, qui ne pouvait attendre, avait paru sans vignette. Cependant, comme le *bois* était à effet, et que de plus il était payé, l'on voulut qu'il ne fût pas inutile. Berthoud fut chargé de chercher un sujet et de fabriquer une nouvelle sur laquelle on pût l'appliquer. Je ne sais trop comment, peut-être en feuilletant la *Biographie universelle*, l'idée de Salomon de Caus lui vint à l'esprit. Faire de cet inventeur ce qu'il aurait pu être, mais ce qu'il ne fut pas, un martyr de son génie, lui parut ingénieux; il lui fallait un fou, il prit de Caus et lui dérangea le cerveau; il lui fallait une prison, il prit Bicêtre, et il y plaça son homme derrière les barreaux d'une grille, ainsi que l'exigeait la gravure. Comme assaisonnement, il imagina une visite que Marion Delorme aurait faite à Bicêtre, avec le marquis de Worcester, qui, dans les éclairs de lucidité du fou, lui aurait surpris son secret : l'invention de la machine à vapeur! Que dites-vous de l'imagination? Le tout adroitement arrangé sous la forme d'une lettre écrite, le 3 février 1641, par Marion à son amant Cinq-Mars, parut, tout flambant de mensonge, au mois de décembre 1834, dans le *Musée des Familles* (t. II, p. 57-

que de sa mort « ingénieur et architecte du roi [1] », et dont les livres jouirent d'une grande estime

58). Il ne se trouva pas un incrédule; le succès fut immense et dure encore. Berthoud voulut crier : « Holà ! c'est un mensonge ! j'en réponds; il est de moi. » On lui répondit qu'il se vantait, et son petit roman continua de courir malgré lui, et de passer pour de l'histoire, en dépit de ses démentis. Un jour que la *Démocratie pacifique*, journal du phalanstère, avait reproduit la fameuse lettre, Berthoud écrivit pour la réclamer comme sienne. « Allons donc ! lui dit-on; nous en avons vu l'original autographe dans une bibliothèque de Normandie. » C'était trop fort ! Il écrivit de nouveau pour promettre *un million* à qui lui ferait voir ce fameux autographe, oui, *un million !* dont, ajoutait-il, le phalanstère pourrait bien avoir besoin. Devant cette promesse, si étonnante de la part d'un homme de lettres, on s'inclina et l'on se tint pour battu ; mais le mensonge en question ne l'est pas; tout dernièrement, je le voyais se réveiller triomphant dans un petit volume qui s'est beaucoup vendu : *Les Mystères des prisons*, in-18, p. 66-70.

1. C'est le titre qu'il prend en tête de l'édition qu'il donna en 1624, et très rare aujourd'hui, de son livre : *Raison des forces mouvantes,* où se trouve en germe l'invention de la vapeur. — On peut lire sur lui et sur la haute position qu'il occupa comme architecte auprès d'un prince d'Allemagne, des détails fort intéressants dans le beau livre de M. L. Dussieux : *Les Artistes français à l'étranger*, Paris, 1856, grand in-8°, p. 48. — Il y a dix ans, M. Ch. Read a découvert au greffe du Palais un document qui met à néant ce qui pouvait rester du mensonge; c'est l'acte d'inhumation du prétendu fou de Bicêtre en 1641 : « *Salomon de Caus, ingénieur du Roy,*

parmi les savants durant tout le XVIIe siècle[1]; enfin, mille autres dont l'imposture historique semble être l'industrie, et qui mériteraient le traitement que leur réservait Gomberville[2].

Il eût voulu qu'au premier mensonge on brûlât le livre; il n'ajoute pas qu'au second il faudrait brûler l'auteur; mais je suis sûr que c'était sa pensée.

*a esté enterré à la Trinité le samedy dernier jour de febvrier (1626), assisté de deux archers du guet.* » Ainsi, d'après cette découverte, communiquée par M. Read à l'Académie des sciences dans une lettre du 18 juillet 1862, Salomon de Caus était mort depuis quinze ans, à l'époque de la fameuse visite que Marion Delorme aurait faite en 1641 à son cabanon de Bicêtre ! Il était ingénieur du roi, comme nous l'avons déjà dit, et en l'enterrant dans le cimetière de la Trinité, on lui rendait tous les honneurs qui lui étaient dus, puisqu'on le faisait accompagner par deux archers du guet; distinction réelle et fort rare en ce temps. Cela nous met bien loin de Bicêtre et de son cabanon. Par suite de la découverte de M. Ch. Read, une rue voisine de l'endroit où fut enterré Salomon de Caus a pris son nom.

1. *V. le Roman bourgeois*, de Furetière, P. Jannet, 1855, biblioth. elzévirienne, p. 244, note.

2. Le Roy de Gomberville, *Discours sur les vertus et les vices de l'histoire*, in-4º, p. 59.

## XLVII

Voltaire, dans sa lettre à Collini sur l'affaire de l'incendie du Palatinat, rappelée tout à l'heure, a dit avec beaucoup de sens : « Les historiens ne se font pas scrupule de faire parler leurs héros. Je n'approuve pas dans Tite-Live ce que j'aime dans Homère. »

C'est très bien pensé, très bien dit. Pourquoi donc alors Voltaire s'empresse-t-il de prêter lui-même à Louis XIV des *mots* que, s'il fût allé aux informations, il aurait bien su n'avoir pas été dits par ce roi? Pourquoi, par exemple, écrit-il avec un si bel aplomb, au chapitre XXVIII du *Siècle de Louis XIV* :

« Lorsque le duc d'Anjou partit pour aller régner

en Espagne, il (le roi) lui dit, pour marquer l'union qui allait désormais joindre les deux nations : « IL « N'Y A PLUS DE PYRÉNÉES. »

Voltaire alors avait pourtant déjà dû lire le *Journal de Dangeau*, dont, sans qu'il l'ait avoué, le manuscrit lui fut si utile pour son *Histoire*[1] ; il devait par conséquent savoir déjà la vérité sur cette parole, qui ne fut pas dite ainsi tout à fait, et qui surtout ne le fût point par Louis XIV. Puisque en ne prenant pas le *mot* tel que l'auteur de l'exact *Journal* l'a donné, il ne s'est pas soucié d'être vrai, nous allons, nous, l'être à sa place, et sans beaucoup de peine. Il nous suffira de nous parer de ce qu'il n'a pas voulu ramasser.

Après nous avoir appris, sous la date du 16 novembre 1700, que le nouveau roi d'Espagne permit aux jeunes courtisans de le suivre dans ses États, Dangeau, qui écoute tout, qui n'oublie rien, qui n'attribue à chacun, même, notez ce point, même au roi, que juste ce qui lui revient d'esprit, Dangeau

---

1. Comment Voltaire, en effet, ne l'eût-il pas connu, puisque le président Hénault, qui lui fournit tant de notes pour l'*Essai sur les mœurs* et pour le *Siècle de Louis XIV*, fut, avec M. de Luynes, qui en avait hérité, l'un des continuateurs du *Journal de Dangeau*. V. les *Mémoires du président Hénault*, E. Dentu, 1855, in-8º, p. 193.

ajoute[1] : « L'ambassadeur d'Espagne dit fort à propos que ce voyage devenoit aisé, et que présentement *les Pyrénées étoient fondues;* » mot bien espagnol, n'est-ce pas? et qui porte avec soi toute sa couleur, sa pleine vraisemblance. Puisqu'il fut dit ainsi par l'ambassadeur, le roi n'avait plus à dire le sien, l'eût-il eu sur les lèvres : c'était le même, sauf la forme.

Madame de Genlis comprit cela la première et, bien mieux, l'écrivit, mais en pure perte; elle n'avait pas autorité. « Ce qu'il raconte est vrai, assurait-on à madame Geoffrin, à propos de certain récit fait par un menteur. — Eh bien! pourquoi le dit-il? » s'écriait-elle, doutant toujours. Madame de Genlis en était là. Ce qu'elle disait, au lieu de faire la fortune d'une vérité, la gâtait presque. On ne fit pas la moindre attention à la note excellente que,

---

1. *Journal du marquis de Dangeau, publié en entier pour la première fois par MM. Soulié et Dussieux,* t. VII, p. 419. Malherbe, comme l'a fort bien remarqué M. Lud. Lalanne dans sa belle édition, t. I, p. 415, avait d'avance paraphrasé le *mot,* quand il avait dit, à propos du mariage de Louis XIII et d'Anne d'Autriche :

> Puis quand ces deux grands hyménées,
> Dont le fatal embrassement
> Doit aplanir les Pyrénées...

dans son édition des fragments du *Journal de Dangeau*, elle consacra à la parole prononcée par l'ambassadeur. « Il est vraisemblable, dit-elle, que ce joli mot a fait supposer celui qu'on attribue à Louis XIV : *Il n'y a plus de Pyrénées*. Ce dernier mot ne serait qu'une espèce de répétition de celui de l'ambassadeur, et sûrement Louis XIV ne l'a pas dit[1]. »

Voltaire se trompa donc où ne s'était pas trompée madame de Genlis; c'est du malheur, et, qui pis est, il y eut ici, de sa part, un cas d'erreur en récidive. On sait qu'il publia en 1770, avec des *notes intéressantes*, des extraits de Dangeau, sous ce titre : *le Journal de la cour de Louis XIV*. Dans le nombre, du reste assez restreint, il n'oublia pas le passage qui nous occupe. C'était pour lui le moment ou jamais de voir qu'il n'avait pas tout à fait dit vrai jadis. Il ne daigna pas y prendre garde malheureusement. Bien loin même de se laisser convaincre par la phrase qu'il transcrivait, il mit en note : « Louis XIV avait dit : *Il n'y a plus de Pyrénées...* Cela est plus beau[2]. »

---

1. *Abrégé des Mémoires ou Journal du marquis de Dangeau*, 1817, in-8°, t. II, p. 208.

2. C'était le même *mot*, encore une fois, et la preuve, c'est que le *Mercure*, rapportant la parole de l'ambassadeur, sa donne telle que Voltaire l'attribue au roi : « L'ambassa-

Il y tenait : c'était son *mot*, ou plutôt, peut-être, ne voulait-il pas, après avoir fait dans ses précédentes notes un grand étalage de mépris pour l'auteur du *Journal*, se donner la honte de recevoir un tel démenti de ce « pied-plat, » de ce « laquais » ; il n'appelle pas Dangeau autrement.

Ce n'est pourtant pas encore en ceci que la petite méchanceté de madame du Deffand aurait raison contre Voltaire : « Il n'a rien inventé, lui disait-on. — Rien ! répliquait-elle, et que voulez-vous de plus ? il a inventé l'histoire[1]. » Ici, il l'a tout bonnement arrangée ; il faut bien lui en tenir compte.

---

deur se jeta à ses pieds et lui baisa la main, les yeux remplis de larmes de joie, et s'étant relevé, il fit avancer son fils et les Espagnols de sa suite, qui en firent autant. Il s'écria alors : « Quelle joie ! *il n'y a plus de Pyrénées;* « elles sont abymées et nous ne sommes plus qu'un. » (*Mercure galant*, novembre 1700, p. 237.)

1. Une fois, l'abbé Velly — c'était encore jouer de malheur — le prit en flagrant délit d'invention. L'abbé avait lu, au chap. LVII de l'*Essai sur les mœurs*, qu'en 1204, les Français, maîtres de Constantinople, « dansèrent avec des femmes dans le sanctuaire de l'église de Sainte-Sophie », etc. Il écrivit à Voltaire pour lui demander naïvement où il avait trouvé ce fait. Voltaire, non moins ingénument, lui répondit : « Nulle part ; c'est une espièglerie de mon imagination. » (Coupé, *Soirées littéraires*, t. IV, p. 240.) Il ne faudrait pourtant pas croire que Voltaire s'amusât continuellement de ces sortes d'espiègleries

Le *Siècle de Louis XIV* est de tous ses livres celui où il a fait le plus de ces arrangements et le plus abusé des accommodements qu'on peut se permettre avec la vérité. Il l'écrivit de souvenir, d'après ce qu'il savait d'enfance, plutôt que sur bonnes preuves. Lemontey l'accuse quelque part[1] d'y suivre « les vagues réminiscences de sa jeunesse ». Je crus d'abord l'accusation sévère, mais Voltaire lui-même vint me confirmer qu'elle est de toute justice. Dans sa *lettre* au président Hénault, du 8 janvier 1752, il convient qu'il a écrit de mémoire une partie du tome II de cet ouvrage. Or le *mot* dont nous venons de parler est dans ce tome II. Quelques mois après, le 29 avril, il écrivait encore à La Condamine au sujet de ce même livre, où il se souvient trop de ce qu'il n'a jamais bien su : « *Et ignorantias meas ne*

historiques, et, partant de là, lui faire un crime de son fameux *mot* : *Mentez, mes amis, mentez*, où l'histoire n'a rien à faire, quoi qu'on en ait dit. Il s'agissait de la comédie de *l'Enfant prodigue*, Voltaire ne s'en voulait pas avouer l'auteur. — « Mais si l'on vous devine ? disaient ses amis ? — Criez : L'on se trompe, ce n'est pas de Voltaire, *mentez, mes amis, mentez !* » Vous voyez, comme l'a fort bien remarqué M. Despois (*Estafette*, 21 juillet 1856), que l'histoire n'est ici pour rien, et qu'on est injuste quand on fait, pour ce *mot*-là, comparaître Voltaire pardevant elle.

1. *Hist. de la Régence*, t. I, p. 224, note.

*memineris.* » Le *mot* sur les Pyrénées était une de ces ignorances-là. Pourquoi ne s'en est-il pas repenti comme de bien d'autres qu'il corrigea¹?

Ailleurs, il a fait mieux, j'en conviens.

Sans doute, ainsi que J.-J. Rousseau aimait à le répéter, il a pu dire à ses amis qui lui reprochaient

---

1. Pour son *Histoire de Russie sous Pierre le Grand*, ayant reçu de Lomonosoff plusieurs observations importantes, il corrigea son texte en beaucoup d'endroits, à l'édition suivante. On peut lire les remarques de Lomouosoff dans le *Bulletin du Nord*, publié à Moscou, juillet 1828, p. 326-330. Pour son *Charles XII*, il fit de même, comme on peut le voir par l'excellente édition classique, avec variantes, qu'en a donnée M. Geffroy, chez Dezobry. Le 16 juin 1746, il écrivait dans un billet à M. Dusson d'Alin, notre ministre en Russie : « J'ai écrit, il y a quelques années, une histoire de Charles XII sur des *mémoires* fort bons quant au fond, mais dans lesquels il y avait quelques erreurs sur les détails des actions de ce monarque. J'ai à présent des mémoires plus exacts. » Ses corrections furent faites d'après ces mémoires nouveaux. Le billet que nous venons de citer n'est dans aucune édition de la *Correspondance*. Il n'a été cité que par Lemontey, *Histoire de la Régence*, t. II, p. 393. — Un des passages qu'il eût dû modifier, et où il ne changea rien, est l'épisode de Mazeppa. On a su par les *Mémoires* du chevalier Pasck, ami du cosaque trop fameux, que sa cavalcade forcée ne fut que de quelque cent pas, à travers des haies d'épines, depuis la maison du mari qu'il avait outragé jusqu'à la sienne. *V.* un fragm. des *Mémoires* de Pasck, communiqué par Mickiewicz, dans le *Magasin pittoresque*, t. V, p. 370.

les mensonges dont il a farci ses histoires : « Moi, je n'écris pas pour être vrai, mais pour être lu[1]. » En revanche, il n'a jamais du moins passionné l'histoire en calomnies, comme il accusa si justement La Beaumelle de l'avoir fait[2], et comme il en eût accusé bien mieux encore Saint-Simon, « le plus avide glaneur de contes apocryphes[3] », s'il eût pu connaître ses *Mémoires*. Être plus occupé de ce qui peut être « glorieux et utile... que de dire des vérités désagréables...[4] », telle fut sa doctrine en histoire. De cette façon sans doute, il lui fallut sous-entendre

---

1. *Souvenirs* de J.-J. Rousseau dans la *Biblioth. univers. de Genéve*, janv. 1836, p. 89.

2. *V.* à ce sujet, dans le *Recueil des Lettres* donné par M. de Cayrol, t. II, p. 117-118, ce qu'il écrivait le 7 septembre 1767, à M. de Chenevières, sur le mauvais effet produit en Europe par les livres de La Beaumelle, où se trouve ce que nous avons retrouvé depuis dans Saint-Simon : l'empoisonnement de Louvois par Louis XIV; l'entente secrète du duc de Bourgogne et du prince Eugène pour trahir la France, et « un tel coquin, dit-il, fait plus d'impression qu'on ne pense dans les pays étrangers. Il est cité par tous les compilateurs d'anecdotes, et la calomnie qui n'a pas été réfutée passe pour une vérité. »

3. Ce sont les propres expressions de Lemontey, qui eut si souvent occasion de le prendre la main dans un mensonge ou dans une calomnie. (*Hist. de la Régence*, t. II, p. 398.)

4. *Lettre à M. de Noailles*, du 28 juillet 1752.

bien des sévérités, et nous donner l'idéal des choses bien plus que leur réalité; mais il ne tomba pas non plus, avec ce système, dans l'excès qui substitue les petits bruits et les commérages à la grande voix de l'histoire, et fait si vite de l'historien un calomniateur. Sa faute, du moins pour ces temps, fut l'indulgence. Or, comment ne pas pardonner ce qui n'est au fond que trop de tendance au pardon?

Voltaire a souvent aussi évité les bourdes grossières dans lesquelles sont tombés ceux qui le suivirent et arrangèrent à leur tour ses récits arrangés.

Raconte-t-il la chaude journée de Fribourg, au chapitre III du *Siècle de Louis XIV*, il se garde bien d'écrire que M. le Prince, alors duc d'Enghien, jeta dans les retranchements son bâton de maréchal. Il savait trop bien que Condé, prince du sang, n'était pas, ne pouvait pas être, ne fut jamais maréchal de France. Il mit : « Le duc d'Enghien jeta son bâton de commandement, etc. » S'il eût dit : « jeta sa canne », il eût mieux fait encore, car il faut appeler les choses par leur nom, quel qu'il soit, et c'est en effet sa canne — il la portait partout, selon l'usage du temps — que Condé lança par-dessus les palissades ennemies. Voltaire en employant le vrai mot, aurait été dans la pleine vérité du fait, et il eût, en outre, sauvé d'une lourde erreur ceux qui vinrent après lui. Ils ne comprirent rien à ce bâton de commandement, et, pour simplifier la question, ils le métamorphosèrent en bâton de maréchal. Quant à en faire ce que c'était en effet, une canne très prosaïque, fi donc! ils n'y songèrent pas. Depuis lors, où n'a-t-on pas dit, où n'a-t-on pas imprimé, même officiellement, que le prince de Condé était maréchal de France ?

Les fréquents anathèmes que Voltaire s'est permis contre les historiens qui font parler leurs héros, l'ont du moins souvent tenu en garde contre la même manie, et l'ont empêché de tomber dans un des ridicules d'invention les plus absurdes en histoire : le mensonge de la déclamation et de la harangue. Par exemple, il s'est bien abstenu de faire dire par le prince de Condé à ses soldats, avant la bataille de Lens, cette banalité héroïque tant répétée partout : « Souvenez-vous de Rocroy, de Fribourg et de Nordlingue[1]. »

Sa défiance pour ces harangues guerrières, pour ces discours préliminaires des batailles, semble même en cette occasion lui avoir trop fait dédaigner les

---

1. Lisez *Nordlingen;* de même que, parlant du combat naval de la Hogue, dites toujours *la Hougue*. V. le *Magasin pittor.*, t. IX, p. 131.

véritables paroles qui furent dites par le prince ; il ne les cite pas, bien qu'elles le méritassent plus qu'aucunes, comme vous allez en juger. C'est madame de Motteville[1] qui les rapporte :

« Le prince de Condé, à son ordinaire, se trouva partout, dit-elle, et le comte de Châtillon conta à la reine que, pour toute harangue, il avoit dit à ses soldats : « Mes amis, ayez bon courage ; il faut né-
« cessairement combattre aujourd'hui : il sera inutile
« de reculer ; car je vous promets que, vaillants et
« poltrons, tous combattront, les uns de bonne vo-
« lonté, les autres par force. »

Voilà qui est parlé, cela, et non pas déclamé : c'est net et franc, et tout à fait selon le précepte de notre ancienne discipline militaire. Il semble qu'on voit brandir dans ces dernières paroles la canne jetée à Fribourg et retrouvée derrière les retranchements.

De Condé à Turenne il n'y a que la main, et de Turenne à Villars la distance n'est pas longue. J'ai, à leur sujet, à m'expliquer sur deux *mots*, l'un qui est vrai, l'autre qui ne l'est pas.

J'avais douté longtemps que M. de Saint-Hilaire, dont un bras fut emporté par le boulet qui tua

---

1. *Mémoires*, collection Petitot, 2<sup>e</sup> série, t. XXXVIII.

Turenne, eût pu trouver assez de force pour dire à son fils, qui était tout en larmes à la vue de l'horrible blessure de son père : « Ah ! mon fils, ce n'est pas moi qu'il faut pleurer, c'est la mort de ce grand homme. » Le témoignage du fils lui-même, dans ses *Mémoires,* m'a prouvé que je doutais à tort [1].

En revanche, le *mot* de Villars, qui, près de mourir dans son lit, aurait envié Berwick, tué sur le champ de bataille, ne m'avait jamais semblé devoir être mis en doute [2]. C'était encore une erreur ; M. Sainte-Beuve me l'a prouvé dans son article sur Villars, dans les *Causeries du lundi* [3]. Il mourut, dit-il, le 17 juin. Le prêtre qui l'exhortait au moment de la mort lui disait que Dieu, en lui

---

[1]. *Mémoires* de Saint-Hilaire, 1766, in-12, t. I, p. 205. — Le P. Griffet est d'avis que pour tout ce qui se rapporte aux circonstances de la mort de Turenne, assez inexactement racontée par les historiens, le récit de Saint-Hilaire est celui qu'on doit préférer. (*Traité des différentes sortes de preuves,* p. 126.) — Saint-Hilaire a fait lui-même indirectement la critique de ces relations où les circonstances de la mort de Turenne sont faussement présentées. « Tous ceux, dit-il, qui en ont écrit, n'ont pu le savoir comme moi. » (*Mémoires,* t. I, p. 204.)

[2]. Il se trouve dans la *Vie du maréchal de Villars,* t. IV, p. 350.

[3]. T. XIII, p. 107-108.

laissant le temps de se reconnaître, lui faisait plus de grâce qu'au maréchal de Berwick, qui venait d'être tué devant Philisbourg d'un coup de canon. « Il a été tué ! s'écrie Villars, j'avais toujours « bien dit que cet homme-là était plus heureux que « moi. » Berwick étant mort seulement le 12, et si loin de là, Villars n'aurait eu que juste le temps d'apprendre la nouvelle et de dire le *mot*.

« Mais, ajoute M. Sainte-Beuve, indulgent pour la vraisemblance, le *mot* est si bien dans sa nature, que, s'il ne l'a pas dit, il a dû le dire [1]. »

Un autre doute élevé sur ce même fait, et bien plus grave, car il s'agit de la mort même de M. de Berwick, n'a pas été davantage éclairci. D'où partit le boulet qui lui emporta la tête ? C'est ce qu'on se demanda sur le moment même, et ce qu'on se demande encore. « C'est, écrivit Marais à Bouhier

---

[1]. On lui en prête un autre des plus cyniques, à propos des ministres à qui, « tant qu'ils sont en place, il faut tenir le bassin, qu'on leur verse sur la tête dès qu'ils sont tombés ». (*Corr. secrète*, t. XI, p. 181). Son esprit ne gagnait guère à ce mot, sa mémoire aura du profit à le perdre. Il n'est pas plus de lui que du maréchal de Villeroy, à qui il fut aussi prêté (La Place, *Pièces intér.*, t. III). On l'avait fait sous Louis XIII, quand Baradas était tombé ; plus tard, Boursault l'avait mis en vers (*Lettres nouvelles*, 1703, in-12, t. I, p. 244-245).

le 25 juin, par conséquent treize jours après [1], c'est quelque chose de beau que le pyrrhonisme historique, Monsieur ; nous ne savons pas si M. le maréchal de Berwick est mort de notre canon ou de celui des ennemis [2]. »

[1]. *Corresp. inédite* de Marais avec le président Bouhier, t. II, p. 255.
[2]. J'ajouterai ici, pour en finir avec les grands généraux de Louis XIV, que le *mot* sur le maréchal de Luxembourg, se rendant au *Te Deum,* à Notre-Dame, après la victoire de Marsaille : « Laissez passer le tapissier de Notre-Dame », est du prince de Conti. *V. Lettres* de J.-B. Rousseau, 1re édit., t. III, p. 112.

## XVLIII.

Un jour qu'on avait un peu manqué d'exactitude avec lui, Louis XIV a-t-il dit : « J'ai failli attendre » ?

C'est peu probable. En pareil cas, on le vit très souvent d'une patience toute bourgeoise. « Ce matin, dit Dangeau, sous la date du 17 juillet 1690, Sa Majesté a donné audience à l'ambassadeur de Portugal, qui l'a fait attendre plus d'une heure sans que le Roy témoignât la moindre impatience. »

Cette preuve suffirait. En voici une autre que me fournissent les *Fragments historiques* de Racine, et qui vaut mieux que la première, car cette fois la patience du roi vient de sa bonté : « Un portier du parc qui avoit été averti que le Roy devoit sortir par cette porte ne s'y trouva pas, et se fit longtemps chercher. Comme il venoit tout en courant, c'étoit à qui lui diroit des injures. Le Roy dit : « Pourquoi « le grondez-vous ? Croyez-vous qu'il ne soit pas « assez affligé de m'avoir fait attendre ? »

L'impatience et la vivacité ne vont guère avec l'idée qu'on se fait de Louis XIV. A peine lui connaît-on deux accès de colère : le premier, lorsqu'il jeta sa canne par la fenêtre pour ne pas frapper Lauzun ; l'autre, quand il étrilla si bien de sa main royale un valet qui volait un biscuit. Il y aurait bien eu aussi de la colère dans son *mot* à l'ambassadeur d'Angleterre, qui se plaignait, en 1714, des travaux qu'on faisait au port de Mardick, en dépit des traités. « Monsieur l'ambassadeur, aurait dit le roi, j'ai toujours été maître chez moi, quelquefois chez les autres, ne m'en faites pas souvenir. » Mais ce fait, popularisé par Hénault, est inventé. « Le président, écrit Voltaire à M. de Courtivron[1], m'avoua lui-même que cette anecdote était très fausse ; mais que l'ayant imprimée, il n'aurait pas la force de se rétracter. J'aurais eu ce courage à sa place, » ajoute Voltaire, qui se vante.

1. *Lettre* du 12 octobre 1775. — *V.* aussi le *Siècle de Louis XIV*, ch. xxiii, la *Lettre* à Senac de Meilhan, du 4 juillet 1760, et l'*Hist. de la Régence* par Lemontey, t. I, p. 88, note.

Boileau, dans une lettre à de Losme de Monchesnay[1], écrit : « Je vous dirai qu'un grand prince, qui avoit dansé à plusieurs ballets, ayant vu jouer le *Britannicus* de M. de Racine, où la fureur de Néron à monter sur un théâtre est si bien attaquée, il ne dansa plus aucun ballet. » Là-dessus, on croit Boileau sur parole[2] ; dans le grand prince on reconnaît Louis XIV, et l'on se met à répéter partout que *Britannicus* l'a dégoûté de la danse théâtrale, etc., etc. Or, quand cette pièce fut jouée, à la fin de 1669, il y avait près d'un an qu'il ne dansait presque plus sur la scène. La dernière fois qu'il s'y était montré, il avait presque fallu lui faire violence. Le *roy*, dit Robinet[3] :

> Le roy, même par complaisance,
> Quoyqu'il n'eust dansé de longtemps,
> Dansa comme les autres gens ;
> Il s'acquitta d'une courante
> D'une manière très galante[4].

1. Septembre 1707.
2. L. Racine, *Mémoires sur la vie de son père*, 1747, in-8°, p. 80 ; — Voltaire, *Siècle de Louis XIV*, ch. XXVI.
3. *Gazette rimée*, 9 mars 1669.
4. C'était le 15 février 1669. Louis XIV avait figuré, dans le *Ballet de Flore*, son personnage favori du *Soleil*. « Le lendemain 16, il donna sa parole royale qu'il ne danserait plus », et il ne la démentit pas (C.-Blaze, *Molière*

*Britannicus* n'aurait pas eu, vous le voyez, beaucoup à faire pour détourner Louis XIV de reparaître sur le théâtre ; il s'était, on peut le dire, corrigé avant la leçon.

Les vers de Racine n'eurent donc pas, à mon avis, d'influence sur sa résolution. Par contre aussi, pourrions-nous dire comme réfutation d'une autre erreur non moins accréditée, ce ne fut pas un mé-

---

*musicien*, t. I, p. 398-399). L'on croyait qu'il avait reparu dans *les Amants magnifiques,* deux mois après la représentation de *Britannicus,* ce qui donnait un argument de plus contre le fait que nous réfutons ici ; c'était une erreur. M. Bazin ne l'eût pas commise (*Notes histor. sur la vie de Molière*, 2º édit., p. 167), si, comme M. Deltour (*Les Ennemis de Racine*, p. 224), il s'en fût référé à la *Gazette* de Robinet, du 15 février 1670, où nous lisons, à propos de ce *ballet* ou *comédie* :

> . . . . . Nostre auguste sire
> *Fait danser et n'y danse point,*
> M'estant trompé dessus ce point,
> Quand, sur un livre, j'allay mettre
> Le contraire en mon autre lettre.

Dans la *Gazette* du 8 février, Robinet avait en effet désigné le roi parmi les acteurs du ballet ; et cela — comme il le donne à entendre par ces mots : « sur un livre », — cela, dis-je, d'après le livret manuscrit dont le texte fautif fut aussi suivi pour les *Œuvres* de Molière. De là vient que Louis XIV n'a pas cessé d'y figurer sur la liste des personnes qui parurent dans *les Amants magnifiques.*

contentement de Louis XIV qui causa la mort du poète. Il y avait eu entre Racine et le roi un peu de froid, mais qui n'avait pas duré, et dont le poète, tout sensible qu'il fût, n'avait pu s'affecter jusqu'à s'en laisser mourir de douleur [1].

M. de Lamartine a donc fait un contresens et une injustice quand il a écrit que Racine mourut, comme il avait vécu,... *d'adulation* [2].

---

1. *V.* dans l'*Athenæum* du 6 août 1853, un curieux article de M. James Gordon, à ce sujet; et un autre de M. Fréd. Lock, dans *l'Ami de la maison*, t. II, p. 239. Il s'agissait d'un *mémoire* que Mme de Maintenon lui avait dit d'écrire sur la misère du peuple, et dont l'idée, qui n'était certes pas d'un flatteur, déplut au roi. Voltaire, qui ne se souvenait du fait que très vaguement, écrivit, le 27 janvier 1773, à La Harpe : « Racine mourut parce que les jésuites avaient dit au roi qu'il était janséniste. » Et de deux ! Une erreur, à ce qu'il paraît, ne suffisait pas !

2. *Cours familier de littérature*, t. III, p. 46. — La mort du poète Sarrasin a donné lieu de même à bien des *on-dit* historiques. Que n'a-t-on pas répété sur la *brutalité* du prince de Conti, qui le frappa de coups de pincettes, dont il mourut... de chagrin ? (*V. Biog. universelle*, art. SARRASIN, p. 435.) Il eût été juste de dire que le prince le frappa parce qu'il le surprit essayant de lui dérober, pendant son sommeil, des lettres qu'il cachait sous son chevet, et parce que, dans l'ombre, il crut que c'était un voleur. Il lui pardonna pourtant, le reprit à son service, et ce n'est qu'alors qu'il mourut. On peut lire à ce sujet, dans le curieux livre de M. Barrière, *la Cour et la Ville* (p. 31), ce que racontait le président Bouhier, qui

Une maladie des plus graves, bien plus que l'ennui exagéré d'une disgrâce imaginaire, fut cause de sa fin. Racine mourut de chagrin... et d'un abcès au foie [1].

tenait le fait d'un témoin. La mort de Santeul a servi de thème à une calomnie plus grave encore. Le victorin serait mort pour avoir bu un verre de vin dans lequel on aurait jeté du tabac d'Espagne ; selon Saint-Simon (édit. Chéruel, in-12, t. I, p. 299), c'est M. le Prince qui y aurait versé sa tabatière. Or, il a été prouvé par M. de Lescure que le prince était à ce moment loin du lieu où mourut Santeul (*Les Philippiques de Lagrange-Chancel*, 1858, in-8º, p. 56, note); et l'on sait par le *Recueil de particularités, mss.* du président Bouhier, qui voyait alors Santeul tous les jours et à toute heure, que sa mort eut une cause toute naturelle.

1. Il serait bon d'en finir aussi, avec les plaisanteries d'un goût douteux dont Louis XIV a été rendu l'objet pour son fameux emblème du soleil ayant ces mots : *Nec pluribus impar*, pour devise. Il ne prit de lui-même, ni la devise, ni l'emblème : c'est Douvrier, que Voltaire qualifie d'*antiquaire*, qui les imagina pour lui à l'occasion du fameux *carrousel*, dont la place, tant agrandie aujourd'hui, a gardé le nom. Le roi ne voulait pas s'en parer, mais le succès prodigieux qu'ils avaient obtenu, sur une indiscrétion de l'héraldiste, les lui imposa. C'était d'ailleurs une vieille devise de Philippe II, qui, régnant en réalité sur deux continents, l'ancien et le nouveau, avait plus le droit que Louis XIV, roi d'un seul royaume, de dire, comme s'il était le soleil : *Nec pluribus impar* (Je suffis à plusieurs mondes). On fit, dans le temps, de gros livres aux Pays-Bas pour prouver le plagiat du roi, ou plutôt de

son *antiquaire*. *V*. La Monnoie, *Œuvres*, t. III, p. 338. On aurait pu ajouter que, même en France, cet emblème avait déjà servi. (*Annuaire de la Bibliothèque royale de Belgique*, t. III, p. 249-250.) — Je voudrais encore que l'on ne revînt plus avec autant de complaisance sur le chiffre des dépenses que Louis XIV fit en bâtiments. On les a exagérées partout d'une façon déplorable. Mirabeau les évaluait à 1,200 millions, et Volney à 4 milliards. (*Leçons d'histoire prononcées en l'an III*, p. 141.) La vérité est que, d'après un *mémoire* dont M. de Monmerqué possédait le manuscrit, la totalité des dépenses du roi pour Versailles et dépendances, Saint-Germain, Marly, Fontainebleau, etc., pour le canal du Languedoc, pour acquisition de tableaux et statues, pour les académies de Rome, gratifications aux savants et artistes, etc., s'éleva à 153,280,287 liv. 10 s. 5 d., de 1666 à 1690, c'est-à-dire pendant le temps du plus grand luxe et des plus grands travaux du roi. Eckard, faisant aussi, mais d'une façon plus complète, le compte des *dépenses effectives de Louis XIV* (Paris, 1838, in-8º, p. 44), arrive à la somme de 280,643,326 fr. 30 c.; plus, pour la chapelle, de 1690 à 1715, 3,260,341 fr. — Lorsqu'on parle des prodigalités de cette époque, on rappelle toujours, d'après Amelot de la Houssaye, ces urnes pleines de louis que M. de Bullion aurait fait un jour servir au dessert, et que ses nobles convives auraient vidées jusqu'au fond. C'est une erreur que Marais a très bien ramenée à la vérité, d'après le dire d'un arrière-petit-fils du surintendant. Le fameux Varin avait donné à M. de Bullion plusieurs médailles d'or de son plus beau travail. Comme on en avait parlé à table, l'hôte magnifique les fit porter au dessert, et, voyant qu'on se récriait sur leur beauté, les distribua également à ses convives. (*Revue rétrosp.*, 31 janvier 1837, p. 126.)

## XLIX

L'on a voulu faire honneur à Louis XIV du *mot : Le pauvre homme!* si habilement enchâssé par Molière dans l'une des premières scènes du *Tartuffe;* mais la publication des *Historiettes* de Tallemant des Réaux a fait découvrir une anecdote qui semble être bien mieux l'origine du trait comique [1]. C'est le P. Joseph qui remplace le roi et qui pousse l'exclamation. M. Bazin avait d'ailleurs prouvé [2] que, dans le cas où le trait serait de Louis XIV, ce n'est pas, comme on l'a dit partout, l'évêque de Rodez qui aurait pu le lui inspirer.

1. Édition in-12, t. II, p. 245.
2. *Revue des Deux-Mondes,* 15 janv. 1848, p. 192.

J'ai parlé de Molière et de l'un de ses plus sérieux chefs-d'œuvre; je ne les quitterai point sans reprendre un peu, pour aider à la mettre à néant, la grossière histoire qui nous montre le poëte-comédien venant annoncer au public assemblé dans son théâtre l'interdiction dont le *Tartuffe* a été frappé.
— *M. le président ne veut pas qu'on le joue ;* — voilà ce qu'on lui fait dire. M. Taschereau[1] a très bien prouvé que Molière, toujours ami des convenances, n'a jamais pu tenir un langage pareil, d'autant que le magistrat auquel il aurait fait injure par cette brutale équivoque était M. de Lamoignon, le protecteur bienveillant des lettres, l'ami de Boileau et du grand Corneille.

« Le folliculaire obscur, ajoute-t-il, qui a accusé Molière de cette charge n'a pas même le mérite, assez triste il est vrai, de l'avoir inventée. On avait fait à Madrid une comédie sur l'alcade : il eut le crédit de la faire défendre ; néanmoins les comédiens eurent assez d'accès auprès du roi pour la faire réhabiliter. Celui qui fit l'annonce, la veille que cette pièce devait être représentée, dit au par-

---

1. *Hist. de Molière*, 2ᵉ édit., p. 122. — *V.* aussi la notice de M. Després, en tête des *Mémoires* sur Molière. (*Collection des Mémoires sur l'art dramatique*, 2ᵉ livraison, p. VIII.)

terre : « Messieurs, *le Juge* (c'était le nom de la
« pièce) a souffert quelque difficultés : l'alcade ne
« voulait pas qu'on le jouât ; mais enfin Sa Majesté
« consent qu'on le représente. » Cette anecdote,
qu'on lit dans le *Ménagiana* [1], dit encore M. Taschereau, a évidemment fourni l'idée et le trait de
celle où l'on s'est calomnieusement plu à faire figurer Molière [2].

Ce *mot* ne vaut un peu que par l'application
qu'en fit Florian sur le théâtre du château de
Sceaux, un soir qu'on devait représenter sa comédie
du *Bon Père*. Au moment où l'on allait commencer,
M. le duc de Penthièvre fit dire qu'il ne viendrait
pas. C'était défendre le spectacle. Florian, pour congédier poliment son monde, fit cette *annonce* :

1. 1715, in-8º, t. IV, p. 173-174.
2. On a dernièrement eu de nouvelles preuves de la
fausseté du *mot* prêté à Molière. Le fragment des *Mémoires* de Brossette, publié par M. Laverdet à la suite de
son édition de la *Correspondance de Boileau* (1858, in-8º),
contient (p. 564) le récit d'une visite que Molière, conduit par Boileau, aurait faite à M. de Lamoignon, le lendemain de l'interdiction du *Tartuffe*, afin d'obtenir
qu'elle fût levée. S'il avait dit la veille, en public, le *mot*
qu'on lui attribue, aurait-il osé tenter une pareille démarche ? Brossette assure, d'ailleurs, que Boileau lui avait
affirmé que l'anecdote « n'étoit pas véritable, et qu'il savoit le contraire par lui-même. » (*Ibid.*)

« Nous allions vous donner le *Bon Père;* Monseigneur ne veut pas qu'on le joue. »

Un autre *mot* de Molière, qu'on répète encore plus souvent, et qui a fait surtout fortune chez les plagiaires, dont il est le *mot de passe,* mérite aussi qu'on le mette enfin à néant, en lui rendant son vrai sens. « Je prends mon bien où je le trouve, » fait-on dire au poète, qui se serait ainsi donné sur les terres d'autrui un droit de conquête, bientôt transformé pour d'autres en droit au pillage. Voyons ce qu'il dit vraiment, et nous trouverons qu'au lieu de justifier le vol littéraire par son exemple et sa formule, il criait lui-même au voleur, quand il disait le mot si frauduleusement altéré aujourd'hui.

Le Gascon Cyrano, qui avait été de ses camarades d'étude chez Gassendi, et son *copin* d'inspiration pour les premières idées de théâtre qui lui jaillirent au cerveau, profita des longues courses de Molière en province pour donner à Paris sa comédie du *Pédant joué,* dans laquelle il avait glissé l'une des scènes ainsi glanées par lui dans ses entretiens avec le jeune grand homme, c'est celle de la *Galère.*

Molière de retour, trouvant son idée prise, patienta quelque temps. Il était assez en fonds d'autres bonnes scènes pour se passer de celle-là. Plus tard, la fatigue étant venue lui faire un besoin de ses idées passées, et le forcer à prendre, pour les œuvres de son âge plus mur, des ressources dans les œuvres de sa jeunesse, il fallut bien qu'il songeât à ce que lui avait tacitement emprunté Cyrano, et que bon gré mal gré il y revînt.

C'est alors que remettant sur pied, dans *les Fourberies de Scapin*, une des premières farces dont s'était égayé son génie, et y faisant reparaître à son tour cette scène de la *Galère*, dont Cyrano avait fait le joyau comique de son *Pédant joué*, il dit et eut raison de dire : « *Je reprends* mon bien où je le trouve. » C'était en effet son bien qu'il *reprenait*, et non celui d'autrui qu'il *prenait*. Grimarest est le seul qui nous ait dit le *mot,* et il le donne tel que vous venez de le lire, avec les détails mêmes dont je l'ai entouré.

Il n'y a plus que les plagiaires qui le citent autrement. Ils perdraient trop s'ils perdaient ce mot de passe qu'ils se sont complaisamment arrangé, et si Molière ainsi cessait de paraître leur chef de file.

## L

Les femmes, pendant ce règne, ont eu leur part de bons mots; elles ont, elles aussi, mis en circulation leur menue monnaie d'esprit courant, monnaie fort bien frappée, je vous jure. Je ne vous parlerai que des *mots* qui sont de bonne fabrique, de marque certaine.

Je passerai par conséquent sur celui qu'on prête à madame de Maintenon, au lit de mort de Louis XIV[1], parole indigne acceptée par Saint-Simon[2] avec une

---

1. Le roi, au milieu des derniers adieux, lui aurait dit : « Nous nous reverrons bientôt, » et la marquise aurait murmuré en se retournant : « Voyez le beau rendez-vous qu'il me donne, cet homme-là n'a jamais aimé que lui-même. » Est-ce possible ?
2. *Mémoires*, édit. Delloye, t. XXIV, p. 39.

complaisance méchante, mais que M. de Monmerqué a très logiquement réfutée[1].

[1]. *Notice sur madame de Maintenon*, en tête des *Conversations morales inédites*, p. LXVI. — V. dans les extraits du *Journal de Dangeau* donnés par Voltaire (p. 162-163), les véritables paroles de Louis XIV à la marquise. — Médire de madame de Maintenon est un lieu commun dont tout ne monde veut se passer l'envie. Il y a quelques années, un billet de six lignes, où une femme s'offre à vendre pour vingt mille écus, billet dont le titre surchargé porte le nom de madame de Maintenon, fut découvert à l'Arsenal, dans les *Manuscrits* de Conrart (t. IX, p. 151), et trois ou quatre érudits se hâtèrent de le publier, croyant en avoir la primeur. Il avait été publié depuis quatre ou cinq ans déjà par MM. de Goncourt, et le charme de l'inédit n'existait par conséquent plus pour lui. C'était le seul qu'il pût avoir, car il est outrageusement faux. M. L. Lalanne a pris la peine de le prouver (*Correspondance littér.*, 20 fév. 1859, p. 130), et M. Chéruel s'est donné le même soin (*Mémoires sur Fouquet*, 1862, in-8°, t. I, p. 448); il suffisait pour s'en convaincre de rapprocher ces six lignes, indécemment indiscrètes, de la vie si continuellement réservée de madame de Maintenon, et de les confronter avec ses autres lettres, avec ses autres écrits, notamment ses *Conversations*, où, dans un passage, elle parle justement du danger des correspondances, « des cassettes trouvées, etc. » (*Conversations morales inédites*, publiées par M. de Monmerqué, 1828, in-12, p. 71.) — Dans la *Journée des Madrigaux*, réimpression d'ailleurs charmante et faite avec soin, l'on a publié, toujours d'après les inépuisables *Manuscrits* de Conrart, un madrigal adressé par *mademoiselle* de Maintenon à Villarceaux, avec la réponse de celui-ci, et l'on a voulu y voir une preuve décisive des re-

Je vous citerai en revanche quelques-uns des *mots* de madame Cornuel, cette bonne langue, qui trou-

lations galantes de l'ami de Ninon avec Françoise d'Aubigné. On avait oublié que la veuve Scarron ne s'appela madame (et non pas *mademoiselle*) de Maintenon (*V.* sa *Lettre* à madame de Coulanges), qu'en février 1675, c'est-à-dire lorsqu'elle avait quarante ans, et lorsque Villarceaux en avait cinquante-six, ce qui n'est plus guère l'âge d'envoyer des *galants* (faveurs) et de courir la bague, choses dont il est question dans le madrigal et dans la réponse. De qui donc alors s'agit-il ici ? Du fils de Villarceaux, qui fut tué à Fleurus, en 1690, et de la jeune sœur de Charles-François d'Angennes, marquis de Maintenon, le même qui vendit sa terre et son titre à Françoise d'Aubigné, à la fin de 1674. — Je voudrais bien aussi que, d'après Saint-Simon (édit. Chéruel, in-12, t. VII, p. 43), l'on n'accusât plus madame de Maintenon d'avoir inspiré à Louis XIV l'idée de révoquer l'édit de Nantes. Au mois de mars 1665, c'est-à-dire quatre ans avant que la veuve Scarron eût été attachée à l'éducation des enfants de madame de Montespan, et fût ainsi entrée en relation, même très indirecte, avec le roi, cette révocation était déjà dans les projets de Louis XIV (*V.* une *Lettre* de Gui Patin à Spon, 3 mars 1665, et aussi, surtout, les *Mémoires inédits* de l'abbé Legendre, dans le *Magasin de librairie*, t. V, p. 115). Voltaire avait sur ce point protesté le premier et très justement. « Pourquoi dites-vous, avait-il écrit à Formey, le 17 janvier 1753, que madame de Maintenon eut beaucoup de part à la révocation de l'édit de Nantes ? Elle toléra cette persécution, comme elle toléra celle du cardinal de Noailles, celle de Racine ; mais certainement elle n'y eut aucune part, c'est un fait certain. Elle n'osait jamais contredire Louis XIV. »

vait si bien le trait juste à décocher sur chaque ridicule, la formule précise, l'expression nette et saillante pour chaque pensée. C'est d'elle, et non pas de madame de Sévigné, comme on l'a dit souvent, que nous vient ce *mot* si bien fait au sujet des généraux qui avaient pris le commandement après le héros tué à Saltzbach, et qui, à dix qu'ils étaient, ne remplaçaient pas ce seul homme : elle les appelait *la monnoie de M. de Turenne*. La première aussi, selon mademoiselle Aïssé [1], elle a dit cette phrase si vraie et qui a fait fortune : *Il n'y a pas de héros pour son valet de chambre.*

Ne trouvez-vous pas que ce *mot*-là ferait merveille dans une lettre de madame de Sévigné, et qu'à tout prendre, puisqu'on voulait lui prêter quelque chose, on eût mieux fait de le lui attribuer que celui-ci : *Racine passera comme le café,* qu'on a toujours mis sur son compte et toujours répété avec une raillerie pour la charmante femme, bien que, Dieu merci ! elle n'en soit pas coupable ?

C'est toute une histoire. M. de Monmerqué,

---

1. *Lettres*, édit. J. Ravenel, E. Dentu, 1853, p. 161. — Madame Cornuel n'avait d'ailleurs fait que se souvenir ici de cette phrase de Montaigne : « Peu d'hommes ont esté admirez par leurs domestiques. » (*Essais*, livre III, chap. II.)

M. de Saint-Surin, l'ont débrouillée les premiers ; M. Aubenas est venu ensuite[1], puis enfin M. Géruzez, qui, dans ses nouveaux *Essais d'histoire littéraire*, en a donné le résumé suivant, trop spirituel et trop exact pour que nous ne nous contentions pas de le citer :

« Comment se fait-il que l'arrêt en question soit devenu proverbe ?.... Le premier coupable est Voltaire, et La Harpe a consommé le crime. Madame de Sévigné avait dit, en 1672[2] : « Racine fait des « comédies pour la Champmeslé ; ce n'est pas pour « les siècles à venir. Si jamais il cesse d'être amou-« reux, ce ne sera plus la même chose. Vive donc « notre vieil ami Corneille ! » Quatre ans après[3], elle écrivait à sa fille : « Vous voilà donc bien « revenue du café ; mademoiselle de Méri l'a « aussi chassé. Après de telles disgrâces, peut-on « compter sur la fortune ? » Il y avait quatre-vingts ans que ces deux petites phrases reposaient à dis-

---

1. Il ne faut pas oublier non plus une ingénieuse note de M. J. Taschereau, dans la *Revue rétrospective*, t. I<sup>er</sup>, p. 126-127, à propos d'une *Notice sur madame de Sévigné*, par Mirabeau, dans laquelle l'erreur commune se trouve reproduite.
2. *Lettre du 16 mars*. Il n'est pas indifférent de préciser les dates que M. Géruzez a oublié de donner.
3. *Lettre du 10 mai 1676*.

tance respectueuse, chacune à sa place, et dans son entourage, qui se modifia lorsque Voltaire s'avisa de les rapprocher en les altérant : « Madame de Sé-« vigné croit toujours que Racine *n'ira pas loin ;* « elle en jugeait comme du café, dont elle disait « *qu'on se désabuserait bientôt.* » Sur ce texte, La Harpe composa alors la phrase sacramentelle : *Racine bassera comme le café.* Il la porte tout simplement au compte de madame de Sévigné. M. Suard l'adopte, et les moutons de Panurge viennent ensuite. C'est ainsi que s'est composé ce petit mensonge historique, qui sera longtemps encore une vérité pour bien des gens. Cependant madame de Sévigné a loué Racine avec enthousiasme[1], et M. Aubenas nous fait remarquer que nous lui devons probablement l'usage du café au lait[2]. »

Voilà qui est concluant. Je n'aurais rien à ajouter si M. Géruzez n'eût oublié un petit détail qui n'amoindrit pas l'erreur, mais qui la déplace un peu. Ce n'est pas La Harpe, mais Voltaire, qui fut le vrai coupable ; c'est lui qui fit entre les deux lettres de madame de Sévigné, si étonnées du rapprochement, la liaison dangereuse signalée tout à l'heure.

---

1. *Lettre du 20 février 1689.*
2. *Lettre du 29 janvier 1690.*

La Harpe ne composa donc pas la phrase sacramentelle. Il la prit toute faite dans ce passage de la lettre de Voltaire à l'Académie, qui sert de préface à son *Irène* : « Nous avons été indignés contre madame de Sévigné, qui écrivait si bien et qui jugeait si mal.... Nous sommes révoltés de cet esprit misérable de parti, de cet aveugle prévention qui lui fait dire : *La mode d'aimer Racine passera comme la mode du café*[1]. »

---

1. A propos du café, il est bon de rappeler, mais pour y rétablir aussi la vérité, ce que fit le chevalier Des Clieux, quand il transporta, par ordre du Régent, à la Martinique, deux caféiers venus de Hollande au Jardin du Roi. Il est bien vrai que dans le voyage il se priva de sa ration d'eau pour les conserver, mais il n'est pas vrai que ce fussent les premiers plants apportés dans nos colonies. Bien auparavant, l'agent de la Compagnie orientale, Imbert, avait transporté du golfe Persique à l'île Bourbon soixante plants qu'il avait obtenus du cheick de l'Yemen. La plupart réussirent, et la Compagnie put, en 1710, distribuer aux colons des gousses en pleine maturité. Telle est l'origine du *café Bourbon*, qui, en raison de sa provenance directe, a plus de ressemblance que les autres avec le moka. *V.* une citation des *Mémoires mss.* de M. Hardancourt, directeur de la Compagnie des Indes, dans l'*Hist. de la Régence*, par Lemontey, t. II, p. 325. — On a souvent appliqué à la légende du *Cèdre du Jardin des Plantes* le détail de la ration d'eau donnée aux caféiers de Des Clieux ; il faut l'en retrancher, comme presque tout le reste, y compris même le fameux chapeau, qui aurait

Je crois, après cela, qu'il n'y a plus qu'à retourner contre Voltaire lui-même cette vertueuse indignation, puis à passer à autre chose.

L'aimable marquise, si bien justifiée ici d'une faute contre le goût, trouve ailleurs un défenseur éloquent dans M. Walckenaër, au sujet de la boutade au moins étrange qu'on lui prête dans l'anecdote que voici : « Elle avait signé le contrat de mariage de sa fille avec le comte de Grignan. Lorsqu'elle compta la dot, qui était considérable : « Quoi ! s'é-
« cria-t-elle, faut-il tant d'argent pour obliger M. de
« Grignan de coucher avec ma fille ? » Après avoir un peu réfléchi, elle se reprit en disant : « Il y cou-
« chera demain, après-demain, toutes les nuits ; ce
« n'est pas trop d'argent pour cela. »

« C'est là, dit M. Walckenaër, un propos de mauvais goût, de mauvais ton, qui ne s'appuie sur rien, qui n'a paru que dans de détestables *Ana*. » Et il gourmande vertement M. de Saint-Surin de

---

servi de caisse au cèdre pendant la traversée. On a su par M. F. Roulin, qui le tenait du dernier des Jussieu, que si le grand-père de celui-ci dut en effet recueillir le plant du cèdre dans son chapeau, ce ne fut que pendant quelques minutes. Il le portait de la rue des Bernardins au Jardin du Roi, le pot fêlé se brisa en route, et le cèdre n'eut alors que le chapeau du savant pour refuge. (F. Roulin, *Hist. naturelle*, etc., 1865, in-18, p. 260.)

l'avoir admis dans sa notice, d'ailleurs excellente [1].

Il est très bien de mettre à néant ces sortes de calomnies courantes, et je sais fort bon gré, par exemple, à M. Paulin Paris d'avoir pris de même à partie le fameux *mot* de Lauzun à la grande Mademoiselle : *Louise d'Orléans, tire-moi mes bottes*, et d'avoir prouvé qu'il est absurdement faux [2].

---

1. *Mémoires sur madame de Sévigné*, t. III, p. 452. — Les opinions qu'on se fait par les livres tiennent encore à moins que cela quelquefois. Il suffit d'une faute d'impression, même d'une faute de ponctuation, pour pervertir complètement un mot connu et faire dire à la personne à qui on le prête le contraire de ce qu'elle a dit. On lit dans la première édition du *Segraisiana*, p. 28 : « Madame de La Fayette, disoit M. de La Rochefoucauld, m'a donné de l'esprit, mais j'ai réformé son cœur. » C'est le plus gros contre sens dont les points et virgules se soient rendus coupables. Voici ce qu'il faut lire, en ponctuant et guillemettant autrement : « Madame de La Fayette disoit : « M. de La Rochefoucauld m'a donné de l'esprit, « mais j'ai réformé son cœur. » — Ces anecdotes littéraires m'amènent à dire un mot de celle qui court depuis l'abbé Prévost, qui l'a, je crois, racontée le premier (*Le Pour et le Contre*, t. V, p. 74), au sujet du *Glossaire* de Ducange, dont il n'y aurait eu d'autre manuscrit qu'une masse énorme de petits papiers pêle-mêle dans une grande malle. La découverte qu'on a faite il y a quelques années du manuscrit original, à la Bibliothèque nationale, prouve la fausseté du fait. (Édélestand du Méril, *Mélanges archéologiques*, p. 278.)

2. Édit. de Tallemant des Réaux, t. II, p. 227-234.

Il ne faut qu'un de ces *mots*-là pour décrier une société. Montrer leur sottise et leur fausseté, c'est rendre service à toute une époque.

Or, quelle autre mieux que celle-ci, le grand règne, mérite qu'on la remette en son vrai jour? Il y a eu, jusqu'à présent, si peu de justesse et de justice dans les jugements qu'on en a portés?

La bourgeoisie et le peuple ont Louis XIV en haine, et la noblesse le déifie. C'est une bien étrange interversion de rôles, d'adoration et de haine! Tous les éloges pour le grand roi devraient venir de la bourgeoisie et du peuple, et la noblesse seule devrait se réserver contre lui les malédictions. Qui donc, après Richelieu, prit le mieux à tâche « d'imposer à toute les classes de la nation l'habitude de l'égalité civile »[1], et de niveler, pour ainsi dire, toute la France sous le sceptre? Ce fut Colbert, obéissant à Louis XIV. Qui donc, avec la plus vive ardeur pour le progrès et la plus grande puissance d'initiative, eut d'une façon plus évidente le pressentiment de l'avenir[2]? Colbert encore, sous les mêmes ordres. Jamais on ne sut mieux que ce roi et que ce ministre « diriger

---

1. L. de Carné, *l'École administrative de Louis XIV*, Revue des Deux-Mondes, 1er juillet 1857, p. 71.
2. Id., *ibid.*, p. 58.

« une réforme sans déchaîner une révolution »[1] ; mais cela, pour ainsi dire, à l'insu de ceux que frappaient cette réforme, et de ceux aussi qui en devaient recueillir le bienfait La noblesse était trop abaissée dans son adulation pour avoir conscience de l'abaissement véritable que les mesures égalitaires de Louis XIV lui faisaient subir ; tandis que, d'un autre côté, les besoins du peuple, sa soif de ces réformes, étaient déjà tels qu'il s'aperçut à peine de ce qui était tenté pour le satisfaire, et qu'il n'en tint compte ni au ministre, ni au roi. Il n'a pas fallu moins que la lumineuse impartialité de la critique moderne, tirant ses clartés des faits et de l'expérience d'une révolution par laquelle fut achevée l'œuvre de Colbert, pour bien faire voir quelle avait été cette œuvre, et quelle reconnaissance le peuple, qui la méconnaissait, doit en garder au grand administrateur. C'est seulement de nos jours, lorsque la Révolution les eut tranchées, qu'on a bien vu l'égalité des parts marquées par Colbert et que l'on a pu dire[2], envisageant ce ministre et son roi comme les précurseurs de 1789 : « Ils auraient approuvé la plupart des innovations administratives d'une révo-

---

[1]. L. de Carné, *ibid.*, p. 66.
[2]. *Id., ibid.*, p. 75.

lution qui, dans ses résultats politiques, fut la conséquence presque nécessaire, quoique fort imprévue, de leur système de gouvernement.

« Cependant, ajoute, pour conclure, l'écrivain distingué auquel nous empruntons ce passage, et qui nous a guidé dans toute cette appréciation ; cependant, par un contraste inexplicable, par l'esprit de contradiction le plus obstiné, il se trouve que les fils de ceux dont Louis XIV remplissait ses conseils le tiennent pour le représentant d'un état social dont ils abhorrent jusqu'au souvenir, tandis qu'il est devenu le modèle des princes et le type accompli de la royauté pour les gentilhommes, dont il avait abaissé l'importance jusqu'à le servir à sa table et à l'assister à sa toilette. »

A la fin du dernier siècle, Chamfort[1] trouvait beaucoup de justesse et de portée à ce *mot* de Voisenon[2] : « Henri IV fut un grand roi, Louis XIV fut le roi d'un beau règne. » Aujourd'hui l'on va plus loin : on trouve que Henri IV et Louis XIV furent deux grands rois. On confirme pour le dernier ce que Voltaire écrivait le 23 septembre 1752, à madame du Deffand : « C'était, avec ses défauts,

---

1. *Œuvres choisies*, édit. A. Houssaye, p. 127.
2. *Œuvres*, t. IV, p. 121.

un grand roi ; son siècle est un très grand siècle. »

Et du Régent, qu'en dirons-nous ? Qu'il eut le tort de succéder trop gaiement à un règne trop grave, de trop détendre des affaires trop tendues. Lui et Dubois son ministre valurent mieux que leur réputation. Lemontey, qui n'était entré dans leur histoire qu'avec des intentions de critique, fut obligé de s'en départir en présence des faits qu'une étude sérieuse lui amena et qu'il eut la bonne foi de ne pas repousser. Pour lui, Dubois fut plutôt un travailleur qu'un débauché, un ambitieux plus qu'un corrompu [1].

Quant au Régent, « ce fanfaron de crime [2] », il lui trouve une capacité des plus vastes, sans presque rien de futile, même dans les choses où on l'accuse de luxe frivole, comme l'achat du diamant qui garde son nom, et pour lequel il le justifie, en expliquant l'affaire par la politique. En payant deux millions, il acheta bien moins le diamant que Pitt son

---

1. Lemontey, *Histoire de la Régence*, t. II, p. 87, note.
2. Le mot est de Louis XIV lui-même sur son neveu. « C'étoit, dit Saint-Simon qui le rapporte, tout surpris de ce grand coup de pinceau, c'étoit peindre M. le duc d'Orléans d'un seul trait, et dans la ressemblance la plus juste et la plus parfaite. » (*Mém.*, édit. Hachette, in-12, t. VI, p. 268.)

possesseur, et tout le parti que dirigeait à Londres ce beau-frère du ministre Stanhope[1].

Ici, comme pour le reste de son administration, Lemontey ne trouve à reprocher au Régent que trop d'entraînement vers la politique anglaise, qui resta de tradition dans sa famille. Nous savons ce que fit Louis-Philippe, son arrière-petit-fils.

---

1. Lemontey, t. II, p. 108. — Il est curieux de rapprocher ce passage de Lemontey de celui de Saint-Simon sur le même objet, t. IX, p. 223. On y peut voir combien peu le dernier était vraiment au fait de ce qu'il raconte.

## LI

Venons à Louis XV. Quoiqu'on lui ait prêté bien des *mots*, quoiqu'il eût même la prétention d'en dire [1], il n'y eut pas de monarque plus muet. C'est un vrai roi fainéant de parole comme d'action. Était-ce défaut d'esprit ? Non pas certes ; mais paresse, dédain, timidité même ; car sa faiblesse de caractère allait jusqu'à le rendre timide [2].

L'éducation y fut aussi pour beaucoup. Le Ré-

1. D'Argenson, *Mémoire*, t. II, p. 330.
2. Dès son enfance, il avait été silencieux. « On a de la peine à lui arracher des paroles, » dit la Palatine (*Nouv. Lettres*, p. 177). — « Il est taciturne, » dit aussi Barbier dans son *Journal* (édit. in-18, t. I$^{er}$, p. 257) ; « il ne répond aux compliments » (*Ibid.*, p. 259) ; « on croit qu'il a un sort sur la langue » (*Ibid.*, t. II, p. 410).

gent avait insisté pour lui sur le besoin de discrétion, « qualité la plus essentielle à un roi qui veut se faire craindre et respecter ». Il avait dans ce sens invité l'Académie française à faire de la *Discrétion des Princes* le sujet d'un concours, et prié aussi les ambassadeurs de glisser le plus souvent possible l'éloge de cette vertu dans leurs dépêches au Conseil de Régence[1]. Le petit roi comprit et ne parla guère ; mais s'il fut en cela obéissant aux avis du Régent, il fut aussi surtout docile à sa nature. Plus tard, le cardinal Fleury ne lui apprit pas plus le bavardage que le maréchal de Villeroy, son gouverneur, n'avait dû lui apprendre l'esprit.

Je savais de Louis XV un *mot*, fort joli du reste, qu'on prétendait qu'il avait dit à M. de Lauraguais, de retour d'un voyage philosophique à Londres : « Et qu'êtes-vous allé faire là-bas, Monsieur ? — Apprendre à penser, Sire. — Les chevaux, » aurait répliqué le roi, en tournant le dos. Eh bien ! ce mot charmant, le prince de Ligne nous assure que Louis XV ne l'a pas dit[2]. Il est vrai que, d'après

---

1. Lemontey, *Hist. de la Régence*, t. II, p. 79.
2. *Œuvres choisies*, t. II, p. 342. — En revanche, je crois qu'il faut laisser à Louis XV le *mot* plein d'esprit et de goût qu'il dit lors de sa visite à l'imprimerie du ministère de la guerre. Un papier était sur une presse et

une lettre de Beaumarchais à M. de Lauraguais lui-même, où il lui répète le *mot* que Louis XV lui aurait dit, il faudrait s'en tenir ici à l'opinion courante. Lequel croire du prince de Ligne ou de Beaumarchais? Celui-ci, toute réflexion faite, et comme l'a déjà décidé, avant nous, M. de Loménie [1].

On raconte encore que, le peintre La Tour s'étant permis de lui dire : « Nous n'avons pas de marine, » Louis XV, piqué, lui répondit : « Et celles de Vernet, Monsieur? » Il n'y a de vrai dans l'anecdote que l'observation fort déplacée du peintre. Le roi en fut tellement interdit qu'il ne trouva rien à répondre. Il lui eût fallu, en pareil cas, j'en conviens, un grand esprit d'à-propos, et ce n'était pas, je le répète, sa qualité dominante. Mariette est le seul qui rapporte le fait tel qu'il dut se passer [2]. Or, suivant lui, comme vous allez voir, le roi ne dit rien :

« Il (La Tour) peignoit le portrait de madame de Pompadour; le roi étoit présent, et dans la con-

---

des lunettes auprès : il les prend et lit, c'était son éloge. « *Elles sont trop fortes*, dit-il en les replaçant; *elles grossissent les objets.* »

1. *Beaumarchais et son temps*, 1856, in-8°, t. II, p. 272.
2. *Abecedario*, publié par MM. de Chenevière et de Montaiglon, art. LA TOUR.

versation il fut question des bâtiments que le roi avoit fait construire. La Tour, qu'on n'interrogeoit pas, prit la parole et eut l'impudence de dire que cela étoit fort beau, mais que des vaisseaux vaudroient beaucoup mieux. C'étoit dans le temps que les Anglois avoient détruit notre marine, et que nous n'avions aucun navire à leur opposer[1].

« Le roi en rougit, et tout le monde regarda comme une bêtise une sortie si imprudente, qui ne menoit à rien et ne méritoit que du mépris. »

*Après nous le déluge!* disait, même dans sa plus grande prospérité, madame de Pompadour[2], qui voyait poindre déjà tout au loin, à l'horizon de la royauté, le grain révolutionnaire. Cette parole de nonchalant cynisme dans la prophétie a été souvent

---

[1]. C'est une opinion du temps, dont M. Jal, dans son *Dict. crit.*, p. 75-76, a fait bonne justice. Après avoir rappelé ce qu'on lit dans le *Siècle de Louis XV*, ch. XXIV, sur le combat naval du 14 octobre 1749, qui aurait laissé notre marine avec UN SEUL vaisseau de guerre, il prouve, pièces en main, qu'il faut remplacer la phrase de Voltaire par celle-ci : « La France n'avait plus alors que VINGT-DEUX vaisseaux de guerre. » Cinq ans après, à l'époque où La Tour fit sa sotte réflexion, notre marine comptait « cinquante-cinq bons vaisseaux à flot, et sept en construction » !

[2]. *Essai sur la marquise de Pompadour*, en tête des *Mémoires* de madame de Hausset, 1824, in-8°, p. XIX.

répétée, et chaque fois on l'a mise sur le compte de Louis XV. Elle était si bien le *mot*, l'expression de ce règne au jour le jour, qu'on pensait avec raison que le roi *bien-aimé* [1] pouvait seul l'avoir dite.

Personne ne vit mieux que lui, qui était au sommet, venir de loin ce grand orage ; il eut, par pressentiment, l'ennui sombre, comme les autres, devant la réalité sinistre, eurent le deuil ou le martyre. Le trône n'était pas encore frappé que le roi semblait déjà foudroyé, et qu'il en portait les marques.

Si M. d'Argenson avait pu lui dire ce qu'il pensait, dès 1743, de l'imminence d'une révolution [2] ; si Jean-Jacques avait pu lui faire entendre ce qu'il dit dans l'*Émile* [3] sur les monarchies de son temps destinées à périr, et si Louis XV alors avait pu s'aban-

---

1. On ne sait pas généralement que c'est Vadé (*V.* les *Lettres* de Voltaire du 7 et du 14 sept. 1774), d'autres disent Panard, qui donna ce surnom à Louis XV en pleine Courtille.

2. *Mémoires*, t II, p. 282 ; t. III, p. 261, 313 ; t. IV, p. 189.

3. Édit. Pourrat, t. I, p. 397-398. — C'était la pensée de tous les clairvoyants. Voltaire écrivait à M. de Chauvelin, le 2 avril 1764, juste douze jours avant la mort de madame de Pompadour : « Tout ce que je vois jette les semences d'une *révolution* qui arrivera immanquablement,

donner jusqu'à être sincère, il eût courbé la tête et leur eût dit : « C'est vrai, je le sens mieux que vous[1]. »

J'ai douté du *mot* de Louis XIII sur la *grimace* de Cinq-Mars à l'heure de son exécution. Je voudrais en faire autant pour l'indifférent adieu de Louis XV à madame de Pompadour, dont le cercueil s'en allait, par une pluie battante, de Versailles à Paris : « La marquise n'aura pas beau temps pour son voyage. » Rien, par malheur, ne me contredit la vérité de cette froide parole; et ce que je sais du caractère du roi m'en prouve la vraisemblance. D'ailleurs, « auprès du mot de Louis XIII, dit M. Sainte-Beuve[2], le mot de Louis XV est presque touchant de sensibilité »[3].

et dont je n'aurai pas le plaisir d'être témoin. La lumière s'est tellement répandue de proche en proche, qu'on éclatera à la première occasion; et alors ce sera un beau tapage. Les jeunes gens sont bien heureux, ils verront de belles choses. »

1. *V.*, dans notre article sur madame du Barry (*Rev. franç.*, 10 janv. 1859), une lettre de Louis XV, où il manifeste ses craintes au sujet « du peuple républicain. »

2. *Causeries du Lundi*, 1re édit., t. II, p. 471.

3. Je ne quitterai point la marquise sans préciser deux points de sa biographie qui sont restés en litige : la date de sa naissance, l'état qu'exerçait son père. Les uns disent qu'elle naquit en 1720, les autres en 1722; ceux-ci, et

Dans les *Mémoires de la minorité*, écrits sur son ordre même, Massillon avait donné à Louis XV, par opposition avec les premiers ordres du Régent[1], de très excellents préceptes sur l'art de bien parler et de bien répondre, plus nécessaire aux rois qu'aux autres hommes encore. Il avait *insisté* sur ce point, c'est son mot, parce qu'il savait bien pour quel esprit paresseux, pour quelle nature indolente à la parole sa leçon était faite. « Il semble, disait-il, que

---

c'est le plus grand nombre, soutiennent que son père était *boucher des Invalides;* ceux-là, Voltaire est parmi, prétendent qu'il était fermier à la Ferté-sous-Jouarre. L'extrait de naissance de la marquise—publié ici, dès 1856, c'est-à-dire bien avant que *l'Intermédiaire* (t. I, p. 144) et le *Dict. crit.* de M. Jal (p. 985) l'eussent donné, chacun, comme *inédit*, — mettra tout le monde d'accord sur les deux points : « *L'an 1721, le 30 décembre*, fut baptisée *Jeanne-Antoinette Poisson*, née hier, fille de François Poisson, *fourrier* de Son Altesse R. Monseigneur le duc d'Orléans (le Régent), et de Louise-Magdeleine De la Mothe, son épouse, demeurant rue de Cléri. Le parein, Jean Paris de Montmartel, la mareine, demoiselle Antoinette Justine Paris, fille d'Antoine Paris, écuier, thrésorier receveur-général de la province de Dauphiné. » (*Extrait des registres des baptêmes de la paroisse Saint-Eustache à Paris.*) — C'est madame de Breteuil, femme du ministre de la guerre en 1723, qui était fille du *boucher des Invalides*, nommé Charpentier. V. le *Journal* de Marais, *Revue rétrosp.*, 2ᵉ série, n° 26, p. 283.

1. *V.* plus haut, p. 336-337.

parce que nos princes sont grands ils soient dispensés de paroles ; et c'est certainement une grande erreur. Il y a mille occasions dans lesquelles un prince qui parle à la multitude gagne plus que par le poids de toute son autorité.... Combien Henri IV, par exemple, ne rencontra-t-il pas d'obstacles, qu'il surmonta parce qu'il savoit parler ! *J'insiste* sur cet article par l'amour et l'attachement que je sens pour mon roi. »

Peine perdue ; Louis XV persista dans ce mutisme indolent qui fit tant douter de son esprit, et qui accréditait en Europe l'opinion que cette impuissance de parler était *un des tics de la maison de Bourbon*.

« Tandis qu'il n'était question parmi nous, dit La Harpe [1], que des conversations toujours intéressantes que tout voyageur un peu connu ne manquait jamais d'avoir avec les souverains de l'Europe, en Angleterre, en Prusse, en Russie, dans toute l'Allemagne, on savait par cœur à Versailles les trois ou quatre questions insignifiantes que le roi ne manquait pas de faire à tout étranger qui lui était présenté, et qui étaient constamment les mêmes. On peut imaginer combien ce protocole

---

1. *Mélanges inédits de littér.*, Paris, 1810, in-8º, p. 260.

faisait rire, surtout quand on le rapprochait de ce que nous disions de la morgue allemande et de l'urbanité française. »

Plusieurs anecdotes racontées par Chamfort viennent bien à l'appui de ce passage de La Harpe, surtout la suivante[1] : « Le roi de Prusse demandait à d'Alembert s'il avait vu le roi de France. — « Oui, Sire, lui dit celui-ci, en lui présentant mon « discours de réception à l'Académie française. — « Eh bien ! reprit le roi de Prusse, que vous a-t-il « dit ? — Il ne m'a pas parlé, Sire. — A qui donc « parle-t-il ? poursuivit Frédéric. »

Peut-être trouva-t-il quelquefois un *mot* satirique : un *mot* obligeant, jamais.

Quand M. de Richelieu vint lui faire sa cour, après la prise de Mahon, Louis XV lui dit seulement : « Maréchal, savez-vous la mort de ce pauvre Lansmatt ? » C'était un vieux garçon de la chambre !

C'est aussi Chamfort qui nous a raconté cela[2], et je le crois, comme pour cette autre anecdote

---

1. *Œuvres choisies de Chamfort*, édit. A. Houssaye, p. 69.
2. *Id., ibid.*, p. 84. — La reine Marie Leczinska, bien qu'elle eût de l'esprit, n'était pas plus prompte à la riposte spirituelle. La fameuse anecdote du *Vous m'en direz tant !*

moins insignifiante, car Louis XV n'en est plus le héros [1] : « M. le prince de Charolais ayant surpris M. de Brissac chez sa maîtresse, lui dit : « *Sortez!* » M. de Brissac lui répondit : « Monseigneur, vos « ancêtres auroient dit : *Sortons!* »

Le mot est vaillant et sied bien à un Cossé-Brissac; ce qui ne vaut pas moins, il est authentique; j'en ai pour garants madame Campan [2] et madame Necker [3]. Vous trouverez pourtant des gens qui vous soutiendront que ce n'est pas M. de Brissac qui le dit à M. de Charolais, mais le comte de

---

qu'on lui prête, n'est pas vraie telle qu'elle est racontée. Il s'agissait de juges vendus; l'abbé Terrasson s'indignait, et la reine, pour voir à quelle somme s'arrêteraient ses scrupules, allait augmentant toujours : « Mais, disait-elle, si l'on vous donnait cent, deux cent, trois cent mille écus, un million? » Si bien que l'abbé, à bout de conscience, lâcha son fameux : « Votre Majesté m'en dira tant! » M. de Las-Cases (*Mémor. de Sainte-Hélène*, 1<sup>re</sup> édit., t. III, p. 111) fait raconter à Napoléon l'anecdote telle qu'elle court le monde; mais elle fut rétablie dans sa vérité, à la p. 108 du t. IX, où se trouvent, pour cette édition, les *additions* et *corrections*. — Une autre anecdote plus gaillarde, où se trouve aussi un : *Vous m'en direz tant*, se passa entre Bautru et la reine Anne d'Autriche. *V.* à la Biblioth. nation., f<sup>s</sup> fr., n° 10, 436, un *recueil* ms., fol. 31.

1. *Œuvres choisies de Chamfort*, p. 96.
2. *Mémoires*, t. I<sup>er</sup>, p. 60.
3. *Nouveaux Mélanges*.

Horn au Régent. Leur grande autorité, ce sont les faux *Souvenirs de la marquise de Créqui* [1]. D'autres vous affirmeront, au contraire, que le mot n'appartient ni à M. de Brissac, ni à M. de Horn, mais à M. de Saint-Herem, qui le jeta comme un défi à la face du roi Philippe V. Qui le leur a dit? M. Alexandre Dumas, dans sa comédie des *Demoiselles de Saint-Cyr*, dont M. de Saint-Herem est, vous le savez, l'un des personnages, et dont le quatrième acte n'a pas de trait plus saillant que ce *mot* d'emprunt.

C'est ainsi que vous instruisent romans, drames et comédies historiques [2].

---

1. Édit. in-12, t. II, p. 28.
2. Parmi ces comédies, je n'en citerai qu'une au choix, *le Verre d'eau*, par M. Scribe, faite d'après une fausse anecdote qu'avait accréditée Voltaire dans son *Siècle de Louis XIV*. L'auteur dramatique a, comme toujours, enchéri sur l'erreur de l'historien par une foule d'inventions supplémentaires. Si peu qu'on aille au fond des choses, on trouve dans cet épisode de l'histoire d'Angleterre beaucoup de verres de vin, car la reine Anne, qui joue le principal rôle, buvait fort, mais pas un seul verre d'eau. Un Anglais, voyant la pièce, ne la comprit pas d'abord, pour cause d'invraisemblance. Il ne se crut au fait qu'à la scène où lady Marlborough est congédiée : pour lui, la disgrâce vint de ce que la favorite ayant pris la carafe pour la bouteille, aurait offert à la reine, au lieu d'un verre de vin, un verre d'eau ! A partir de ce moment, la comédie lui parut rai-

Il serait utile pourtant, lorsqu'on se veut orner l'esprit, qu'on ne prît pas moins de soin que lorsqu'il s'agit de se parer le corps. Va-t-on, si peu qu'on se respecte, se fournir chez les marchands de chrysocale ? Pourquoi donc, cherchant des parures pour son intelligence, s'adresse-t-on aux marchands de *faux* en histoire [1] ?

---

sonnable. (*V*., pour tout cela, *Nouvelles Lettres de la duchesse d'Orléans, mère du Régent*, p. 80; Agnès Stickland, *Lives of the queens of England*, t. XII, p. 250, 285, etc.; *Private correspondance of duchesse of Marlborough*, t. Ier, p. 301, et Eug Moret, *Quinze ans du règne de Louis XIV*, t. III, p. 160, 165.)

[1]. L'auteur des *Demoiselles de Saint-Cyr* mettait de l'amour-propre à remplacer la vérité par quelqu'une de ses inventions. Un jour que, pendant la grande popularité de son *Monte-Christo*, il visitait le château d'If, il se donna le plaisir de demander au concierge où était le cachot de Dantès. On le lui montra. Ayant voulu voir ensuite, la prison de Mirabeau et les restes du cercueil de Kléber, son guide lui répondit qu'il ne connaissait pas ces gens-là. « Ainsi, disait A. Dumas pour terminer l'anecdote, mon triomphe était complet. Non seulement j'avais créé ce qui n'était pas, mais j'avais anéanti ce qui était. »

## LII

L'on a douté quelquefois de la réalité du *mot* si chevaleresque, si français, c'est tout dire, que M. le comte d'Auteroches, lieutenant des grenadiers, adressa à lord Charles Hay et à ses gardes anglaises, le jour de la bataille de Fontenoy : *Messieurs les Anglais, tirez les premiers*. M. Alexis de Valon, quoiqu'il soit de ceux qui doutent, en a fait, dans un article de la *Revue des Deux-Mondes*[1], l'objet d'une chaleureuse digression tout à l'honneur des vaillantes vertus de l'ancienne armée de France. Quant à moi, je tiens le mot de M. d'Auteroches pour très authentique, surtout si on le ramène à

1. Numéro du 10ᵉ fév. 1851.

l'exacte réalité. Les deux troupes sont en présence. Lord Hay crie en s'avançant hors des rangs : « Messieurs les gardes françaises, tirez. » M. d'Auteroches alors va à sa rencontre, et le saluant de l'épée : « Monsieur, lui dit-il, nous ne tirons jamais les premiers ; tirez vous-mêmes [1]. »

Or, c'était de tradition dans l'armée : on laissait toujours, par courtoisie, l'avantage du premier feu à l'ennemi.

Ici la nation qui a établi cet usage chevaleresque n'a pas droit à moins d'honneur que l'officier qui l'a si bien mis en pratique.

M. d'Auteroches n'est pas célèbre que par ce

---

1. Le marquis de Valfons, dans ses *Souvenirs*, Paris, E. Dentu, 1860, in-18, p. 143, raconte ainsi le fait dont il avait été témoin : « Cet engagement se fit à distance si rapprochée que les officiers anglais, au moment d'arrêter leur troupe, nous saluèrent le chapeau à la main ; les nôtres ayant répondu de même à cette courtoisie, un capitaine des gardes anglaises, qui était lord Charles Hay, sortit de son rang et s'avança. Le comte d'Auteroches, lieutenant des grenadiers, se porta alors au-devant de lui. « Monsieur, dit le capitaine, faites donc tirer vos gens. — « Non, Monsieur, répondit d'Auteroches, nous ne tirons « jamais les premiers. » Et s'étant de nouveau salués, ils rentrèrent chacun à son rang. Le feu des Anglais commença aussitôt, et d'une telle vivacité, qu'il nous en coûta plus de mille hommes du coup, et qu'il s'ensuivit un grand désordre. »

*mot*-là. C'est lui qui dit encore, à propos du siège de Maëstricht, à quelqu'un qui prétendait que la ville était *imprenable* : « Ce mot-là, Monsieur, n'est pas français [1]. » C'est ce qu'on a dit depuis pour *impossible*.

---

1. Je doute cependant un peu de l'anecdote ; je ne la trouve que dans un livre assez peu sûr : *Paris, la Cour et les Provinces*, par Dugast-Dubois de Saint-Just (t. Ier, p. 6). Je n'ai pas la moindre confiance dans ce recueil, depuis que j'y ai trouvé (t. II, p. 53-54) certaine anecdote sur le mot ZESTE du *Dictionnaire* de Richelet, dont j'ai démontré sans peine la fausseté dans une note des *Variétés histor. et littér.*, t. IX, p. 20. — J'ajouterai que d'ailleurs l'anecdote sur *imprenable* courait avant M. d'Auteroches et le siège de Maëstricht. Dans un recueil ms. de la Biblioth. nation., fs fr., n° 10434, fol. 18, je la trouve attribuée au duc de Bourbon, en 1744, devant une place du Piémont.

## LIII

Je voudrais pouvoir admettre sans plus de conteste ce que l'on raconte du dévouement du chevalier d'Assas; malheureusement il faut que je laisse Grimm le discuter un peu.

La mémoire du chevalier n'y perdra presque rien; un brave soldat jusqu'ici inconnu y gagnera beaucoup, et de tout cela la vérité fera son profit. On n'aura donc pas à regretter d'avoir été quelque peu désenchanté, par la connaissance d'un fait nouveau, de l'opinion trop longtemps admise.

« J'étais au camp de Reimberg [1], dit Grimm [2],

---

[1]. Clostercamp, où l'affaire eut lieu, en est tout près.
[2]. *Mémoires inédits*, t. 1ᵉʳ, p. 188.

le jour du combat si connu par le dévouement d'un militaire français.

« Le mot sublime : « *A moi, Auvergne, voilà l'ennemi !* » appartient au valeureux Dubois, sergent de ce régiment; mais, par une erreur presque inévitable dans un jour de combat, ce mot fut attribué à un jeune officier nommé d'Assas. M. de Castries le crut comme tant d'autres; mais quand, après ce combat, il eut forcé le prince héréditaire à repasser le Rhin et à lever le siège de Wesel, des renseignements positifs apprirent que le chevalier d'Assas n'était pas entré seul dans le bois, mais accompagné de Dubois, sergent de sa compagnie. Ce fut celui-ci qui cria : « *A nous, Auvergne, c'est l'ennemi !* »

« Le chevalier fut blessé en même temps, mais il n'expira pas sur le coup, comme Dubois; et une foule de témoins affirmèrent à M. de Castries que cet officier avait souvent répété à ceux qui le transportaient au camp : « *Enfants ! ce n'est pas moi qui ai crié, c'est Dubois.* »

« A mon retour à Paris, continue Grimm, on ne parlait que du beau trait du chevalier d'Assas, et il n'était pas plus question de Dubois que s'il n'eût jamais existé. Je savais le contraire : je ne pus convaincre personne; et l'histoire, qui a recueilli ce fait, n'en consacrera pas moins une grave erreur de fait et de nom. »

On m'a fait bien des objections au sujet de cette citation de Grimm, et de ce qui s'y trouve réfuté. Ces *Mémoires inédits* sont apocryphes, m'a-t-on dit. Qui le prouve? Un passage de la *France littéraire* de Quérard, qui ne prouve rien. Mais, pour ce fait, ajoutent mes critiques, leur peu d'exactitude est évident : on fait dire à Grimm que, le 16 octobre 1760, il était au camp de Reimberg, tandis que, d'après sa *Correspondance*, il est hors de doute qu'à cette date il se trouvait à Paris. Je n'aurais rien à répondre, si je ne savais que cette partie de la *Correspondance* de Grimm n'est pas de Grimm, mais de Diderot et de Meister, et si, par une lettre de celui-ci qui a été récemment publiée [1], je n'avais appris qu'à la date en question, Diderot et Meister tenaient la plume pour Grimm, parce que Grimm faisait « un premier voyage en Saxe et en Prusse ». Or, où se trouve Reimberg ? Dans la Prusse rhénane. Je retourne donc la critique de mes critiques contre eux-mêmes, et je leur dis : Grimm ne pouvait être à Paris, mais à Reimberg. Qui l'y atti-

---

1. *Mémoires et Correspondance histor. et litter. inédits*, publiés par Ch. Nisard, 1858, in-18, p. 91.

rait ? La curiosité de voir un camp où commandait en chef M. de Castries que nous savons avoir été de ses amis [1]. Mes critiques ne sont pas à bout pour si peu ; ils ont trois points sur lesquels ils m'attaquent encore.

1º Si ce que dit Grimm était vrai, d'autres témoignages l'eussent confirmé, et il n'en existe aucun de ce genre. 2º Grimm prétend qu'à son retour à Paris, il tâcha de faire valoir la vérité et d'en convaincre tout le monde ; rien n'indique qu'il ait fait de pareils efforts. 3º M. de Rochambeau, dans ses *Mémoires*, a, lui aussi, raconté le fait, et avec d'autant plus d'autorité qu'il était alors colonel dans le régiment où servait d'Assas ; d'où vient donc que son récit, qui n'est pas, il est vrai, conforme à celui qui s'est le plus accrédité, diffère si fort de la version donnée par Grimm ?

Je vais répondre à tout cela.

Lorsqu'on vient nous dire que le récit de Grimm n'est confirmé par aucun autre, on se trompe : le chapitre X du livre II des *Mémoires* de Lombard de Langres [2] contient une relation du fait complètement identique. C'est de son père, engagé comme

---

1. *Correspondance et Mém.* de Diderot, t. I<sup>er</sup>, p. 400.
2. Tome I<sup>er</sup>, p. 330-334.

sergent-major par M. de Rochambeau, que Lombard en tenait tous les détails. « Moi aussi, disait le père à son fils, moi aussi j'étais soldat dans Auvergne! » Et il lui racontait comment on était entré, la nuit, dans le taillis pour y reconnaître l'ennemi; comment, dans cette reconnaissance, il était près de Dubois; comment il lui avait entendu crier : « A nous, Auvergne! » et comment enfin il pouvait attester que d'Assas, blessé à mort, répétait à ses soldats : « Enfants! ce n'est pas moi qui ai crié, c'est Dubois. » Lombard de Langres prend la parole après son père. « J'ai, ajoute-t-il, hésité de rendre ce fait public. J'ai prié un ami, M. Crêtu, employé au ministère de la guerre, de faire toutes les recherches possibles pour savoir s'il ne découvrirait point sur les registres du temps quelque indice qui pût jeter du jour sur un fait si remarquable; ses soins ont été infructueux. Ces registres sont muets [1]. »

---

1. M. Théodore Anne, dans l'avant-propos de son édition de l'*Histoire de l'ordre de Saint-Louis* par Alex. Mazas (t. I, p. VIII) constate lui-même l'absence de tout document, au ministère de la guerre, pour les époques antérieures à 1763. La mort des officiers sur le champ de bataille n'a pas même une mention; à plus forte raison celle d'un simple sergent, comme Dubois, dut-elle être oubliée.

Grimm nous a dit que ses réclamations en faveur de Dubois n'avaient pas été moins inutiles; de là vient qu'on a douté qu'il les eût faites. Si je ne me trompe, cependant, il en existe dans la *Correspondance* de Voltaire une sorte de trace, bien vague, bien effacée peut-être, mais que je ne puis me dispenser d'indiquer. Dans la première édition de son *Précis du règne de Louis XV*, Voltaire n'avait pu faire mention du trait de d'Assas. Le baron, frère du chevalier, et le major du régiment d'Auvergne lui écrivirent pour le prier de réparer cette omission, tout en omettant eux-mêmes de parler de Dubois.

Fier d'être pris « pour le greffier de la gloire [1] », c'est son *mot*, Voltaire se hâta d'écrire à M. de Choiseul et de lui parler du fait tel que le lui avaient conté dans leur lettre le frère et le major. Il avait surtout hâte de l'assurer que son oubli involontaire d'un trait digne de Décius serait réparé dans la belle édition in-4° qu'il préparait.

Elle parut peu de temps après, avec l'addition annoncée : des réclamations toutes différentes des premières ne se firent pas attendre. M. de Schomberg, dont Grimm avait élevé les enfants, et qui

---

[1]. *Lettre* à M. de Choiseul, du 12 nov. 1768.

était resté son ami, fut au nombre de ces nouveaux critiques. Nous n'avons pas sa lettre, mais on voit par la réponse de Voltaire que M. de Schomberg y parlait de d'Assas, et que, bien renseigné par Grimm, il s'étonnait des renseignements contraires à la vérité dont l'historien avait dû se servir. — « D'où vous sont venus ces détails ? Qui vous a dit tout cela ? » Voilà ce que semble avoir écrit M. de Schomberg, car Voltaire lui répond[1] : « Je n'ai fait que copier ce que le frère de M. d'Assas et le major du régiment m'ont mandé. »

Ce récit du baron d'Assas et du major est le même que Voltaire a conservé, en dépit des critiques, au chapitre XXXIII de son *Précis du règne de Louis XV*, et que nous connaissons tous. J'avoue qu'en raison de la source d'où il nous vient, ce récit ne manque pas d'autorité.

Si l'histoire tient compte de leur grade à ceux qui témoignent devant elle, un major doit être cru sur parole; mais à le prendre ainsi, un colonel doit mériter qu'on ajoute encore plus de foi à ce qu'il dit. Or, le colonel du régiment d'Auvergne, M. de Rochambeau, a parlé[2], et sa version n'est pas

---

1. *Lettre* du 31 oct. 1769.
2. *Mémoires militaires, histor. et polit.* de M. de Rochambeau, 1824, in-8º, t. I$^{er}$, p. 162-163.

d'accord avec celle du major, reproduite par Voltaire. Qui donc croire des deux ? Ni l'un, ni l'autre, du moins complètement : tel est mon avis.

Le témoignage du major, rendu de concert avec celui du baron d'Assas, ne me paraît pas des plus sûrs, parce qu'il n'est pas des plus désintéressés. Il cachait le désir d'une récompense qui fut en effet accordée à la famille, au mois d'octobre 1777, et cela suffit pour diminuer à mes yeux la sincérité des témoins. D'un autre côté, cette récompense civique ayant reporté, sans partage, sur le nom de d'Assas, la gloire de l'action héroïque, M. de Rochambeau pouvait-il, dans ses *Mémoires*, donner un démenti formel à l'ordonnance royale [1] qui en avait été la consécration ? Pour qui d'ailleurs eût-il fait ce démenti ? Pour la mémoire d'un pauvre sergent qui, pendant sa vie, n'avait guère compté aux yeux de son colonel, et qui, après sa mort, devait compter encore moins. M. de Rochambeau se contenta donc de relever dans le récit officiel, conforme à celui de Voltaire, quelques détails que le major n'aurait pas dû altérer [2]; mais, quoiqu'il n'oubliât

---

1. L'original existe dans la belle collection d'autographes de M. Ed. Dentu, qui a bien voulu m'en donner communication.

2. Un fragment de fort étonnants *Mémoires*, publié dans

pas la reconnaissance faite dans le taillis, il ne dit mot du sergent Dubois. Ce n'est pas pour moi une raison de douter de son héroïsme : loin de là.

Les ténèbres planent sans doute encore sur l'histoire de cette nuit célèbre, mais j'y vois cependant assez clair pour dire : C'est Grimm qu'il faut croire, et avec lui Lombard de Langres. Je le fais d'autant plus volontiers qu'ainsi nous avons deux héros pour un.

D'Assas perd la gloire du *mot*, mais il lui reste l'honneur insigne d'avoir déclaré qu'il ne lui appartenait pas, et d'avoir réclamé lui-même pour le soldat dont on lui prêtait la belle action. Il méritait qu'on l'écoutât mieux.

Voilà ce que nous avions écrit dans notre seconde édition. Depuis lors rien n'est venu détruire notre opinion, au contraire : un nouveau témoignage lui est arrivé en aide.

Le 12 juillet 1862, M. l'abbé Adrien de La Roque, arrière-petit-fils de Racine, à qui l'on doit la publication si intéressante des *Lettres inédites* de son aïeul, nous écrivit :

---

le *Bulletin du Bibliophile belge*, t. III, p. 130, contient sur ce fait une autre version assez peu différente de celle de M. de Rochambeau.

« Ce que vous avez dit de d'Assas dans votre livre de *l'Esprit dans l'histoire* est parfaitement vrai.

« Un de mes parents qui était officier supérieur au régiment d'Auvergne, à l'époque de la bataille de Clostercamp, a toujours raconté que le sergent Dubois seul avait eu le temps de crier : « A moi! »

## LIV

Louis-XVI, pas plus que son prédécesseur, ne possédait le don de la présence d'esprit et le secret de l'à-propos; mais lui, du moins, il avait conscience de son infériorité, et comme il savait aussi de quelle importance lui eussent été les qualités qui lui manquaient, il tâchait d'y suppléer.

Pendant quelque temps, il eut sous main une sorte de bel-esprit en titre d'office, un juré faiseur de *mots*, un homme qui, d'après l'air des circonstances où le roi aurait à se montrer, devinait ce qu'on pourrait lui dire, et improvisait ce qu'il aurait à répondre. Cet homme, c'était le marquis de Pezay [1], qui recevait pour cela du roi une pension

---

1. *V.* sur le rôle politique du marquis de Pezay, les

de 6,000 livres[1]. Louis XVI, aux grands jours, comptait sur lui, absolument comme le comédien sur son souffleur. Le prince de Ligne, je ne sais, il est vrai, d'après quelles données authentiques, nous fait connaître une des lettres-leçons que Pezay écrivit ainsi au roi, lettres dialoguées d'avance, contenant la demande et la réponse.

« Vous ne pouvez pas régner par la grâce, Sire, lui dit-il; — vous voyez qu'il parle en vrai maître, — la nature vous en a refusé; imposez par une grande sévérité de principes. Votre Majesté va tantôt à une course de chevaux; elle trouvera un notaire qui écrira les paris de M. le comte d'Artois et de M. le duc d'Orléans. Dites, Sire, en le voyant : « Pourquoi cet homme? faut-il écrire entre gen-« tilshommes? la parole suffit. »

« Cela arriva, dit le prince de Ligne. J'y étais. On s'écria : « Quelle justesse, et quel grand mot du « roi! voilà son genre[2]. »

---

Mémoires de Bezenval, t. Ier, p. 235 ; l'Espion anglais, t. IV, p. 388 ; l'Espion dévalisé, p. 69.

1. Rev. rétrospective, oct. 1834, p. 138-139.

2. Œuvres choisies du prince de Ligne, t. II, p. 288. Le rôle de Pezay cessa quand M. de Maurepas, qu'il voulait renverser par son influence auprès du roi, comme il avait renversé l'abbé Terray, se fut fait livrer sa correspondance

# CHAPITRE LIV

A une époque où l'esprit était tout, le bon sens presque rien; où un mot spirituel sauvait la sottise d'un fait; où l'on était charmé d'une révolution pourvu qu'elle fît dire de jolis *mots*[1], la précaution n'était pas mauvaise à prendre. Un roi de France pouvait tout se permettre, excepté de rester court. L'esprit était une des nécessités de son état; il lui en fallait quand même. Louis XV avait perdu une partie de sa popularité en ne prenant pas la peine d'en avoir ou de s'en faire fournir; Louis XVI pouvait risquer la sienne par une négligence semblable. L'expédient du marquis fut donc, à tout considérer, un moyen de bonne administration[2].

Ce n'était pas d'ailleurs la première fois qu'on y recourait pour nos princes. Nous avons vu Anne d'Autriche *soufflée* par Mazarin, et nous allons voir,

---

secrète. Madame Cassini, sœur de Pezay, et l'inspiratrice ordinaire de ce qu'il devait inspirer, avait confié une copie des lettres à M. de Maillebois, qui les livra lui-même à M. de Maurepas. Pezay fut exilé. (MM. de Goncourt, *la Femme au XVIIIe siècle*, 1862, in-8°, p. 441.)

1. Chamfort, *Œuvres choisies*, éd. A. Houssaye, p. 64.
2. Quand, à partir de 1789, Louis XVI fut obligé de prononcer des discours, on lui fit son éloquence, comme on lui avait fait son esprit. Garat fut un des pourvoyeurs. *V.* dans la *Revue contemporaine*, 15 décembre 1857, un article de M. Rathery sur l'*Armoire de fer*, p. 153.

avec Chamfort, Louis XV, lui aussi, malgré sa paresse, acceptant d'étudier un rôle et de l'apprendre, gestes et paroles : « Du temps de M. de Machaut, on présenta au roi le projet d'une cour plénière, tel qu'on a voulu l'exécuter depuis. Tout fut réglé entre le roi, madame de Pompadour et les ministres. On dicta au roi les réponses qu'il ferait au premier président, tout fut expliqué dans un mémoire, dans lequel on disait : «₀Ici, le roi prendra « un air sévère; ici, le front du roi s'adoucira; ici, « le roi fera tel geste, etc. » Le mémoire existe [1]. »

Que de choses perdues faute d'un mot dit à point! que d'inimitiés faute d'une bonne parole! La duchesse d'Angoulême n'avait pas plus que son père le don de l'à-propos. Elle n'aurait pas, elle non plus, pu régner par la grâce, comme disait Pezay Elle le savait, et de peur de ne pas bien dire, elle ne disait rien. Par malheur, son silence, mal interprété, faisait des mécontents. M. de Cha-

---

[1]. Chamfort, *Œuvres choisies*, édit. A. Houssaye, p. 46. — A la séance royale qui eut lieu au Parlement le 22 février 1723, dans laquelle Louis XV vint déclarer sa majorité, il fallut trois discours : l'un du roi, l'autre du régent, le troisième du premier président. Pour qu'il n'y eut pas désaccord, une même plume écrivit les trois discours : celle du président Hénault. (*V.* ses *Mémoires*, Paris, E. Dentu, 1855, in-8°, p. 61-62.)

teaubriand fut de ceux-là. Après la campagne d'Espagne, les ministres étaient venus complimenter la duchesse; elle eut pour tous un mot aimable; pour le ministre des affaires étrangères, Chateaubriand, elle n'eut qu'un sourire. Il s'en plaignit, et ses plaintes, bien naturelles, transmises par madame Récamier au duc de Montmorency, parvinrent jusqu'à la princesse, dont le duc était le chevalier d'honneur. Elle avoua son tort. « Mais que voulez-vous, dit-elle, M. de Chateaubriand n'est pas comme un autre. Un compliment banal ne lui suffit pas. Il faut lui parler sa langue ou se taire. J'ai cherché pour lui un mot heureux que je n'ai pas trouvé, et je me suis contentée d'un sourire, croyant qu'il lui exprimerait assez ma reconnaissance. »

« Cette justification, dit M. Ch. Brifaut[1], parut insuffisante au grand homme, qui n'en a pas moins prouvé, en toute occasion, son admiration profonde pour la première vertu du siècle. »

1. Œuvres, t. III, p. 78.

## LV

Me voici venu au temps de la Révolution. Il y aurait tout un livre à faire pour pousser comme il faut, à travers cette époque, la tâche que j'ai entreprise ; pour prendre un à un les faits et les mots, et, les passant au crible, y dégager la vérité du mensonge ; mais le moment d'un pareil travail n'est pas arrivé. Ce temps-là n'est pas encore mûr pour les historiens de notre génération. Le tableau est trop rapproché ; nous ne sommes pas au point, comme on dit, pour le bien voir, même dans ces petits détails que notre tâche à nous est d'examiner avec un soin minutieux.

« L'histoire, nous l'avons écrit quelque part, a la vue presbyte, elle voit mieux de loin que de près. » Or, ces temps ne sont pas encore assez éloignés pour qu'elle les puisse examiner comme il convient.

Nous ne pourrons que nous poser, en courant, quelques questions sur un petit nombre de faits et surtout de *mots* pris entre les plus fameux.

Barnave a-t-il vraiment dit, à la séance de l'Assemblée nationale du 23 juillet 1789, après le meurtre de Foulon [1], cette phrase atroce : « Le sang qui vient de se répandre était-il donc si pur ? » Oui, malheureusement. Rien, ni ce qu'il a lui-même écrit pour s'en justifier [2], ni ce que, par un effort de courageuse indulgence, M. Sainte-Beuve a tenté pour cela [3], rien ne pourra le laver du crime de cette

---

1. J'avais écrit que cette parole fut prononcée au sujet des massacres des colons de Saint-Domingue; c'était une erreur relevée avec raison par M. Eug. Despois (*l'Estafette*, 25 juillet 1857). La question des colonies ne donna lieu qu'à un *mot* resté célèbre, mais souvent altéré. On avait dit (séance du 15 mai 1791) que les mesures favorables aux noirs irriteraient les colons, et rendraient entre eux une scission imminente. « Si, dit un orateur, cette scission devait avoir lieu ; s'il fallait sacrifier l'intérêt ou la justice, *il vaudrait mieux sacrifier les colonies qu'un principe.* » Voilà le vrai *mot*. On l'a prêté souvent à Robespierre; c'est Dupont de Nemours qui l'a dit.

2. *Œuvres*, publiées par M. de Bérenger, t. I$^{er}$, p. 107.

3. *Causeries du Lundi*, t. II, p. 34.

parole inhumaine, qu'on lui répétait sans cesse, qui semblait être pour lui un stigmate indélébile[1], et dont, jusqu'au pied de l'échafaud, on lui fit un vivant remords.

« Le jour où il fut mené au supplice, lisons-nous sur l'un des rapports que les observateurs du Comité de sûreté générale rédigeaient tous les soirs, deux hommes d'un certain âge, assez bien vêtus, appuyés près d'une borne, entre un café et le corps de garde de la gendarmerie, près la grille de la Conciergerie, dans la cour du Palais, vis-à-vis l'escalier et en face de la fatale charrette, semblaient s'être mis là tout exprès pour apostropher Barnave; et, profitant d'un instant de huées pour n'être pas reconnus, ils lui dirent : « Barnave, le sang qui coule « est-il donc si pur?[2] »

On ne peut pousser plus loin la cruauté du reproche.

Dans un tout autre genre, Dieu merci! le *mot*

---

[1]. « J'ai vu depuis, dit-il (*Œuvres*, t. Ier, p. 108), beaucoup de gens qui, s'étant formé, sur ces deux mots, une idée complète de ma personne, s'étonnaient de ne trouver en moi ni la physionomie, ni le son de voix, ni les manières d'un homme féroce. »

[2]. *Memento, ou Souvenirs inédits*, 1838, in-12, t. II, p. 223-224.

célèbre de M. de Montlosier passe pour n'être pas moins authentique, et cela de l'aveu même de M. de Chateaubriand [1]. Il avoue bien qu'il *ratissa* quelque peu la phrase quand il la reproduisit, mais, en somme, il la déclare *vraie au fond*.

La voici. Que le style de l'auteur des *Martyrs* y ait ou non faufilé sa trame d'or, elle est fort belle :

« Si l'on chasse les évêques de leurs palais, ils se retireront dans la cabane du pauvre qu'ils ont nourri. Si on leur ôte leur croix d'or, ils prendront une croix de bois; c'est une croix de bois qui a sauvé le monde [2]. »

---

1. *Mémoires d'outre-tombe*, t. III, p. 235. — Mais ce qui mit le *mot* en relief, c'est la citation qui en fut faite dans le *Génie du Christianisme* (Marcellus, *Chateaubriand et son temps*, p. 107).

2. V. Montlosier, *Mém. sur la Révolution française*, t. I$^{er}$, p. 379, et la *Notice sur M. de Montlosier*, par M. de Barante, p. 10. — M. de Talleyrand, dans un de ses derniers entretiens avec M. Dupanloup, lui certifia que tout ce qu'on disait sur ce *mot* de Montlosier, et sur l'immense effet qu'il avait produit, était la vérité même. (*Biographie univers.*, supplément, t. LXXXIII, p. 341.)

## LVI

Le *mot* de Mirabeau à M. de Dreux-Brézé : *Allez dire à votre maître que nous sommes ici par la volonté du peuple, et que nous n'en sortirons que par la force des baïonnettes*[1], a longtemps été regardé comme étant d'une authenticité à toute épreuve. Une petite

---

1. A propos de la *baïonnette*, dont le P. Daniel disait (*Milice françoise*, liv. VI, ch. v) qu'il ne savait ni quand ni où elle avait inventée, permettez-moi de vous rappeler, en passant, que son nom ne vient pas, comme on le dit partout, de celui de la ville de Bayonne, mais du diminutif espagnol *bayneta*, petite gaine. *V.* notre *Chronique* de la *Patrie*, n° du 27 mai 1859; le *Magasin pittoresque*, t. IX, p. 151-152. *V.* aussi *l'Intermédiaire*, t. II, p. 452, 598. — Le *mot* le plus célèbre qu'on ait dit sur cette arme est celui-ci : « La balle est folle, la baïonnette est un héros. » Il se trouve dans la *Proclamation de Souwarow aux armées*

discussion soulevée à la Chambre des pairs, le 10 mars 1833, au sujet de la pension à décerner aux vainqueurs de la Bastille, a tout à coup amené des révélations qui ont un peu modifié la scène, et dont les paroles du grand orateur, qui en étaient le coup de théâtre, se sont elles-mêmes un peu ressenties. Le *Moniteur* raconte ainsi ce court mais très curieux débat :

« M. VILLEMAIN.... Il y a quarante-deux ans, M. le marquis de Dreux-Brézé, appuyant et répétant un ordre imprudent qui avait été suggéré au vertueux et infortuné Louis XVI, prescrivait à l'Assemblée nationale de se dissoudre et de se séparer en trois ordres, et de ressusciter ainsi un passé qui allait disparaître à jamais. Vous savez les terribles et foudroyantes paroles qui furent alors prononcées par un grand orateur...

« M. LE MARQUIS DE DREUX-BRÉZÉ. Je vous remercie.

« M. VILLEMAIN. Vous savez les paroles qui furent prononcées alors : « Allez dire à votre maître « que nous sommes ici par la volonté du peuple... »

---

*russes en 1796. V.* la traduction qu'en a donnée, d'après la version anglaise, M. de Montalivet, dans la *Revue de Paris*, 2ᵉ année, t. XIII, p. 232.

Je n'achève pas. Le jour où ces paroles furent prononcées, Messieurs, l'insurrection commençait et la Bastille était prise.

« M. LE MARQUIS DE DREUX-BRÉZÉ. J'ai dit que je remerciais M. Villemain d'avoir parlé de la séance dans laquelle mon père fut en présence de Mirabeau, et voici pourquoi je l'ai remercié : c'est parce que depuis longtemps je désirais que l'occasion se présentât de rectifier ce fait. Mon père, au retour de Louis XVIII, lui demanda la permission de le faire. Ce roi législateur, si sage, si modéré, lui demanda de ne pas le faire, et mon père s'y soumit par respect pour une si auguste volonté. Voici comment la chose se passa.

« Mon père fut envoyé pour demander la dissolution de l'Assemblée nationale. Il y arriva couvert, c'était son devoir, il parlait au nom du roi. L'Assemblée qui était déjà dans un état d'agitation trouva cela mauvais. Mon père, en se servant d'une expression que je ne veux pas rappeler, répondit qu'il resterait couvert, puisqu'il parlait au nom du roi. Mirabeau ne lui dit pas : *Allez dire à votre maître...* J'en appelle à tous ceux qui étaient dans l'Assemblée et qui peuvent se trouver dans cette enceinte ; ce langage n'aurait pas été admis.

« Mirabeau dit à mon père : « NOUS SOMMES ASSEM-

« BLÉS PAR LA VOLONTÉ NATIONALE, NOUS NE SOR-
« TIRONS QUE PAR LA FORCE. » Je demande à M. de
Montlosier si cela est exact [1]. Mon père répondit à
M. Bailly : « Je ne puis reconnaître dans M. Mira-
« beau que le député du bailliage d'Aix, et non l'or-
« gane de l'Assemblée. » Le tumulte augmenta, un
homme contre cinq cents est toujours le plus faible ;
mon père se retira. Voilà, Messieurs, la vérité dans
toute son exactitude [2]. »

Un autre des grands effets oratoires de Mirabeau,
cette belle phrase sur un fait mensonger [3] qu'il dit
dans la séance du 13 avril 1790 : « Je vois d'ici
cette fenêtre.... d'où partit l'arquebuse fatale qui a
donné le signal du massacre de la Saint-Barthélemy,
etc., » est un vol qu'il fit à Volney, bon écrivain,

---

1. D'après le compte rendu du *Journal des Débats* du même jour (10 mars 1833), M. de Montlosier fit un signe affirmatif. — Les *Mémoires* de Bailly, publiés en 1804 (t. I<sup>er</sup>, p. 216), ne rapportent les paroles de Mirabeau, ni comme on les répète ordinairement, ni comme elles sont reproduites ici. Les *Éphémérides* de Noël, au contraire (juin, p. 161), consacrent dès 1803 la version donnée par M. de Dreux-Brézé.

2. On a repris dans *l'Intermédiaire*, t. II, p. 74, 126, 275, le débat sur cette affaire, mais sans rien en faire sortir de nouveau, qui contredise la déclaration de M. le marquis de Dreux-Brézé à la Chambre des pairs.

3. *V.* plus haut, p. 192-204.

mauvais diseur, et, selon un pamphlet du temps, « l'un des plus éloquents orateurs *muets* de l'Assemblée nationale[1]. » Ces sortes d'emprunts, avec consentement du prêteur, étaient alors assez fréquents ; Mirabeau, plus que personne, y trouva son compte.

« Il avait un esprit très distingué, mais il lui préféra toujours celui des autres. Il avait une aptitude particulière à s'en emparer, et savait très-bien le rendre sien, en lui donnant sa couleur[2]. »

Chamfort fit presque tous ses discours, notamment, en sa qualité d'académicien, celui qui attaque si violemment les académies. Mirabeau, en échange, appelait Chamfort son *cher philosophe*[3]. Ce fut, en cela, son seul salaire, sa seule gloire.

Sieyès dut à M. de Lauraguais[4] le titre, c'est-à-dire tout l'effet de la brochure qui fit sa fortune sé-

---

1. Sainte-Beuve, *Causeries du Lundi*, t. VII, p. 323. — V. aussi Fortia de Piles, *Préservatif contre la Biographie nouvelle des contemporains*, n° 5, p. 43.

2. *Anecdotes sur les principaux personnages de la Révolution*, à la suite des *Mémoires* attribués à Condorcet, 1824, in-8°, p. 319.

3. *Anecdotes inédites de la fin du* XVIIIe *siècle*, Paris, 1801, in-12, p. 34.

4. *Lettres de L.-B. Lauraguais à madame \*\*\**, an X, in-8°, p. 161-162.

ditieuse, comme disait M. de Vaisne : *Qu'est-ce que le Tiers-État ? Rien ! Que doit-il être ? Tout !*

M. de Talleyrand prit à H.-C. Guilhe, ancien directeur de l'École royale des sourds-muets de Bordeaux, le rapport sur l'instruction publique qu'il lut à l'Assemblée nationale, et qu'il imprima ensuite sous son nom [1].

On s'entre-tuait si souvent alors ! on pouvait bien se voler quelquefois. D'ailleurs le fameux axiome, rajeuni pour une autre révolution, n'était-il pas trouvé déjà ? Brissot n'avait-il pas écrit dès 1780 : *La propriété* exclusive *est un vol* dans la nature [2]. »

---

1. Quérard, *Supercheries littéraires dévoilées*, t. IV, p. 441-442.

2. *Recherches philosophiques sur le droit de propriété et sur le vol considéré dans sa nature*, etc. (Biblioth. philosoph. des législateurs, t. VI.) — Un bel esprit qui avait eu en communication les lettres autographes de Vauvenargues, n'avait que trop usé de ce droit plagiaire. D'après une note, écrite par M. de Villevieille, sur l'un des autographes du moraliste qui font partie de la riche collection de M. Ed. Dentu, « ce curieux d'esprit se faisait honneur de celui de Vauvenargues, et encadrait de ses phrases dans ses lettres particulières. » On ne revoyait plus les autographes qu'il pillait ainsi. Un grand nombre de lettres de Vauvenargues à M. de Villevieille, père de celui qui a écrit la note, n'ont pas été perdues autrement.

## LVII

J'avais souvent entendu dire[1] que Prudhomme avait pris dans une des plus véhémentes *mazarinades* la fameuse devise de son recueil *les Révolutions de Paris* : « Les grands ne sont grands que parce que nous sommes à genoux; relevons-nous. » Je me mis en quête, et je finis par découvrir, mais sans être fort satisfait de la découverte. Je n'avais pas trouvé le voleur au gîte. Je ne tenais qu'une imitation indécise au lieu du plagiat bien conditionné qu'on m'avait promis. Jugez-en. Montandré a dit, dans son pamphlet bizarre, au titre plus bizarre en-

---

1. *V.* Henri Martin, *le Libelliste*, Paris, 1833, introd., p. VI, et le *Catalogue de la biblioth. Soleinne*, t. I<sup>er</sup>, p. 287, n° 1264.

core : *le Point de l'Ovale* : « Les grands ne sont grands que parce que nous les portons sur nos épaules ; nous n'avons qu'à les secouer pour en joncher la terre [1]. » Comparez avec l'épigraphe de Prudhomme, et vous verrez qu'il n'y a rien là qui vaille la peine que l'on crie au voleur.

En fait de *mots*, il y en eut alors beaucoup plus de prêtés que de trouvés. On a donné celui ci à Le Pelletier Saint-Fargeau tombant sous le couteau du garde du corps Pâris : « Je meurs content, je meurs pour la liberté de mon pays ; » et sûrement, de l'aveu de ceux qui assistèrent à son agonie, il n'a rien dit [2].

« On fit tenir à l'homme expirant, dit Mercier [3], des paroles qui ne furent jamais prononcées. »

A ce propos, je vous dirai en passant : Défiez-vous des *mots* prêtés aux mourants. La mort n'est point bavarde : un soupir, un regard noyé dans les ombres suprêmes, un geste de la main se portant vers le cœur, quelques paroles confuses, mais surtout sans déclamation, voilà seulement ce qu'elle permet à ceux qu'elle a frappés.

---

1. Moreau, *Bibliographie des Mazarinades*, t. Ier, p. 31 ; Rathery, *Athenæum*, 12 février 1853.
2. *V.* un article de G. Duval, *Revue du XIXe siècle*, 9 février 1840, p. 348.
3. *Le Nouveau Paris*, t. Ier, p. 162.

On sait maintenant d'une façon certaine que Desaix à Marengo ne dit rien et ne put rien dire [1], et que les dernières paroles de Lannes à Essling ne furent pas celles qu'on croit [2].

On n'est plus dupe du « léger badinage » que, suivant M. Thiers [3], Napoléon aurait mêlé à ses dernières paroles, en disant : « Je vais rejoindre Klé-

---

1. « Desaix, dit le duc de Valmy, tomba, non pas blessé à la tête d'un coup mortel, comme le dit W. Scott, mais d'une balle dans la poitrine qui traversa le cœur entier, et sortit par le dos. C'est alors que la division Desaix plia, et que les colonnes autrichiennes passèrent sur le corps du général qui ne fut retrouvé que longtemps après la bataille. » (*Hist. de la campagne de 1800*, 1854, in-8°, p. 188.) Comment alors aurait-il pu prononcer un seul mot? Il ne dit donc rien, ainsi que l'affirme de son côté le duc de Raguse, qui, sur ce point, n'a pas été démenti. (*Mémoires*, t. II, p. 137.)

2. Fortia de Piles, *Préservatif contre la Biographie nouvelle des contemporains*, n° 4, p. 96. V. surtout un excellent article de M. Villemain, *Revue des Deux-Mondes*, 15 avril 1857, p. 904. On y trouve les vraies paroles du maréchal Lannes à Napoléon : « Au nom de Dieu, Sire, faites la paix pour la France, moi je meurs. » Il n'eût pas été prudent d'insérer de pareils mots dans le *Moniteur* ; aussi, comme pour Desaix, en supposa-t-on d'autres : « Sire, je meurs avec la conviction et la gloire d'avoir été votre meilleur ami. » Par ces paroles prêtées à l'un de ses fidèles, Napoléon protestait contre les amitiés qu'il sentait défaillir ou qui l'abandonnaient déjà.

3. *Histoire du Consulat et de l'Empire*, t. XX, p. 705.

ber, Desaix, Lannes, Masséna, Bessières, Duroc, Ney !... Ils viendront à ma rencontre.... Nous parlerons de ce que nous avons fait.... A moins que là-haut, comme ici-bas, on n'ait peur de voir tant de militaires ensemble [1]. » On a cessé de croire au *mot* de Joseph de Maistre mourant : « Je m'en vais avec l'Europe [2]. » On a ramené à sa simple expression le dernier cri de Goëthe : « De la lumière, encore plus de lumière [3] ! » Enfin l'on a supprimé de l'histoire tout l'esprit que Louis XVIII aurait eu à sa mort, qui fut, comme la plupart, des plus muettes [4].

Mais revenons aux scènes de la Terreur.

Le *mot* de l'abbé Edgeworth à Louis XVI prêt à

---

[1]. Ce « léger badinage » est l'invention d'un littérateur français, « qui a cru bien faire en embellissant ainsi la relation des derniers moments de Napoléon. » (*Napoléon et son historien M. Thiers*, par J. Barni. Genève, 1865, in-18, p. 353.) M. Barni ajoute en note : « C'est ce qui m'a été affirmé de la manière la plus positive par un témoin parfaitement digne de foi; mais que je n'ai pas le droit de nommer: »

[2]. « Le comte Rodolphe son fils, dans la *Vie* qu'il a donnée de son père, ne fait pas mention de l'anecdote. » (*Revue de Genève*, août 1851, p. 556.)

[3]. Il dit en se tournant vers sa servante : « Approchez la chandelle: »

[4]. *V.* plus bas, p. 417-418.

mourir : *Fils de saint Louis, montez au ciel!* est un *mot* prêté. C'est Charles His[1], rédacteur du journal *le Républicain français*, qui passa pour l'avoir inventé le soir de l'exécution[2].

Il courut bientôt tout Paris[3]. Le pauvre abbé

---

1. C'est le même qui se vanta d'avoir le premier, c'est-à-dire même avant la ville d'Orléans, qui lui en disputa l'honneur, demandé que la fille de Louis XVI, prisonnière au Temple, fût rendue à la liberté. Sous la Restauration, tant de royalisme méritait récompense : on parla d'anoblir l'ancien rédacteur du *Républicain français*. Le voyez-vous s'appelant Charles d'His, comme le roi ! Il n'osa pas. Son fils, plus hardi, n'a pas, dit-on, reculé devant la particule, quoiqu'il eût le même prénom que son père, et que l'équivoque fût ainsi toujours possible.

2. Charles de Lacretelle, dans son ouvrage *Dix années d'épreuves*, 1842, in-8°, p, 134, dit qu'il fut le premier à citer le *mot* dans le récit qu'il fit de l'exécution pour un journal, « alors presque le seul où respirât de l'intérêt pour l'auguste victime ». Ce journal ne serait-il pas *le Républicain français?* et ne serait-ce pas pour cela que le *mot* fut attribué à Ch. His, qui, après sa sortie du *Moniteur*, avait fondé cette feuille où l'on combattait énergiquement les principes de la Terreur ? J'ajouterai, et sur bonnes preuves, que Ch. de Lacretelle, moins discret dans l'intimité que dans son livre, se déclarait franchement l'auteur du *mot*. S'il l'avait cité le premier, comme le disent ses *Dix années d'épreuves*, c'est qu'il eût été impossible que personne le citât avant lui !

3. A l'endroit déjà cité, Lacretelle dit que l'article où se trouvait le *mot* « fut généralement copié et traduit en plusieurs langues ». Il y eut toutefois des variantes. Ainsi,

fut l'un des derniers à apprendre..... qu'il l'avait dit.

Il fut souvent questionné à ce sujet. Le comte d'Allonville [1], l'ancien ministre marquis Bertrand de Molleville, qui en parle dans son *Histoire de la Révolution* [2], M. de Bausset [3], lord Holland [4], trom-

---

dans le n° 192 des *Révolutions de Paris* du 9 au 16 mars 1793, le *mot* est ainsi reproduit : « Allez, fils aîné de saint Louis, le ciel vous attend. »

1. *V.* ses *Mémoires secrets*, 1838, in 8°, t. III, p. 159-160, et les *Causeries d'un curieux*, par M. Feuillet de Conches, t. III, p. 416.
2. T. X, p. 429.
3. *Revue Rétrosp.*, 2° série, t. IX, p. 458.
4. « Ce mot, écrit lord Holland, est une complète fiction. L'abbé Edgeworth a avoué franchement et honnêtement qu'il ne se rappelait pas l'avoir dit. Ce mot a été inventé dans un souper, le soir même de l'exécution. » (*Souvenirs diplomatiques* de lord Holland, trad. de l'anglais, 1851, in-12, p. 254.) — Au moment où Louis XVI résistait pour qu'on ne lui liât pas les mains, l'abbé Edgeworth avait dit seulement : « Sire, c'est encore un sacrifice que vous avez à faire pour avoir un nouveau trait de ressemblance avec votre divin modèle. » Ces paroles, reproduites presque textuellement dans la lettre que Sanson fit insérer le 21 février 1793 dans le *Thermomètre politique*, journal de Dulaure, en réponse à l'indigne récit qui y avait paru, se trouvent, telles que nous les donnons, dans la lettre que la sœur de l'abbé Edgeworth écrivit le 10 février 1793 à l'une de ses amies, et qui a été publiée dans le *Dutensiana*, p. 213-218. Le *mot* prêté au courageux abbé ne se trouve

pés par le bruit public, lui demandèrent sérieusement s'il avait ou non prononcé cette belle parole, et à tous il répondit que la pensée en était certainement dans son cœur, mais que, troublé comme il l'était, il n'avait pas dû en trouver la sublime formule. Enfin il ne se souvenait pas d'avoir rien dit.

Et qui donc aurait pu garder un souvenir certain en pareille circonstance? La mémoire ne survit pas à ces ivresses de sang et d'épouvante.

« J'y étois, dit Mercier dans un de ses meilleurs

naturellement pas dans cette lettre qui n'omet pourtant aucune des circonstances du supplice. « Mon ami, dit mademoiselle Edgeworth, qui appelle ainsi son frère, se tint toujours auprès de lui (le roi). Il reçut ses derniers soupirs, et il n'est pas mort de douleur, il ne s'est même pas évanoui ; il eut même la force de se mettre à genoux et de ne quitter que lorsque ses habits furent teints du sang de cette tête sacrée, que l'on promenait sur l'échafaud, aux cris de : Vive la nation! » Mademoiselle Edgeworth parle aussi du roulement de tambours qui couvrit la voix du roi, et, comme tout le monde, elle en attribue l'ordre à Santerre ; mais il paraît prouvé que ce n'est pas lui qui le commanda. Mercier (*Nouveau Paris*, t. III, p. 6) dit que c'est l'acteur Dugazon. Selon M. Carro (*Notice sur Santerre*), ce serait le général Berruyer, qui même s'en serait vanté ; d'autres veulent que ce soit Beaufranchet d'Ayat, ancien page de Louis XVI, et, disait-on, bâtard de Louis XV et de Morphise, la danseuse. C'est peut-être l'opinion la plus probable. *V.* Bertrand de Molleville, t. X, p. 430, et le *Catalogue des autogr.* de M. Guilb. de Pixérécourt, n° 867.

chapitres [1], et je n'ai jamais pu savoir où j'étois ; c'est-à-dire comprendre, ou le péril où je me trouvois, ou toutes les singularités qui m'environnoient.

« J'ai vu, ajoute-t-il, porter la tête de Féraud, et je ne puis rendre compte de son assassinat [2].

1. *Nouveau Paris*, t. VI, p. 141-142.
2. Longtemps personne ne put savoir la vraie cause de ce meurtre, résultat d'une erreur de nom. Voici ce que je trouve, à ce sujet, dans les notes autographes du baron de Boissy d'Anglas sur les principaux événements de la vie politique de son père, qui présidait, comme on sait, cette terrible séance de la Convention : « Un adjudant général, nommé Fox, qui était de service auprès de la Convention, vint annoncer à M. de Boissy que les attroupements s'augmentaient d'une manière inquiétante, et lui demanda ses ordres ; M. de Boissy les lui donna par écrit et de sa main : ils portaient de repousser la force par la force. Au moment où on lui présenta la tête de Féraud, que l'on disait être celle de Fréron, il crut que l'on venait de nommer Fox ; pensant alors qu'on allait trouver sur cet officier général les ordres ci-dessus, M. de Boissy se crut totalement perdu, et, résigné à subir le même sort, il salua religieusement cette tête sanglante. » Il y avait en effet un complot contre Boissy d'Anglas. Une femme, Carle Migelly, avoua devant la Convention qu'elle était venue à l'Assemblée, ainsi que bien d'autres, avec l'intention de l'assassiner. M. L. Montigny possédait son *ordre d'incarcération*. Il avait aussi celui du nommé Martin Tacq, « prévenu d'avoir porté au bout d'une pique la tête du représentant du peuple Féraud ». V. *Catalogue* de sa collection d'autographes, 1860, in-8°;

« J'ai vu Henriot commander aux canonniers, et je ne sais par quel chemin je me suis trouvé libre et chez moi.

« J'ai appris la victoire du 13 vendémiaire, lorsque, sur ma chaise curule, je ne savois pas encore s'il y avoit eu bataille.

« J'ai couru le palais du Luxembourg, le 18 fructidor, sans connaître l'importance de cette journée.

p. 384. — Un mot encore, ou plutôt une anecdote, qui fera ressortir tout ce qu'il y eut de modestie dans le courage de Boissy d'Anglas en cette circonstance. « Quelque temps après cette terrible séance, dit M. Saint-Marc Girardin, il montrait à M. Pasquier et à quelques amis la salle de la Convention, et leur expliquait sur les lieux la scène du 2 prairial : « Étant monté, avec lui, sur l'estrade du
« fauteuil du président, disait M. Pasquier, j'aperçus au
« fond de cette estrade une porte que je n'y avais point
« encore vue. Qu'est-ce donc que cette porte nouvelle ?
« lui dis-je. — Oui, vous avez raison, dit tout haut
« M. Boissy d'Anglas, elle n'est percée et ouverte que depuis
« peu de jours, *et bien heureusement peut-être pour ma gloire.*
« Car, qui peut savoir ce que j'aurais fait, si j'avais eu der-
« rière moi cette porte prête à s'ouvrir pour ma retraite ?
« Peut-être aurais-je cédé à la tentation. » Voilà bien, ajoutait M. Pasquier, le mot d'un vrai brave ! Il avoue sans rougir que la peur est possible à l'homme. Il n'y a que ceux qui se croient capables d'être faibles qui ne le sont pas, et il n'y a aussi que ceux-là qui sont indulgents pour les faibles. » (*Journal des Débats*, 22 août 1862.)

« Je n'ai jamais cru à l'audace insolente et sanguinaire des Montagnards, parce que j'étois près d'eux....

« Tout est *effet d'optique;* il est impossible de se figurer ce qui est. »

## LVIII

On a prêté à l'abbé Maury, sinon plus d'esprit qu'il n'en eut, du moins plus de *mots* qu'il n'en dit [1]; de même pour l'abbé Sieyès, dont le laconisme proverbial est presque devenu du bavardage, tant le mensonge l'a fait parler dans l'histoire. Ce qu'il y a de pis, c'est que souvent il n'a gagné que de l'odieux, à tous ces *mots* supposés.

---

1. Un des meilleurs est authentique : « Aux traits déjà cités, dit Arnault, dans la notice excellente qu'il lui a consacrée, j'ajouterai celui-ci ; je le tiens de la personne qui s'y trouve compromise : « Vous croyez donc valoir beau-« coup ? » dit à Maury, dans un moment d'humeur, cet homme qui valait beaucoup lui-même. « Très peu quand « je me considère, beaucoup quand je me compare, » répondit vivement Maury. » (*Œuvres de A.-V. Arnault*, Mélanges, p. 431.)

Son fameux vote au jugement de Louis XVI : *La mort sans phrase*, est un des prêts que l'esprit des nouvellistes ou des folliculaires s'est trop empressé de lui faire ; prêts forcés, mais non gratuits, car la réputation de celui à qui l'on en impose la charge en paye chèrement les intérêts. Sieyès pourtant ne craignait pas de repasser sur ces particularités supposées et parasites de son existence politique ; il les réfutait sans humeur.

« Il revenait avec quelque plaisir, dit M. Sainte-Beuve, sur ses anciens jours, et y rectifiait quelques points de récits qui appartiennent à l'histoire.

« Le premier, disait-il, qui a crié *Vive la nation!*
« et cela étonna bien alors, ce fut moi[1]. »

---

1. « En pleine Terreur, dit M. Clément de Ris, l'abbé Sieyès, corrigeant l'épreuve d'un panégyrique dans lequel il défendait sa vie politique, vit ces mots si terribles alors : J'ai *abjuré* la République, au lieu de : j'ai *adjuré*. « Mal-
« heureux ! dit-il à l'imprimeur, voulez-vous donc m'en-
« voyer à la guillotine ? » (*Revue franç.*, 20 oct. 1855, p. 21.) Ceci rentre dans la catégorie des faits et des *mots* dont une faute d'impression est l'origine, et parmi ceux aussi qui sont nés d'un contre-sens, comme la fameuse parole d'Alfred le Grand : « Je veux laisser mes Anglais aussi libres que leur pensée. » (*V.* G. Guizot, *Études sur Alfred le Grand et les Anglo-Saxons*, et un article de M. Édouard Thierry, dans le *Moniteur* du 26 août 1856.) — La phrase : *C'est ici le chemin de Byzance*, que Catherine II aurait, dit-

« Il niait avoir prononcé les paroles qu'on lui prête après le 18 brumaire : « *Messieurs, nous avons un maître; ce jeune homme fait tout, peut tout, et veut tout.* » Le *mot*, d'ailleurs, est beau et digne d'avoir été prononcé. Mais il dit seulement à Bonaparte, qui lui demandait pourquoi il ne voulait pas rester consul avec lui, et qui insistait à lui offrir cette seconde place : « Il ne s'agit pas de consuls, et je ne veux pas être votre aide de camp. »

« Il niait aussi avoir prononcé, dans le jugement de Louis XVI, ce fameux mot : *La mort sans phrase;* il dit seulement, ce qui est beaucoup trop : *La*

---

on, trouvée écrite à chaque coin de route, lors de son voyage en Crimée, comme l'espérance d'une conquête, est dans le même cas. Nous avons prouvé ailleurs que c'est la traduction abrégée et à contresens d'une inscription grecque placée à Kherson, sur un arc de triomphe, et mal comprise par l'ambassadeur anglais, M. Fitzherbert. (*V. l'Illustration*, 22 juillet 1854, p. 55.) — En fait de contresens de mots qui ont amené de grosses erreurs d'histoire, je n'en sais pas de plus curieux que celui d'Aug. Thierry dans la vingt-quatrième de ses *Lettres sur l'histoire de France*. Il y prend une table brisée pour une proclamation déchirée, et fait sortir de là toute la révolution de la commune de Vézelay. M. Guizot, qui, dans ses *Mém. relatifs à l'hist. de France* (t. VII, p. 192), avait traduit *tabula* par *affiche*, était le premier coupable. (*V.*, à ce sujet, un excellent travail de M. Léon de Bastard, *Biblioth. de l'École des Chartes*, 3ᵉ série, t. II, p. 361.)

*mort*. Il supposait que quelqu'un s'étant enquis de son vote, on aurait répondu : *Il a voté la mort sans phrase*, ce qui a passé ensuite pour son vote textuel [1].

« Il a dû regretter ce vote fatal, sans lequel il aurait eu le droit, en effet, de dire ce qu'il écrivait à Rœderer dans l'intimité : « Vous me connaissez, « vous ne m'avez jamais vu prendre part au mal; « vous m'avez vu quelquefois prendre part au bien « qui s'est fait [2]. »

1. Nous tenons de M. de Pongerville que Du Festel, l'un des votants (*Réimpression du Moniteur*, t. XV, p. 169-208), lui avait souvent dit que l'erreur venait du sténographe de la Convention. Avant le vote de chacun des membres, il avait eu à consigner quelque petit discours justificatif. Sieyès presque seul ne dit rien que : *La mort*. Le sténographe, pour constater ce laconisme exceptionnel, mit sur sa copie, entre parenthèse : (*sans phrase*). De là l'erreur, encore une fois. — Un jour, M. Anglès avait prêté à M. Sieyès le cinquième volume du *Censeur européen*, où le mot : *La mort sans phrase* était répété. Il le lui rendit après avoir mis en marge : *C'est faux, voir le* Moniteur *de l'époque*. En effet, ayant consulté le *Moniteur* du 20 janvier 1793, nous avons trouvé le vote du laconique député de la Sarthe, désigné ainsi (p. 105) : « SYEYES (sic). La mort. »

2. Pourquoi en effet, au lieu d'avoir à se justifier de sa façon de voter, n'a-t-il pas eu à se justifier de son vote même, comme l'abbé Grégoire, si souvent traité à tort de régicide, et qui si souvent se disculpa vainement de l'avoir

« Il s'indignait qu'on attribuât à ce mot : *J'ai vécu*, qu'il avait dit pour résumer sa conduite sous la Terreur, un sens d'égoïsme et d'insensibilité qu'il n'y avait pas mis[1]. »

Le *mot* de Favras, disant au greffier, après avoir lu son arrêt de mort : *Vous avez fait, Monsieur, trois fautes d'orthographe*, passe pour très vrai. Mais c'est probablement ce qui importa le moins à M. V. Hugo lorsqu'il en fit un vers de sa *Marion Delorme*[2]. Pour

---

été ? Malgré ses protestations, telle qu'une lettre du 4 octobre 1820, analysée dans le *Catalogue d'autographes* du 15 avril 1854, p. 42; malgré les livres qui protestèrent pour lui, telle que la *Biographie des contemporains* par Rabbe et Boisjolin, t. II, p. 1946, l'erreur ne s'est pas arrêtée. Il y a quelque temps, elle trouvait un dernier mais redoutable écho dans les *Mémoires pour servir à l'histoire de mon temps*, par M. Guizot, t. I, p. 233.

1. « Lorsqu'un de ses amis, dit M. Mignet, lui demanda plus tard ce qu'il avait fait pendant la Terreur : « Ce que « j'ai fait, lui répondit M. Sieyès, *j'ai vécu*. » Il avait, en effet, résolu le problème le plus difficile de ce temps, celui de ne pas périr. » (*Notices historiques*, in-8°, t. I<sup>er</sup>, p. 81.) — Le mot *arrière-pensée* est, a-t-on dit (*Magasin pittor.*, t. VIII, p. 87), un néologisme de l'abbé Sieyès. La chose était si bien dans son caractère qu'on a cru que lui seul pouvait avoir créé le mot ; erreur encore ; il se trouve déjà dans ce vers très vrai du *Dissipateur* de Destouches (acte V, sc. IX) :

Les femmes ont toujours quelque *arrière-pensée*.

2. Acte V, sc. VII.

qu'il le trouvât digne d'être mis dans la bouche de Saverny allant au supplice, il lui suffit que ce fût un *mot* d'un héroïsme à effet. Nous trouvons, mise en alexandrins, dans la même pièce [1], la phrase sur la soutane rouge de Richelieu, dont nous avons déjà prouvé le mensonge [2].

Cette boutade spirituelle de Saverny [3] :

Donc vous me succédez..... un peu, sur ma parole,
Comme le roi Louis succède à Pharamond,

n'est que la traduction versifiée d'un *mot* dit à Louis XV, se décidant à avouer qu'il *succédait* peut-être à Saint-Foix dans les bonnes grâces de la Du Barry : « Oui, répliqua quelqu'un, comme Votre Majesté succède à Pharamond ! »

Un vers plus remarqué de *Marion Delorme* est celui-ci [4] :

LE ROI (*à l'Angely*).

Pourquoi vis-tu ?

L'ANGELY.
*Je vis par curiosité.*

Très joli *mot !* mais qui date de la Terreur.

---

1. Acte II, sc. I.
2. *V.* plus haut, p. 256.
3. Acte III, sc. VII.
4. Acte IV, sc. VIII.

Les uns le prêtent à Mercier, les autres, madame de Bawr, par exemple[1], en gratifient M. Martin, homme d'esprit plus inédit, mais plus réel aussi peut-être. Quelqu'un m'a reproché de n'avoir pas mis cet hémistiche dans mon petit livre des *Citations*. Vous voyez que j'ai mes raisons; je le réservais pour les *Mots historiques*.[2]

C'est à Ducis qu'il fut dit, selon madame de Bawr. Lui aussi avait alors fait son *mot*, lorsqu'il avait écrit à l'un de ses amis : « Que parles-tu, Vallier, de faire des tragédies ? *la Tragédie court les rues*[3] ! » Seulement, il ne se doutait pas qu'il ne faisait que répéter là ce qu'on lit dans une *mazarinade* :

> Comédiens, c'est un mauvais temps,
> La Tragédie est par les champs[4].

1. *Mes souvenirs*, p. 137.
2. En revanche, j'ai mis parmi les citations (*L'Esprit des autres*, édition elzévir., p. 222) un *mot* que M. Eugène Despois m'a reproché de n'avoir pas placé dans ce volume ; c'est celui de Vergniaud, à la séance du 17 septembre 1792. Comme ce *mot* n'est qu'une citation du *Guillaume Tell* de Lemierre, et non un souvenir authentique du Guillaume Tell de l'histoire, si tant est que l'histoire ait un Guillaume Tell, j'ai cru bon de le laisser où je l'avais d'abord placé.
3. Campenon, *Essais de Mémoires... sur la vie... de Ducis*, Paris, 1824, in-8°, p. 79.
4. *Les Triboulets du temps*, dans nos *Variétés historiques et littéraires*, t. V, p. 17.

## LIX.

Vous parlerai-je de la mort d'André Chénier; de cette scène d'*Andromaque* que Roucher et le poète de *la Jeune captive*[1] auraient récitée dans la charrette qui les portait au supplice; du *mot* désespéré d'André, qui, prêt à mourir, frappe son front plein de pensées immortelles ? Je ne sais, j'hésite. Ce sont choses dont je doute, j'en conviens, mais tout en m'affligeant de douter[2].

1. Cette *jeune captive* était mademoiselle Aimée de Coigny, depuis duchesse de Fleury, puis épouse de M. de Montrond, et non pas, comme on l'a toujours dit, la marquise de Coigny, née de Conflans. (Ch. Labitte, *Études litt.*, t. II, p. 184, et l'*Athenæum*, 1853, 2ᵉ semestre, p. 393.)
2. Ce dont je ne doute plus, par exemple, et j'en suis bien heureux, c'est de la fausseté de l'accusation portée

Le récit qu'un romancier, Hyacinthe de Latouche, en a fait, ne repose, il faut l'avouer, que sur le dire de contemporains plus ou mois suspects. J'ai su, je l'avoue encore, par des témoignages dignes de foi, des détails bien faits pour aider à la désillusion ; j'en appelle même à un poète, à M. A. Houssaye, qui, les ayant eus d'une autre source, n'a pas craint de consigner les plus curieux dans une relation très intéressante, mais tout à fait désenchantée[1]. Je sais qu'on viendra me dire aussi que le *mot* d'André Chénier peut parfaitement avoir été suggéré à celui qui le lui attribua le premier par la devise que son ami et compagnon de captivité, le jeune Trudaine, avait dessinée sur le mur de leur cachot : « C'était

---

contre Marie-Joseph-Chénier, au sujet de la mort de son frère. M. Michaud dit et écrivit le premier qu'il l'avait laissé périr (Sainte-Beuve, *Causeries du Lundi*, t. VII, p. 20), et, depuis, qui ne l'a pas répété ? Tout ce qu'il y a là de cruel mensonge a été victorieusement démontré dans la brochure de M. L.-J.-G. de Chénier, neveu d'André et de Marie-Joseph : *la Vérité sur la famille de Chénier*, Paris, 1844, in-8°.

1. *La Mort d'André Chénier* (*Philosophes et Comédiennes*, 2ᵉ série, p. 79). — C'est M. de Vigny, dans *Stello*, qui a le plus aidé au mensonge. Il ne savait même pas qu'André Chénier périt, non sur la place de la Révolution, mais « sur la place publique de la barrière de Vincennes. » *V.* la brochure de M. de Chénier, p. 57.

un arbre fruitier ayant à ses pieds une branche rompue sur laquelle se lisaient ces mots : « *J'aurais porté
« des fruits*[1]. » Le *mot* d'André Chénier est là tout
entier comme pensée ; il n'avait plus qu'à en trouver
l'expression, ce qui n'était pas difficile pour un écrivain comme H. de Latouche. Je vois cela, j'y trouve
des raisons de doute, et cependant l'idée que je
vais toucher à cette mort poétique et la déflorer
de sa virginité funèbre fait que je répugne à la réfutation.

M. Géruzez a procédé plus hardiment.

« M. de Latouche, dit-il[2], a pris sur lui de faire

---

[1]. *Fructus matura tulissem.* (Le marquis de Saint-Aulaire, *Lettres inédites de madame du Deffant*, t. Ier, p. 103, note.)
— Depuis que j'ai écrit ceci, dans mes précédentes éditions, il m'est arrivé un témoignage qui ne laisse aucun doute sur l'origine du *mot*. Suivant une *note* de Loizerolles fils, dans son poème sur *la mort de Loizerolles*, son père (1813, in-12, p. 176), le dessin dont je parle aurait été, non du jeune Trudaine, mais d'André lui-même. « André Chénier, dit Loizerolles, qu'il faut en croire, puisqu'il était son compagnon de captivité à Saint-Lazare, avait dessiné sur le mur de sa chambre un arbre qui penchait sa tête languissante, dont les rameaux étaient abattus par le vent. »

[2]. *Histoire de la Littérature pendant la Révolution*, p. 388-389. Le dernier et le plus complet des biographes d'André Chénier, M. Becq de Fouquières, ne voit aussi dans tout cela que des légendes. *V.* la *notice* en tête de l'édition qu'il a donnée des *Œuvres*, p. XLV.

réciter à Roucher et André Chénier, pendant le trajet de la prison à l'échafaud, la première scène d'*Andromaque*, entre Oreste et Pylade ; il ne savait pas, et ne pouvait pas savoir quelles paroles ont échangées les deux amis sur le triste tombereau qui les conduisait à la mort, et il le dit comme s'il l'avait su[1]. »

S'il a pu m'en coûter de toucher à ce mensonge intéressant, il ne m'est pas moins pénible d'en déflorer un pareil et même plus touchant, la prétendue histoire des vierges de Verdun, dont, selon M. de Lamartine[2], « la plus âgée aurait eu dix-huit ans, » tandis qu'en réalité la plus vieille de ces malheu-

---

[1]. Je ne veux pas faire grâce au fameux banquet des Girondins. C'est une invention de M. Thiers (*Hist. de la Révolut.*, 4ᵉ édit., t. V, p. 460), enjolivée par Charles Nodier (*Œuvr. complètes*, t. VII, p. 39), et, pour que rien n'y manquât, *illustrée* par M. de Lamartine (*Hist. des Girondins* t. VII, p. 47-54). Le récit que Rioufie, l'un de ceux qui survécurent, donna dans ses *Mémoires d'un détenu* (2ᵉ édit., an III, in-12, p. 61-63), était assez pathétique sans qu'il fût besoin que ces trois historiens, dont un romancier et un poète, vinssent y dresser le menu de leurs mensonges. « Il serait, dit M. Granier de Cassagnac, après avoir, dans son *Histoire des Girondins et des Massacres de septembre* (Paris, E. Dentu, in-8º, t. Iᵉʳ, p. 48), reproduit les pages de M. de Lamartine, il serait impossible de rien ajouter à ce récit ; rien, si ce n'est la vérité. » Et M. de Cassagnac prouve qu'en effet elle en est complètement absente.

[2]. *Histoire des Girondins*, 1847, in-8º, t. VIII, p. 125.

reuses suppliciées était septuagénaire [1], et la plus jeune plus que majeure [2].

Comme revanche, il est une autre erreur simplement horrible celle-là, qui pourra me dédommager par la réfutation qu'elle appelle, et qui est, Dieu merci ! très facile à faire.

Il s'agit de mademoiselle de Sombreuil et du verre de sang qu'on prétend qu'elle fut forcée de boire, pour obtenir la vie de son père, aux massacres de septembre. Cette fable atroce, tant répétée, ne repose que sur une note de Legouvé, dans son poème sur le *Mérite des femmes* [3]. Comment, sans aucune preuve, en dépit même de l'invraisemblance matérielle du fait [4], Legouvé s'est-il permis

1. Ou peut s'en faut, elle avait soixante-neuf ans.
2. Elle avait vingt-deux ans. Deux des condamnées n'avaient que dix-sept ans ; mais, à cause de leur âge même, elles ne furent pas menées à l'échafaud, on se contenta de les déporter. (Ch. Berriat Saint-Prix, *la Justice révolutionnaire*, 1861, in-12, p. 63-64.)
3. 1838, in-8º, p. 94. La première édit. est de 1801. — L'abbé Delille lui-même, dans ses notes du poème de la *Pitié* (édit. de 1822, in-12, p. 205), s'était contenté de dire : « Mademoiselle de Sombreuil se précipita au travers des bourreaux pour sauver son père. Cet héroïsme de la piété filiale désarma les assassins, et M. de Sombreuil fut reconduit par eux en triomphe. »
4. B. Maurice, *Hist. polit. des anciennes prisons de la Seine*, 1840, in-8º, p. 286-287.

cette invention ? quel a pu être son point de départ ? M. Louis Blanc va répondre [1].

Quand mademoiselle de Sombreuil eut désarmé les meurtriers, « à force de courage, de beauté, de dévouement et de larmes », elle parut sur le point de s'évanouir. « Un de ces hommes barbares, saisi d'une soudaine émotion, courut à elle et lui offrit un verre d'eau, dans lequel tomba une goutte de sang que l'égorgeur avait à ses mains. Telle est l'origine de la fable hideuse, où l'on nous montre mademoiselle de Sombreuil forcée, comme condition du salut de son père, de boire un verre de sang [2]. »

M. Louis Blanc ajoute en note : « Je tiens le fait d'une dame qui, elle-même, le tenait de mademoiselle de Sombreuil, dont elle avait été l'amie. Et ce qu'il y a de plus curieux, c'est que mademoiselle de Sombreuil racontait la chose pour prouver que les hommes de septembre, tout cruels qu'ils furent, n'étaient point absolument inaccessibles à la pitié. »

---

[1]. *Hist. de la Révolution*, t. VII, p. 185.
[2]. L'horrible anecdote est aussi réfutée par G. Duval, (*Dict. de la Conversat.*, 2ᵉ édit., t. XVI, p. 266) ; mais elle ne l'a jamais été plus victorieusement que dans plusieurs articles de *l'Intermédiaire*, t. II, p. 279, 308, 435, et surtout dans celui de l'historien du *Couvent des Carmes*, M. Alex. Sorel, publié par le *Droit* du 27 sept. 1863.

## LX

« C'est, dit Arnault dans l'article de la *Revue de Paris* que nous avons déjà souvent cité, c'est un mot admirable que le mot de Bailly, cet homme qui termina par une mort si héroïque une vie si honorable. Pendant les apprêts de son supplice, apprêts renouvelés et prolongés avec tant de cruauté, une pluie glaciale n'avait pas cessé de tomber sur ce vieillard demi-nu. « Tu trembles, Bailly ? » lui dit un de ses bourreaux. — « J'ai froid, » répondit Bailly.

« On trouve dans Shakspeare une réponse toute semblable faite par un de ses héros, en semblable position[1]. Dans une émeute populaire, lord Say,

---

1. Selon Lingard, Charles I$^{er}$, le matin de son exécu-

traîné devant le Marat de l'époque, devant John Cade, qui rendait ses sentences au pied même du gibet, est condamné à mort par ce monstre. « Quoi ! « lâche, tu trembles ! » lui dit un des exécuteurs. — « C'est la paralysie et non la peur qui me fait « trembler, » répondit le vieux lord.

« Que conclure de cette ressemblance ? Que Shakspeare avait deviné Bailly[1]. Tout ce que les passions humaines peuvent inspirer, le génie peut l'inventer.

Leurs écrits sont des vols qu'ils nous ont faits d'avance,

dit Piron. »

Ces rencontres sont possibles pour tous les genres de pensées ; j'en ai donné des preuves ici même et

---

tion (9 février 1649), se revêtit de deux chemises, disant : « Si je tremblais de froid, mes ennemis l'attribueraient à la peur ; je ne veux pas m'exposer à un pareil reproche. »

1. On a su le *mot* de Bailly par l'exécuteur lui-même. V. les *Mémoires d'un détenu*, p. 80. — Ce très curieux livre de Riouffe nous a transmis la plupart des *mots* de Danton avant son supplice, et ce témoignage suffit pour qu'on les croie authentiques. Riouffe les écrivait au vol. Danton, qui s'en doutait, y mettait alors de la coquetterie ; il soignait ses *mots*, il faisait à chacun sa toilette pour la postérité : « Il s'efforçait, dit Riouffe, p. 93, de donner à ses phrases une tournure précise et apophthegmatique, propre à être citée. »

dans l'*Esprit des autres*. Une dernière preuve pourtant : Cicéron a dit de la reconnaissance que « c'est l'âme qui se souvient », *Animus memor*. Le sourd-muet Massieu, prié par écrit, dans une des séances publiques de l'abbé Sicard, de donner la définition de la même vertu, traça avec la craie, sur le tableau noir, cette phrase restée célèbre et qui méritait si bien de l'être : *La reconnaissance est la mémoire du cœur*[1]. C'est, étendue et embellie encore, l'expression de l'orateur romain que ce bon Massieu certainement ne connaissait pas.

De nos jours, l'auteur des *Nouvelles à la main*, et non pas celui de *Richard III*, qui n'a fait que la reprendre, a donné de la phrase du sourd-muet cette désolante contre-partie : *L'ingratitude est l'indépendance du cœur*. J'ai cherché partout des précédents à cette triste pensée et n'en ai pas trouvé. Ce n'est pas que l'ingratitude fût inconnue autrefois ; mais, et c'est peu honorable pour notre temps, le *mot*, la formule, n'arrive jamais qu'à l'époque où la *chose* est le plus en honneur.

---

1. La Bouisse-Rochefort, *Trente ans de ma vie* ou *Mémoires politiques et littéraires*, 15ᵉ livraison, p. 37.

## LXI

Nous avons raconté ailleurs[1], dans toute leur effroyable réalité, les détails des dernières heures de Robespierre, et nous nous sommes efforcé de prouver d'une façon définitive comment sa mort n'a pas été le résultat d'un suicide, ainsi qu'on l'a répété si souvent depuis que l'*Histoire de la Révolution* par M. Thiers a donné à cette erreur sanction et popularité[2].

1. V. *Paris demoli*, 2ᵉ édit., ch. I.
2. Depuis, M. Campardon, dans son livre d'ailleurs très curieux, *Histoire du tribunal révolutionnaire de Paris*, 1862, in-12, t. II, ch. v, a repris le système qui admet que Robespierre se tira lui-même le coup de pistolet ; mais une des pièces qu'il publie, p. 152, le dément ; c'est le rapport des officiers de santé sur le pansement des blessures de Robespierre. Il en ressort que le coup de pis-

# CHAPITRE LXI

Nous ne reprendrons pas cette thèse. Un autre point plus obscur de la biographie de Robespierre nous occupera. Ce n'est pas l'histoire trop rebattue de l'homme, mais l'histoire très peu connue de l'une de ses œuvres, que nous vous dirons ; en un mot, nous vous ferons savoir comment c'est un pauvre abbé qui fit, sous le nom et pour la plus grande gloire de notre avocat d'Arras, le rapport sur l'*Être suprême*, lu à la Convention le 7 mai 1794.

Je prends textuellement ce récit dans un rare et curieux petit livre : *La Harpe peint par lui-même*[1] :

---

tolet qui lui fracassa la mâchoire inférieure fut tiré « *dans une direction oblique...*, DE GAUCHE A DROITE, DE HAUT EN BAS ». Or, fût-on même gaucher, s'est-on jamais tiré ainsi un coup de pistolet ? Il faut, dans ce cas, qu'il parte de la main d'un autre : cet autre ici est le gendarme Méda, comme nous l'avons dit, qui, par ses déclarations, que reproduit M. Campardon, p. 150, sur la manière dont l'arme fut dirigée, puis déviée, et dont le coup porta, se trouve on ne peut mieux d'accord avec le procès-verbal des médecins.

1. Paris, 1817, petit in-12, p. 36. — Puisque nous venons de nommer La Harpe, rappelons en courant que la *prédiction* de Cazotte, dont il écrivit le récit tant cité, est toute de son fait. Il l'avouait lui-même en finissant ; mais cette fin fut supprimée par l'éditeur de ses *Œuvres posthumes* qui publia le premier l'étrange narration. Heureusement M. Boulard possédait le récit autographe, et l'on a tout su par là. Le *Journal de Paris* du 17 février 1817 donna une

« M. Porquet est digne d'être distingué par sa prose, particulièrement pour un discours que personne au monde ne lui aurait attribué, si M. de Boufflers, son élève, n'eût trahi son secret. Voici le fait, tel que nous le tenons de cet académicien lui-même :

« En 1794, l'abbé Porquet demeurait à Chaillot ; là, vivant dans une solitude profonde, il avait pensé qu'il était à l'abri de la faux révolutionnaire, qui à cette époque moissonnait tant de victimes. Quelle fut un jour sa surprise, et quel fut son effroi, lorsqu'il reçut une invitation de Robespierre de se rendre sur-le-champ auprès de lui ! Une pareille invitation n'était rien moins qu'un ordre. Il obéit et se présenta tout tremblant devant cet arbitre suprême de la vie et de la mort de tous les Français.

« Robespierre sourit en le voyant. « Ne crai-
« gnez rien, lui dit-il, je connais votre patriotisme,

partie de l'aveu supprimé, et M. Beuchot (*Journal de la Librairie*, 1817, p. 382-383) a dit le reste. Dans la *Biographie des croyants célèbres* (art. CAZOTTE), dans les *Mémoires de la baronne d'Oberckick* (t. II, p. 398), que ce fait seul discréditerait, on s'y est encore laissé prendre ; mais M. Sainte-Beuve, au contraire, s'en est gardé. Ce récit lui semble être le morceau capital de La Harpe : « *Invention* et style, dit-il, c'est son chef-d'œuvre. » Or, notez bien, *invention* ! V. les *Causeries du Lundi*, t. V, p. 110.

« et, mes occupations ne me laissant pas le temps
« d'écrire, j'ai recours à votre plume. Sous quatre
« jours, je dois prononcer à la Convention un dis-
« cours pour annoncer et faire légaliser la Fête de
« l'Être suprême; j'ai jeté les yeux sur vous pour
« me faire ce discours, dont la lecture ne doit point
« passer une heure. Vous voudrez bien me le
« remettre sous trois jours. »

« Deux jours après, l'abbé Porquet eut fini ce discours qu'on trouva bien différent de tous ceux que
Robespierre avait composés jusqu'alors. Le petit
nombre de connaisseurs qui pouvaient, à cette époque, juger sans passion et sans partialité, trouvèrent
que l'avocat d'Arras avait fait des progrès dans l'art
d'écrire [1]. »

Robespierre prêchant au milieu de sa fête déiste
un *sermon* écrit par le vieil aumônier du roi Stanislas,
me fait songer au R. P. Pacaud, lequel, s'il faut en
croire l'abbé L'Écuy [2], prêcha vers 1750, à Notre-

---

1. Selon une note de M. Boulliot, dont le concours fut
si précieux à Barbier pour son *Dictionnaire des anonymes*,
ce n'est pas l'abbé Porquet, mais un autre prêtre, l'abbé
Martin, collaborateur de Raynal pour une grande partie
de l'*Histoire philosophique*, qui aurait composé ce discours
de Robespierre. (*Dict. des anonymes*, 1823, in-8º, t. II,
p. 546.)

2. *Bulletin de la Société du protestantisme français*, etc.,

Dame, les cinq volumes de sermons du *protestant* Jacques Saurin, « mot à mot, dit l'abbé, sans y rien changer[1] ».

t. V, p. 70. — Il n'est plus étonnant que B. de Roquéfort, parlant des sermons du P. Pacaud, dise que « l'on crut y reconnaître quelques erreurs ». (*Dictionnaire biographique des prédicateurs*, 1824, in-8°, p. 193.)

1. Il en est des chansons comme des sermons et des discours, elles n'appartiennent pas toujours à qui on les prête : pour la *Marseillaise*, quoi qu'en ait dit Castil-Blaze, cherchant à prouver que Rouget de Lisle en avait emprunté l'air tout fait à un cantique allemand chanté, dès 1782, aux concerts de madame de Montesson (*Molière musicien*, t. II, p. 452), on sait maintenant à quoi s'en tenir. Le récent travail du neveu de l'auteur ne permet plus l'ombre d'un doute. Paroles et musique sont bien de Rouget de Lisle. — L'air du *Ça ira* ou *Carillon national* est de Bécourt, et les paroles du chanteur ambulant Ladré, qui en prit le refrain au *mot* célèbre de Franklin sur la Révolution : « Ça ira, ça tiendra. » (G. de Gassagnac, *Hist. des Girondins et des Massacres de septembre*, Paris, E. Dentu, in-8°, t. Ier, p. 373.)

## LXII

L'histoire de Napoléon, toute la période du Consulat et de l'Empire, certains détails biographiques dont le grand homme riait lui-même[1], certaines paroles qu'on lui prête[2], quelques belles actions

---

[1]. Par exemple, « il riait, dit M. de Las Cases, de toutes les biographies qui s'obstinaient à lui faire escalader, l'épée à la main, le ballon de l'École militaire. » (*Mémorial de Sainte-Hélène*, 1824, in-12, t. VI, p. 363.) L'auteur aurait dû s'expliquer davantage et dire toute la vérité sur ce fait, et sur le jeune Du Chambon, qui en fut réellement le héros. Le défaut d'espace nous empêchera nous-même de la dire, mais nous renverrons à la *Décade philosophique* de 1797, n° 86, p. 499, et n° 87, p. 564, où elle se trouve tout entière.

[2]. Ainsi, quoique M. Thiers l'ait répétée, il est douteux qu'il ait prononcé au Conseil des Anciens, le 18 brumaire, cette fameuse phrase : « Songez que je marche accompagné

qu'on veut lui ôter[1], pourraient fournir une ample pâture à notre ardeur du doute et à notre passion plus vive encore de la vérité.

Nous n'aurions qu'à choisir, entre tous ces épisodes au résultat décisif pour la gloire, aux particularités incertaines pour la vérité :

1º L'héroïque désastre du *Vengeur*, assez différent dans la réalité de ce que l'ont fait le rapport de Barrère et l'ode de Lebrun : criblé de boulets, le *Vengeur* amena pavillon; les Anglais mirent pied sur son bord, et leurs vaisseaux *le Culloden* et *l'Alfred* recueillirent deux cent soixante-sept matelots, avec le capitaine, depuis contre-amiral Renaudin, et son fils[2].

---

du dieu de la fortune et du dieu de la guerre. » Elle ne figure pas au *Moniteur*.

1. On a nié en plusieurs endroits, mais à tort, ainsi que la *Biographie* Rabbe et Boisjolin, t. II, p. 2035, l'a déjà fait remarquer, sa belle action envers madame de Hatzfeld, dont il sauva le mari, en jetant au feu la lettre qui établissait sa complicité dans une conspiration contre lui. Le fait est aujourd'hui irréfutable. Une lettre de Napoléon à Joséphine, du 6 nov. 1806, publiée au tome XIII de sa *Correspondance*, l'établit de la façon la plus simple et la plus modeste.

2. *V.*, à ce sujet, la discussion qui fut soulevée à Londres, en 1839, et dont la *Revue britannique* (août 1839, p. 334-345) a reproduit toutes les pièces, d'après le *Frazer's Magazine* (t. XX, p. 76-84). Consulter surtout, au mot VENGEUR, le *Dictionn. crit.* de M. A. Jal, qui avait pris part à

Ce n'est qu'après que le vaisseau sombra, s'il sombra[1].

2º La fameuse histoire des pestiférés de Jaffa, sur laquelle se sont greffés tant de contes[2], et qui a fait tant d'incrédules[3].

3º La question de savoir si le succès de Marengo fut décidé par Desaix, comme tout le monde le pense,

la polémique engagée sur ce point avec la critique anglaise, dans la *Revue britannique;* il rétablit définitivement toute la vérité sur cet événement, « un peu surfait, dit-il, par l'opinion ». — On peut voir dans le *National* (10 juin 1839) les noms des six marins du *Vengeur* qui survivaient encore à cette époque. Ce n'étaient pas les seuls. En effet, onze ans plus tard, au lieu de six, il s'en trouva huit, qui, sur un rapport de l'amiral Romain-Desfossés, furent décorés par décret du 8 février 1850.

1. Feydel soutenait (avait-il raison?) qu'il avait vu les restes du bâtiment dans un port anglais. (*Un Cahier d'histoire littéraire*, 1818, in-8º, p. 41.) — Pour ce fait, encore une fois, toute l'erreur vient du rapport de Barrère et de l'exagération poétique de Lebrun dans sa fameuse ode. (*V.* ses *Œuvres complètes*, t. I, p. 357.) Sans mensonge, il était assez héroïque.

2. *V.* les *Mémoires* de Madame de Genlis, t. VIII, p. 54-55.

3. *V. le Globe*, nº du 25 janvier 1825, pour ce qui se rapporte au prétendu empoisonnement des malades. Cette accusation, qui partit d'un rapport de Morier, agent anglais à Constantinople, répétée par Wilson en 1801, et reproduite par Malte-Brun, en 1814, dans *le Spectateur*, t. I, p. 185, est complètement fausse. « Il n'y eut pas, dit M. Rapetti, un seul pestiféré sacrifié. Tous furent transportés, de l'aveu

ou par Kellermann, comme celui-ci le prétendait[1], avec raison.

4° L'affaire du 18 brumaire et du poignard d'Aréna[2].

---

même de Desgenettes. » (Art. NAPOLÉON, dans la *Biogr. générale*, col. 252, note.) — M. Duruy, dans un excellent article de la *Revue de l'instruction publique*, sur les *Mémoires du duc de Raguse*, a réfuté, plus victorieusement que personne, l'odieux mensonge, repris par Marmont.

1. *V.*, à son nom, la *Biogr. portat. des contemp.*, t. II, p. 2213; l'*Histoire de la campagne de 1800*, par le duc de Valmy, Paris, 1854, in-8°, p. 180-181, et, dans le *Catalogue des autographes* de la collection La Jarriette, p. 180, n° 1571, une lettre de Kellermann, réclamant près de Bourienne, à la date du 8 février 1821, la vraie part qui lui revient dans cette victoire. — Ce même *Catalogue*, p. 33, n° 294, donne l'extrait d'une lettre adressée aussi à Bourienne par Bessières, pour revendiquer l'honneur de la charge de cavalerie qui avait contribué au succès de la bataille d'Austerlitz, et qu'on attribuait à Rapp.

2. *V.*, pour la réfutation de ce fait, une très mince mais très curieuse brochure émanée probablement des papiers de M. Rœderer, qui parut sous ce titre : *La petite maison de la rue Chantereine*, Paulin, 1840, in-8°, p. 12-14. Consulter aussi Savary, *Mon examen de conscience sur le 18 brumaire*, p. 37. — Un grenadier qui prétendait avoir sauvé la vie à Bonaparte en cette circonstance, et qui, pour cela, recevait une pension, demanda, en 1819, par une pétition à la Chambre, qu'elle fût maintenue. « Elle lui fut refusée, presque à l'unanimité, après quelques mots par lesquels Dupont (de l'Eure) adjura ses anciens collègues des Cinq-Cents, Daunou, Girod (de l'Ain), etc., de dire si

5° Dans un autre ordre d'événements, l'intéressant problème de cette belle retraite sur Huningue, dont on ne sait à qui attribuer l'honneur : à Moreau, à Ferino [1], ou bien au jeune général Abbatucci [2].

6° Enfin, l'affaire du procès de ce même Moreau, dans laquelle on prétend que Clavier, sur une prière de Bonaparte, qui désirait la condamnation, en promettant la grâce après, aurait fait entendre cette parole : *Eh! qui nous fera grâce à nous ?* tandis qu'en réalité notre juge helléniste, qui prenait dans Plutarque des leçons de grec et non des préceptes d'énergie et de vertu, fut l'un des premiers qui condamna Moreau [3].

Toutes ces questions, encore une fois, seraient

---

la tentative d'assassinat commise sur le général Bonaparte, dans cette circonstance, n'était pas un mensonge imaginé pour justifier l'attentat commis par la force des armes sur la représentation nationale. » (Duvergier de Hauranne, *Hist. du gouvern. parlementaire*, t. V, p. 156.)

1. V. une lettre de M. Valentin de Lapelouze, dans le *Siècle* du 4 août 1844.

2. Il commandait l'arrière-garde du corps d'armée du général Ferino et avait ainsi la tâche la plus difficile. La plus belle part de ce grand fait d'armes lui revient de droit. Malheureusement, Abbatucci fut tué à Huningue même.

3. *Revue rétrosp.*, 2ᵉ série, t. IX, p. 458, et les *Annales encyclopédiques* (1817), t. VI, p. 255.

très curieuses à traiter : mais nous avons déjà fourni une longue carrière, nous avons hâte de finir. Nous arriverons donc bien vite à Waterloo, au fameux : *La garde meurt et ne se rend pas*, si étrangement remis à l'ordre du jour par le livre des *Misérables* [1], en 1862.

On sait que Cambronne ne dit pas cette belle phrase. On prétend aussi, sans plus de raison, qu'il dit autre chose..... en un seul mot, que M. Victor Hugo a le premier osé écrire, ce qui lui mérita l'honneur d'un pastel au Salon suivant, où la page *embaumée* était représentée couverte d'une feuille de vigne, une feuille de rose ne pouvant pas suffire.

Cambronne se fâchait tout rouge quand on le félicitait de sa belle parole. Il la trouvait absurde : d'abord, disait-il, parce qu'il n'était pas mort, ensuite parce qu'il s'était rendu.

« Cambronne, disait le général Alava, présent à sa prise par le colonel Halkett [2], n'ouvrit la bouche

---

1. T. III, liv. 1, ch. 15, p. 103.
2. Ce fut au moment du recul de la garde impériale. Halkett s'était précipité sabre haut sur Cambronne, qui, déjà grièvement blessé, lui tendit la main et se rendit. (*Larpent's Journal*, t. III, p. 41 ; la *Revue d'Édimbourg*, t. XCIII, p. 160, et Siborne, *History of the war in France and Belgium*, t. II, p. 220.)

que pour demander un chirurgien, afin de panser ses blessures. Il s'était rendu sans fracas[1]. »

Ce doit être là toute la vérité.

Toujours, je le répète, il se défendit nettement de la phrase qu'on lui prêtait[2]. En 1835, présidant à Nantes un banquet patriotique, il la désavoua même de la façon la plus formelle[3].

Il ne s'est pas moins trouvé un grenadier qui prétendit lui avoir entendu dire *deux fois*, ce qu'il soutenait, lui, n'avoir pas dit une seule[4].

Il est vrai que ce grenadier, le sieur Antoine Deleau, qui, mandé devant le maréchal de Mac-Mahon et le préfet du Nord, tint courageusement à ne pas démentir ce qu'il répétait depuis quarante-huit ans[5], prétendait aussi avoir très distinctement

---

1. *V.* dans la *Revue britann.*, août 1864, p. 328, la traduction de quelques extraits des *Diaries of a lady of quality from 1797 to 1844*.

2. *V.* une *lettre* du lieutenant-colonel Magnant au fils du général Michel, et une autre du préfet de la Loire-Inférieure au même, citées par M. Cuvillier-Fleury dans un de ses articles sur cette question. (*Journal des Débats*, 7 juillet 1862.)

3. Levot, *Biographie bretonne*, au mot CAMBRONNE.

4. *V.* un art. de M. Deulin dans l'*Esprit public* du 24 juin 1862.

5. Il y eut, pour cela, réunion solennelle à la préfecture du Nord, le 30 juin 1862. M. Cuvillier-Fleury en publia le procès verbal, le 7 juillet, dans les *Débats*.

entendu Poniatowski s'écrier à Leipsick, en se précipitant dans l'Elster : « Dieu m'a confié l'honneur des Polonais, je ne le remettrai qu'à Dieu[1] ! » Quand on a entendu cette phrase-là, on doit avoir entendu l'autre[2].

Quoi qu'il en soit, si Cambronne eût encore vécu lorsque les fils du général Michel réclamèrent, au nom de leur père, la célèbre parole de Waterloo, comme une propriété de famille, et même présentèrent requête contre l'ordonnance royale qui avait autorisé la ville de Nantes à la prendre pour inscription de la statue de celui à qui on l'attribuait[3], soyez sûrs qu'il la leur aurait cédée bien vite et sans débat[4].

---

1. Ch. Deulin, l'*Esprit public*, 24 juin 1862.
2. Il ne faut guère croire aux *mots* prononcés dans la chaleur d'une bataille ; le sang-froid manque trop alors, et il en faut pour avoir de l'esprit. Cette exclamation : *Finis Poloniæ !* qu'aurait jetée Kosciusko à la déroute de Macijowice, fut niée par lui dans sa lettre du 12 nov. 1803, à M. de Ségur, qui avait reproduit le *mot* dans son *Histoire des principaux événements du règne de Frédéric-Guillaume II*. On peut lire cette lettre sans réplique dans les notes de M. Amédée Renée sur l'*Histoire de cent ans* de M. C. Cantu, t. I*er*, p. 419, notes excellentes et qui donnent raison au proverbe : *La glose vaut mieux que le texte.*
3. *Le Journal de la Librairie*, 3 mai 1845, n° 2277.
4. Un officier, dont les *Souvenirs* m'inspirent quelque

C'est Rougemont, ce Rougemont dont nous vous avons déjà parlé dans l'*Esprit des autres*, qui, le soir même de la bataille, aurait, suivant quelques-uns, trouvé la résonnante parole et l'aurait imprimée dès le lendemain dans le journal l'*Indépendant*, récemment fondé par Julien de la Drôme, et qui, en grandissant, est devenu le *Constitutionnel*[1].

Faire des *mots* était le métier de Rougemont, sa spécialité, comme on dirait aujourd'hui. Chaque événement le trouvait son *mot* tout prêt en main. Il le vendait à quiconque avait quelque effet à produire, et s'il n'en trouvait pas le placement, il l'imprimait sous tel ou tel nom approprié à sa nature et capable de le faire valoir.

---

défiance, quoiqu'ils aient été cités par Edgar Quinet dans sa remarquable *Histoire de la campagne de 1815*, p. 273, note, et par *l'Intermédiaire*, t. I, p. 31, prétendait que Cambronne avouait qu'il avait dit : « Des b... comme nous ne se rendent pas. » Voilà qui eût été parler. Mais après les dénégations de Cambronne, indiquées tout à l'heure, et le témoignage d'Alava, qui avait pu tout voir et tout entendre, comment croire même à cette parole vraisemblable ?

1. Selon M. Michaud jeune, *Biogr. univ.*, Suppl., t. LXXX, p. 56, c'est dans le *Journal général de France* que le *mot* aurait paru pour la première fois. Il fut répété par le *Journal du Commerce* (28 juin 1815) et par le *Journal de Paris* (30 juin).

Il connaissait bien des choses, et entre autres ce passage de La Bruyère, au livre des *Jugements*, § 65 :

« C'est souvent hasarder un bon mot et vouloir le perdre, que de vouloir le donner pour sien ; il n'est pas relevé, il tombe avec des gens d'esprit ou qui se croient tels, qui ne l'ont pas dit et qui devoient le dire. C'est, au contraire, le faire valoir que de le rapporter comme d'un autre. Ce n'est qu'un fait, et qu'on ne se croit pas obligé de savoir ; il est dit avec plus d'insinuation et reçu avec moins de jalousie ; personne n'en souffre ; on rit, s'il faut rire ; et s'il faut admirer, on admire. »

On a écrit sur Rougemont, sans le nommer pourtant, un très spirituel article dans le *Figaro* de septembre 1830. On le prend, bien entendu, comme type du faiseur de *mots* :

« A l'avènement de Charles X, il y eut une pluie, une grêle, un orage de paroles charmantes dont les niais furent émerveillés à s'en pâmer de joie :

« Oh ! disait-il, à l'Hôtel-Dieu, en avisant du Petit-Pont la file d'arcades du Louvre : « *Il est bon « que de chez lui un souverain puisse voir la maison du « pauvre.* »

« *Plus de hallebardes!* » disait-il quelques jours

après. Et le ravissement populaire des auditeurs allait jusqu'au délire, pendant que notre homme, mêlé à la foule, riait d'un rire malin mêlé de cet orgueil de père qu'on ne peut cacher quand on voit ses enfants réussir dans le monde.

« Vous savez la réplique du duc de Berry sur les louanges de Napoléon, faite à un vieux soldat qui vantait le génie militaire du père Laviolette : « *Parbleu! c'est bien extraordinaire, avec des b. ....* « *comme vous!* » Eh bien ! tout cela sortait de la même cervelle. »

Les *mots* prêtés à Louis XVIII mourant devaient être de Rougemont ou de ses confrères en improvisation d'esprit. Il y en eut tant et de toutes sortes, sérieux ou burlesques, tels que ceux-ci : « Saint-Denis, Givet, » donnés, disait-on, pour mot d'ordre, par le roi agonisant au commandant du château [1], que Ch. Brifaut, lecteur du roi, crut devoir écrire à la *Gazette de France* pour mettre un terme à la circulation de toute cette fausse monnaie. Sa lettre est du 15 septembre 1824 :

[1]. *Revue de Paris*, 28 mars 1841, p. 253. — Pour ne pas douter que Louis XVIII, à ses derniers moments, ne dit rien, et ne put rien dire, on n'a qu'à se reporter au *Journal* de sa mort, par Madame Adélaïde d'Orléans, que nous avons publié le premier dans la *Revue des Provinces* du 15 sept. 1865, p. 231-239.

« Peu de mots, y dit-il, sont sortis depuis deux jours de la bouche de Sa Majesté, et quelques-uns de ceux qu'on lui prête dans les journaux sont entièrement inventés[1]. »

1. *Catalogues d'autographes*, Laverdet, n° 4, p. 36. — On n'avait pas attendu l'agonie de Louis XVIII pour lui prêter de l'esprit et du courage. Ce qu'il passe pour avoir dit à propos du pont d'Iéna, que Blücher voulait faire sauter : « Je m'y ferai porter, et nous sauterons ensemble, » est une invention du comte Beugnot, qui l'avoue dans ses *Mémoires* (E. Dentu, 1866, in-8°, t. II, p. 312-313). « Louis XVIII, dit-il, dut être bien effrayé d'un pareil coup de tête de sa part ; mais ensuite il en accepta de bonne grâce la renommée. Je l'ai entendu complimenter de cet admirable trait de courage, et il répondait avec une assurance parfaite. »

## LXIII

La Restauration devait pourtant s'inaugurer par une parole du même genre, mais de meilleur aloi, de fabrique ministérielle, et, pourrait-on dire, avec garantie du gouvernement. C'est le *mot* du comte d'Artois : « Il n'y a rien de changé en France; il n'y a qu'un Français de plus. » Comment tout se passa-t-il? M. de Vaulabelle l'a raconté avec assez d'exactitude[1]; mais M. Beugnot ayant plus d'autorité, puisque le *mot* est de lui, c'est son récit que nous emprunterons. Il se trouve dans un passage de ses *Mémoires*[2] qui nous avait d'abord échappé.

1. *Histoire des deux Restaurations*, 3ᵉ édit., t. II, p. 30-31.
2. Publié d'abord dans la *Revue contemp.*, 15 fév. 1854, p. 53-54; ce passage se trouve au t. II, p. 112-114 des *Mémoires* complets, E. Dentu, 1866, in-8º.

Le comte d'Artois venait de faire dans Paris une entrée triomphale. Il n'y manquait rien qu'une belle parole, sans doute dans tous les cœurs, mais qui n'en était pas sortie. M. Beugnot avait suivi le prince partout. Il ne le quitta que sur les onze heures du soir, pour aller chez M. de Talleyrand : « Je le trouvai, dit-il, s'entretenant de la journée avec MM. Pasquier, Dupont de Nemours et Anglès. On s'accordait à la trouver parfaite. M. de Talleyrand rappela qu'il fallait un article au *Moniteur*. Dupont s'offrit de le faire. — « Non pas, reprit M. de Tal-
« leyrand, vous y mettriez de la poésie : je vous
« connais; Beugnot suffit pour cela; qu'il passe
« dans la bibliothèque, et qu'il broche bien vite un
« article pour que nous l'envoyions à Sauvo. » Je me mets à la besogne, qui n'était pas fort épineuse; mais, parvenu à la mention de la réponse du prince à M. de Talleyrand, j'y suis embarrassé. Quelques mots échappés à un sentiment profond produisent de l'effet, par le ton dont ils sont prononcés, par la présence des objets qui les ont provoqués; mais quand il s'agit de les traduire sur le papier, dépouillés de ces entours, ils ne sont plus que froids, et trop heureux s'ils ne sont pas ridicules. Je reviens à M. de Talleyrand, et je lui fais part de la difficulté. — « Voyons, me repond-il, qu'a

« dit Monsieur ? — Je n'ai pas entendu grand'chose;
« il me paraissait ému, et fort curieux de continuer
« sa route. — Mais si ce qu'il a dit ne vous con-
« vient pas, faites-lui une réponse. — Et comment
« faire un discours que Monsieur n'a pas tenu ? —
« La difficulté n'est pas là : faites-le bon, conve-
« nable à la personne et au moment, et je vous pro-
« mets que Monsieur l'acceptera, et si bien, qu'au
« bout de deux jours il croira l'avoir fait ; et il l'aura
« fait ; vous n'y serez plus pour rien. — A la bonne
« heure ! »

« Je rentre, j'essaye une première version, et je
j'apporte à la censure. — « Ce n'est pas cela, dit
« M. de Talleyrand. Monsieur ne fait point d'anti-
« thèses, et pas la plus petite fleur de rhétorique.
« Soyez court, soyez simple, et dites ce qui convient
« davantage à ceux qui parlent et à ceux qui écou-
« tent : voilà tout. — Il me semble, reprit M. Pas-
« quier, que ce qui agite bon nombre d'esprits est
« la crainte des changements que doit occasionner
« le retour des princes de la maison de Bourbon ;
« il faudrait peut-être toucher ce point, mais avec
« délicatesse. — Bien ! et je le recommande, » dit
M. de Talleyrand.

« J'essaye une nouvelle version, et je suis renvoyé
une seconde fois, parce que j'ai été trop long et que

le style est apprêté. Enfin j'accouche de celle qui est au *Moniteur*, et où je fais dire au prince : « Plus « de divisions, la paix et la France ; je la revois enfin ! « *et rien n'y est changé, si ce n'est qu'il s'y trouve un* « *Français de plus!* » — « Pour cette fois, je me « rends, reprit enfin le grand censeur : c'est bien là le « discours de Monsieur, et je vous réponds que c'est « lui qui l'a fait ; vous pouvez être tranquille à pré-« sent. »

« Et en effet, le mot fit fortune, les journaux s'en emparèrent comme d'un à-propos heureux ; on le reproduisit aussi comme un engagement pris par le prince, et le mot du *Français de plus* devint le passeport obligé des harangues qui vinrent pleuvoir de toutes parts. Le prince ne dédaigna pas de le commenter dans ses réponses, et la prophétie de M. de Talleyrand fut complètement réalisée[1]. »

C'est le cas de le répéter avec l'auteur d'un article[2] où le sujet qui nous occupe se trouve en partie

---

1. « M. le comte d'Artois, est-il dit dans la *Revue rétrospective* (2ᵉ série, t. IX, p. 459), lisant le lendemain le récit de son entrée, s'écria : « Mais je n'ai pas dit cela ! » On lui fit observer qu'il était nécessaire qu'il l'eût dit, et la phrase demeura historique. »

2. *Revue rétrosp.*, 2ᵉ série, *ibid.*

ébauché : « Les passions politiques favorisent en général merveilleusement l'adoption de ces fables. » Il cite ensuite à l'appui un exemple dont nous ferons notre profit. « Quel est, dit-il, l'avocat de la Restauration qui n'est pas plus certain que M. Séguier que ce magistrat répondit à une demande venant de haut : *La Cour rend des arrêts et non pas des services !* M. Séguier, en effet, répétait à qui voulait l'entendre qu'il n'avait rien dit de pareil [1]. »

Ce que M. Beugnot nous a raconté tout à l'heure prouve qu'il n'est pas aussi facile qu'on le croit de faire un *mot* historique. Il faut s'y prendre à plusieurs fois pour le bien frapper et lui donner son empreinte : ce produit prétendu de l'improvisation la plus spontanée ne s'improvise jamais.

M. de Chateaubriand, qui *ratissa* si bien, il nous l'a dit, la célèbre phrase de M. de Montlosier, dut

---

[1]. Dans une lettre qu'il écrivit, le 28 novembre 1828, à M. de Peyronnet, garde des sceaux, le président Séguier protesta, de la façon la plus digne, contre ces paroles que lui avait prêtées le sténographe des journaux, « en les arrangeant, dit-il, à son idée ». Depuis, le sténographe avoua lui-même son invention. La lettre du président, qu'on a rappelée dans quelques journaux des premiers jours de décembre 1864, à propos du plaidoyer de M. Berryer au procès dit *des Treize*, où le fameux *mot* se trouvait encore cité, a été reproduite textuellement dans l'*Histoire de Louis-Philippe* par M. Crétineau-Joly.

lui-même laisser *ratisser* les siennes. Celle qu'il fit sur la chute de M. Decazes, après l'assassinat du duc de Berry, ne fut pas, de premier jet, telle qu'elle est restée. Il fallut l'émonder un peu. « M. de Vitrolles m'a raconté, dit M. de Marcellus, que M. de Chateaubriand ayant apporté au bureau du *Conservateur* l'article où se trouvait cette terrible parole : « Les pieds lui ont glissé dans le sang, » elle était sur le manuscrit suivie de celle-ci : « Le torrent de « nos larmes l'a emporté ; » et comme on fit observer à l'écrivain que l'image ainsi délayée perdait de son énergie, il biffa tout d'un trait le torrent ; mais s'il effaça, sans murmurer, le second membre de la phrase, il n'a jamais regretté le premier, ni ce qu'il appelait la chute du favori[1]. » Fidèle en tout, même à ses inimitiés, M. de Chateaubriand n'oubliait jamais le *mot* fait par lui ou par d'autres contre les hommes qu'il n'aimait pas. Il a mis dans les *Mémoires d'outre-tombe*[2] celui du marquis de Lauderdale[3] sur M. de Talleyrand. Il se contenta d'affaiblir l'expression, et d'écrire : « C'est de la *boue* dans un bas de soie. »

---

1. Marcellus, *Chateaubriand et son temps*, p. 243.
2. T. V, p. 402.
3. On l'attribue aussi à Fox.

Les changements subis par la phrase que le gouvernement de Juillet se donna pour mot d'ordre sont une preuve de l'influence qu'une simple particule peut avoir en pareil cas. Entre l'adjectif numéral *une* et l'article *la*, certes la différence n'est pas grande lorsqu'il s'agit d'une phrase ordinaire. Cette fois, il y eut presque entre les deux assez de place pour une révolution ; tant il est vrai, comme l'a dit Montaigne, que la plupart des troubles de ce monde sont grammairiens.

« Le duc d'Orléans, dit M. Guizot [1], en acceptant, le 31 juillet, la lieutenance générale du royaume, avait terminé sa première proclamation par ces mots : *La Charte sera désormais une vérité*. Cette reconnaissance implicite de la Charte, même pour la réformer, déplut à quelques-uns des commissaires qui s'étaient rendus au Palais-Royal, et, je ne sais à quel moment précis, ni par quels moyens, ils y firent substituer, dans le *Moniteur* du 2 août, cette absurde phrase : *Une charte sera désormais une vérité :* altération que le *Moniteur* du lendemain, 3 août, démentit par un *erratum* formel. »

Ce temps-là n'est pas éloigné, et, cependant, l'un

---

[1]. *Mémoires pour servir à l'histoire de mon temps*, t. II, p. 22.

de ceux qui s'y trouvèrent pour une grande part, qui aurait dû tout connaître, tout voir, nous déclare dès le premier fait : « Je ne sais ni comment il eut lieu, ni par qui, ni à quel moment. » Comptez donc après cela sur l'histoire et sur les historiens ! Tout nuit à la manifestation de la vérité. Chaque événement qu'on cherche à bien connaître rencontre son obstacle. Ici, c'est l'absence du témoignage qui ferait autorité ; là, une réticence ; ailleurs, l'oubli complet.

S'il en est ainsi pour les faits, jugez pour les *mots*, qui sont de leur nature si essentiellement fugitifs. *Verba volant*, dit le proverbe, et ceux qui s'envolent le mieux sont les *mots* historiques. S'ils restent, ce n'est jamais tout entiers, toujours quelque chose en échappe. Se souvient-on du texte, on oublie par qui il fut formulé, et à quel moment.

D'où vient : « Noblesse oblige » ? Bien peu vous diront : de M. de Lévis [1].

---

1. Madame de Girardin, *Lettres parisiennes*, I<sup>re</sup> édit., p. 145. — M. de La Borde, après avoir posé une question sur ce *mot*, dans l'*Annuaire-Bulletin de la Société de l'histoire de France* (avril 1835), n'ayant pas eu de réponse satisfaisante, prit le parti de conclure, à l'une des séances suivantes de la Société, que le *mot* était réellement la devise créée par M. de Lévis. (*L'Intermédiaire*, t. II, p. 596.)

Cherchez qui a dit le fameux : « Où est la femme ? » ce mot si vrai sur l'action constante des femmes dans tout ce que tente l'homme : les uns vous répondront : C'est M. de Sartine ; d'autres : C'est un procureur du roi, ou un juge d'instruction ; ou bien : C'est le fameux Jakal des *Mohicans de Paris*. Personne ne vous dira : Ce n'est qu'un proverbe espagnol, arrangé et purifié par le roi Charles III, qui, vers la fin, selon Ch. Didier, se contentait même de dire : « Comment s'appelle-t-elle[1] ? »

Interrogez pour savoir qui a dit le premier que « le divorce est le sacrement de l'adultère ; » et je mets en fait que nul ne vous dira : Le *mot* est du poète Guichard[2]. Mais ne nous perdons pas dans ces inconnus ; allons aux plus nouveaux, aux plus célèbres ; les réponses n'arriveront pas plus vite.

« S'il vient chez nous, tout ira bien ; s'il vient chez lui, tout ira mal, » a-t-on bien des fois répété quand Louis XVIII rentra en France. Qui avait dit le *mot* le premier ? Fournier-Verneuil le journaliste[3].

« Le Congrès ne marche pas, mais il danse ; » très joli *mot* encore, le meilleur même qu'on ait fait

---

1. *Revue des Deux-Mondes*, 1ᵉʳ sept. 1845, p. 822.
2. *Journal de Paris*, fév. 1797.
3. V. ses *Curiosités et Indiscrétions*, in-8°, p. 144.

sur les joyeuses lenteurs du Congrès de Vienne ; qui l'a dit ? Le vieux prince de Ligne, « que le Congrès enterra, sans cesser de danser [1] ».

« Il y a de l'écho en France quand on prononce ici les mots d'honneur et de patrie. » De qui cette phrase ? Du général Foy à la Chambre, le 30 décembre 1820 [2].

« Malheureuse France ! malheureux roi ! » Qui a écrit cela deux jours après la nomination du ministère Polignac ? Étienne Béquet, dans le *Journal des Débats*.

« Le roi règne et ne gouverne pas. » De qui cette formule ? où et quand fut-elle écrite ? Elle est de M. Thiers journaliste ; c'est dans un des premiers numéros du *National*, fondé le 1er janvier 1830, qu'elle parut. Ainsi l'expression la plus nette du gouvernement constitutionnel fut formulée sous l'œil même du plus inconstitutionnel des pouvoirs, déjà prêt à violer la Constitution, et à en mourir.

« Nous dansons sur un volcan ! » Où, quand et par qui cela a-t-il été dit ? Par M. de Salvandy, vers

---

[1]. *V.* un art. de M. Cuvillier-Fleury, *Journal des Débats*, 5 février 1861.

[2]. A propos des réclamations de M. Marié-Duplan contre la réduction de son traitement de légionnaire.

le même temps, à une fête du duc d'Orléans[1].
« Le 31 mai, dit M. Guizot[2], il donnait à son beau-frère, le roi de Naples, arrivé depuis peu à Paris, une fête au Palais-Royal; le roi Charles X et toute la famille royale y assistaient; la magnificence était grande, la réunion brillante et très animée. « Mon-
« seigneur, dit au duc d'Orléans, en passant près
« de lui, M. de Salvandy, ceci est une fête toute
« napolitaine; nous dansons sur un volcan. »

Le volcan fit irruption deux mois après, et il en sortit le règne du *Juste milieu*.

Juste milieu! encore un *mot* qui a son histoire, connue dans le temps, inconnue aujourd'hui. Il est de Louis-Philippe, à qui, plus qu'à tout autre, il appartenait de créer cette étiquette de son règne. « Nous chercherons, dit-il, dès les premiers jours, aux députés de Gaillac, à nous tenir dans un *juste milieu* également éloigné des abus du pouvoir royal et des excès du pouvoir populaire. »

Les *mots* dits par un roi courant risque d'être oubliés ou prêtés à d'autres, il est naturel que les oublis et les changements d'attribution soient faciles

---

1. M. de Salvandy a lui-même raconté le fait et le *mot* dans le *Livre des cent et un*, t. Ier, p. 398.

2. *Mémoires pour servir à l'histoire de mon temps*, t. II, p. 13.

quand il s'agit de paroles tombées de la tribune des Chambres. Il y eut là toujours confusion de *mots*, comme à Babel confusion de langues.

A qui de ce temps-là rendre l'axiome si bien en faveur : « Laissez passer, laissez faire » ? A personne. Le mot était fait depuis un siècle [1] ; restait à l'appliquer ; on n'y manqua pas. Celui-ci qui précéda, qui appela les mesures de rigueur : « La légalité nous tue, » est de M. Viennet, à la séance du 29 mars 1833 [2]. Peu de personnes s'en souviennent ; on a bien oublié déjà que le *mot* : « L'Empire est fait, » si prophétique, le 17 novembre 1851, est de M. Thiers. La prophétie accomplie, on n'en a plus mémoire.

Si pourtant il me fallait choisir, j'aimerais mieux l'oubli que l'erreur ; l'oubli peut être une absolution, l'erreur est toujours une injustice. En est-il une plus grande que celle qui, pour une légère ressemblance de nom, rejette sur un La Rochefoucauld l'odieux de la mesure qui fit décapiter la Colonne de son empereur de bronze ? L'ordre fut donné, non par M. de La Rochefoucauld, mais par M. de

---

1. Le mot est de Quesnay. Il lui fut pris par Smith, pour son *Traité de la richesse des nations*.
2. *Œuvres* de Carrel, t. III, p. 383.

Rochechouart, « aide de camp de S. M. l'empereur de Russie, commandant la place de Paris[1] »;

Dans un tout autre ordre de faits, trouvez-vous une injustice comparable à l'erreur qui s'est perpétuée au sujet du *Pont d'Arcole?*

Le 28 juillet 1830, a-t-on dit, écrit, imprimé partout, un jeune homme se précipita sur le pont de la Grève, un drapeau à la main, en s'écriant : « Souvenez-vous que je m'appelle Arcole; » à ces mots, il tomba frappé à mort. Cherchez sur la colonne de Juillet le nom d'Arcole, il n'y est pas. C'est qu'en effet celui qui planta le drapeau sur le pont ne se nommait pas ainsi : il s'appelait Jean Fournier. Une gravure du temps le constate[2], et son nom est sur la colonne, où l'on avait eu si bien raison d'oublier l'autre. Cela n'empêcha pas que le pont

---

[1]. L. Paris, *Cabinet histor.*, mars 1857, p. 79-80. — Un autre La Rochefoucauld, le comte Gaëtan de La Rochefoucauld-Liancourt, fut victime d'une mystification cruelle, à propos de son recueil de fables publié en 1800, où il avait repris le sujet du *Chêne et le Roseau*. On prétendit qu'il avait mis en note : « J'apprends à l'instant que ce sujet a été traité par un certain La Fontaine. » Il s'en est plus d'une fois défendu, avec raison, notamment dans une lettre à M. Mennechet. V. les *Mélanges tirés des autogr.* de M. Fossé-Darcosse, p. 409.

[2]. Les gravures répandent l'erreur plus qu'elles ne la détruisent. Combien de *mots* nous viennent de Charlet!

ait gardé son premier baptême. Il est vrai que si l'on songe au courage d'Augereau sur un autre pont d'Arcole, on trouve que ce nom n'est pas plus mal choisi que celui des ponts d'Iéna, d'Austerlitz, de l'Alma et de Solferino.

Celui de Jean Coluche, le factionnaire d'Ebersberg, à Napoléon : « On ne passe pas, quand bien même qu'encore tu serais le petit caporal, » n'est vrai qu'à moitié, en dépit des estampes. Il dit seulement : « On ne passe pas ! » V. l'*Illustration* de 1846, et le *Journal du Loiret*, 29 août 1862.

## LXIV

Peu de *mots* dits pendant la Restauration eurent autant de succès que la fameuse phrase de M. Dupin, dans le *Procès de tendance* de 1825, par laquelle il comparait l'institut des Jésuites à *une épée dont la poignée est à Rome et la pointe partout*. Ce n'était pourtant pas une chose bien neuve. D'Aubigné avait déjà dit cela presque dans les mêmes termes à la fin du XVIe siècle[1]. J.-B. Rousseau, qui trouva la phrase du vieux huguenot dans un bouquin, où nous l'avons lue nous-même, écrit, le 25 mars 1716, à Brossette : « J'ay vu dans un petit livre, l'*Anti-Coton*[2], que la

---

1. Meyer, *Galerie du XVIe siècle*, t. II, p. 355.
2. *Anti-Coton, ou Réfutation de la lettre déclaratoire du Père Coton*, etc., 1610, in-18°, p. 73. Le *mot* que J.-B.

Société de Jésus est *une épée dont la lame est en France et la poignée à Rome*[1]. »

Le plus curieux de l'affaire, c'est que le *mot* anti-jésuite prit la forme définitive que M. Dupin lui laissa, et qu'il doit garder, de la main d'un abbé, qui se plaignait parfois qu'on dît du mal de la Société de Jésus, dont il avait fait partie. « J'osai dire, écrit Diderot à mademoiselle Voland[2], qu'à juger de ces hommes (les jésuites) par leur histoire,

---

Rousseau modifie un peu y est donné comme venant d'un « Polonois ».

1. Ce qui n'était d'ailleurs, sous une autre image, que la pensée de Minutius Felix dans l'*Octavius*, pensée que Bartoli avait donnée pour devise à saint Ignace, fondateur de l'ordre : « Le soleil est attaché au ciel, mais il est répandu sur toute la terre. » — J'avais pu penser que M. Dupin, dans sa plaidoirie, avait donné la phrase comme une citation ; mais la manière dont il l'a reproduite dans ses *Mémoires* (t. I$^{er}$, p. 215) prouve qu'il veut faire croire qu'elle est bien de son cru. C'est donc un petit emprunt tacite à enregistrer avec ceux qu'il fit, pour son *Précis historique du droit romain*, à Heineccius, à Bossuet, et dont on l'a convaincu, preuves en main, dans la brochure : *Chiquenaude sur le nez de M. Dupin*, par Menippe (Giampietri), 1850, in-12. Il aurait eu plus de peine à s'en justifier que du mot : *Chacun chez soi, chacun pour soi*, que M. L. Blanc (*Histoire de Dix Ans*, t. II, [p. 139) lui avait désobligeamment prêté, et dont il a pleinement démontré la fausseté dans ses *Mémoires*, t. II, p. 267-269.

2. *Œuvres choisies* de Diderot, édit. F. Génin, 1856, in-12, p. 298.

c'était une troupe de fanatiques commandée despotiquement par un chef machiavéliste. L'abbé Raynal ne fut pas content de ma définition, quoiqu'il ait imprimé dans un de ses ouvrages que *la Société de Jésus est une épée dont la poignée est à Rome et la pointe partout.* »

N'est-ce pas le *mot* de d'Aubigné ? N'est-ce pas aussi celui de M. Dupin ? Ainsi, toujours de vieux traits refondus, reforgés, refourbis !

L'esprit si renommé de M. de Talleyrand en est fait presque tout entier. On a donné de lui, dans le *Mercure du XIXe siècle*[1], sous le titre de *Talleyrandana*, un recueil de bons mots qu'on a étendu ensuite en un petit volume qui s'appelle *Album perdu*[2] : tout ce qui s'y trouve, ou peu s'en faut, se lit déjà dans une foule de livrets plus ou moins centenaires. On en a changé un peu la rédaction, on les a appliqués à des noms nouveaux : le procédé du rajeunissement n'a pas été plus loin.

---

1. T. XXXIII, p. 402.
2. 1829, in-12. — Ce petit volume est rare. L'exemplaire que nous possédons vient du docteur Koreff, autre grand diseur de bons mots, qui dut faire, lui aussi, son profit de tous ceux qu'on prêtait à M. de Talleyrand. C'est, vous le voyez, un ricochet d'emprunts à n'en plus finir.

Sur une lettre de M. de Talleyrand, datée de Londres, le 17 septembre 1831, se trouve une note bien curieuse, écrite de la main même du frère de ce grand chercheur d'esprit. On y apprend que pour tout bréviaire l'ex-évêque d'Autun lisait, quoi ? L'*Improvisateur français*[1].

C'est nous livrer tout entier le secret de l'esprit de M. de Talleyrand, secret que d'ailleurs nous avions entrevu déjà. L'*Improvisateur* est, pour que vous le sachiez, un recueil d'anecdotes et de bons mots en vingt et un volumes in-douze, disposés par ordre alphabétique, pour plus de commodité. Vingt et un volumes ! Au débit que faisait M. de Talleyrand, il ne lui fallait pas moins.

Avant cette découverte, le recueil me semblait avoir un titre étrange ; mais quand je vis par là de quelle utilité il peut être pour qui veut *improviser* de l'esprit à coup sûr, à heure dite, je trouvai que ce titre était, au contraire, ce qu'il y avait peut-être de plus spirituel dans la collection.

M. de Talleyrand était souvent approvisionné d'esprit avec moins de peine encore, plus gratuitement. Il lui en arrivait de partout, sans qu'il y son-

---

[1]. *Catalogue d'une intéressante collection d'autographes composant le cabinet* de feu M. l'abbé Lacoste. Paris, 1840, in-8°, p. 79, n° 711.

geât, sans même qu'il le sût ; aussi, pour mon compte, je ne regarde comme étant bien à lui que les *mots* qu'il a dits publiquement. Ils sont rares. En voici un toutefois qu'on trouve dans un de ses meilleurs discours, prononcé à la Chambre des pairs en 1821 : « Je connais quelqu'un qui a plus d'esprit que Napoléon, que Voltaire, que tous les ministres présents et futurs : c'est l'opinion[1]. »

Suivant Stendhal[2], c'est aussi M. de Talleyrand qui aurait dit : « La vie privée d'un citoyen doit être murée. » Je l'admets ; il y avait prudence, pour le diplomate, à se faire ainsi l'apôtre de la discrétion.

Je crois aussi volontiers, sous la garantie de M. Sainte-Beuve[3], que le fameux : « N'ayez pas de zèle[4] » est de M. de Talleyrand.

Tout *mot* bien venu prenait son nom pour enseigne,

---

1. Cette phrase, qui est restée, eut un très grand succès. (*Journal anecdot. de madame Campan....* 1824, in-8°, p. 81.)
2. Lettre à M. Colomb, du 31 oct. 1823. (*Correspondance*, 1855, in-18, I<sup>re</sup> part., p. 249.)
3. *Critiques et portraits*, t. III, p. 324.
4. Ce n'est en somme que le conseil du ministre Chesterfield à un résident de ses amis : « *Temper !* lui disait-il, *temper !* pas de vivacité. » (Philarète Chasle, *Revue des Deux-Mondes*, 15 décembre 1845, p. 919.)

et ainsi recommandé ne faisait que mieux son chemin, en raison de cette nonchalante habitude des causeurs, que Nodier définit ainsi : « C'est le propre de l'érudition populaire de rattacher toutes ses connaissances à un nom vulgaire[1]. » Un *mot* ne lui venait quelquefois à lui-même que harassé, défloré. L'apprenant après tout le monde, il en riait naïvement comme d'une nouveauté, quand chacun était las d'en rire. « Mais c'est de vous ! » lui disait-on. Si le *mot* en valait la peine, il laissait dire et ne reniait pas la paternité. C'est à peu près ainsi qu'aux Cent-Jours il apprit par un compliment de M. de Vitrolles que le fameux : *C'est le commencement de la fin*, mot de situation s'il en fut jamais, était de lui, Talleyrand. Il l'avait trouvé fort juste ; il l'endossa donc très volontiers[2].

---

[1]. *Questions de littérature légale*, p. 68. — « L'homme qu'on choisit ainsi pour lui faire endosser l'esprit de tout le monde est pour les badauds de Paris, lit-on dans la *Revue britannique* (octob. 1840, p. 316), ce que la statue de Pasquin est pour les oisifs de Rome, une sorte de monument banal où chacun s'arroge le droit d'afficher ses saillies bonnes ou mauvaises. »

[2]. Nous devons la connaissance de ce fait à notre savant ami Audibert, qui le tenait de M. de Vitrolles lui-même. — En pareil cas, madame du Deffand y mettait plus de conscience. Sur un *mot* du roi de Prusse, au sujet des philosophes qui *abattent la forêt des préjugés*, on prétendait

Endossa-t-il de même la responsabilité de celui-ci :
« La mort du duc d'Enghien est plus qu'un crime,
c'est une faute » ? J'en doute, comme en a douté
M. de Vaulabelle, qui nie absolument que M. de Talleyrand ait pu le dire [1]. Sa part avait été trop grande
en cette sinistre affaire pour qu'il y vît un crime et
moins encore une faute [2].

qu'elle avait dit : *Ah ! voilà donc pourquoi ils nous débitent
tant de fagots*. Elle trouva le mot joli, mais elle n'écrivit
pas moins à Walpole qu'il n'était pas d'elle, et que tout
ce qu'elle pouvait faire pour cet enfant perdu de l'esprit,
c'était de « l'adopter ». (*Correspondance*, t. Iᵉʳ, p. 222.)
L'abbé de Feller (article D'ALEMBERT) le lui attribue pourtant toujours, et le lui fait décocher à l'adresse du grand
encyclopédiste : c'est ajouter une erreur à une autre, car
l'on sait que d'Alembert était le seul qu'elle exceptât de son
éloignement bien connu pour la plupart des philosophes.
(*Correspondance*, t. IV, p. 224.)

1. *Histoire des deux Restaurations*, t. I, p. 80-81.
2. Les acteurs de ce drame n'en reparlaient que pour
protester qu'ils n'y avaient pris aucune part, ou qu'ils avaient
agi par force. Ce dernier argument fut celui du général
Hulin, président de la commission qui avait jugé et condamné si vite. Il n'avait fait qu'obéir, disait-il, à l'injonction de témoins supérieurs, dont la présence le dominait.
V. ses *Explications offertes aux hommes impartiaux*, 1823, in-8º,
p. 6, 12. Malheureusement il existe une lettre écrite par
lui un instant après la condamnation, où l'on ne trouve
rien de pareil, sous le ton dégagé qu'il y prend. J'ai découvert cette lettre à la Bibliothèque nationale, Fˢ *fr.*,
12764, 76, et je la crois complètement inédite. P. Hulin,

Le *mot* sur les émigrés : *Ils n'ont rien appris ni rien oublié*, fut aussi porté au compte de l'esprit de M. de Talleyrand [1].

Au mois de janvier 1796, le chevalier de Panat, étant à Londres, avait écrit à Mallet du Pan, à l'occasion d'une de leurs plus folles entreprises : « Personne n'est corrigé ; *personne n'a su ni rien oublier ni rien apprendre* [2]. »

La phrase, s'adressant surtout à un journaliste, à un indiscret par métier, était faite pour courir. Aussi

général de brigade commandant les grenadiers, l'adresse à son ami le général Macon, commandant les grenadiers de la réserve à Arras : « Vincennes, le 30 ventôse, an XII de la République. — Le ci-devant duc d'Enghien, arrêté et conduit hier au château de Vincennes, a été jugé et condamné à mort par une commission militaire, dont j'étais président, ce matin à trois heures. Je ne puis t'en écrire davantage, étant exténué de fatigue. Il a été exécuté de suite.

« P. HULIN. »

Est-ce la lettre d'un homme qui vient d'avoir la main forcée, et d'agir malgré lui ? J'y vois bien plutôt dans le sans-gêne de la forme, dans la hâte qu'il a mise à écrire, une sorte de satisfaction de ce qu'il vient de faire : l'orgueil d'un premier rôle de drame, après la pièce terrible qu'il vient de jouer.

1. *Album perdu*, p. 147.
2. *Mémoires et Correspondance* de Mallet du Pan, *recueillis et mis en ordre* par M. A. Sayous, t. II, p. 197.

courut-elle; mais elle égara bientôt en chemin le nom de son auteur.

Comme il fallait pourtant que quelqu'un l'eût dite le premier, son vrai père étant perdu, on lui choisit pour père adoptif M. de Talleyrand, qui, selon sa coutume, ne refusa pas.

Harel, lorsqu'il voulait faire la fortune d'un *mot* auquel il tenait, ne manquait jamais de le mettre sous le patronage de ce nom en crédit, à charge de le reprendre quand cette commandite l'aurait un peu fait valoir. Mais alors on ne le croyait pas toujours; quand il venait dire : « Ce mot est à moi, » on lui répondait en criant : Au voleur !

Il mit ainsi, dans *le Nain jaune*, toujours sous le couvert de M. de Talleyrand, sa fameuse phrase : « La parole a été donnée à l'homme pour déguiser sa pensée[1]. » Puis, la réputation du *mot* une fois faite, il voulut le réclamer[2]; peine perdue ! S'il

---

1. M. Michaud jeune, *Biographie universelle*, l'attribue positivement à M. de Talleyrand. *V.* les articles REINHARDT et TALLEYRAND.

2. *V. le Siècle* du 24 août 1846, *feuilleton* de M. de Fienne. — Harel n'avait pas eu beaucoup de peine à faire celui-là. Il se préparait déjà sans doute à son *Éloge de Voltaire*, et en bon prêtre, il commençait par prendre le bien de l'idole. Sa phrase, comme on l'a déjà dit dans le *Quérard* (n⁰ˢ 11 et 12, p. 391), en continuant à l'attribuer à M. de

court encore, c'est sous le nom du malin boiteux[1].

Pour donner à M. de Talleyrand une fin digne de lui, M. L. Blanc l'a fait mourir sous le coup d'un *mot* volé.

Il raconte que Louis-Philippe étant venu le voir sur son lit d'agonie, lui demanda s'il souffrait.

« — Oui, aurait répondu le moribond, oui, comme un damné ! » et le roi aurait murmuré :

« — Déjà ! »

« Mot que le mourant aurait entendu, ajoute M. L. Blanc, et dont il se serait sur-le-champ vengé, en donnant à une des personnes qui l'entouraient des indications secrètes et redoutables[2] ! »

---

Talleyrand, se trouve presque textuellement dans ce passage du XIVe dialogue de Voltaire, *le Chapon et la Poularde*. C'est le chapon, pauvre bête à qui la misanthropie est bien permise, qui parle ainsi des hommes : « Ils ne se servent de la pensée que pour autoriser leurs injustices, et *n'emploient les paroles que pour déguiser leurs pensées.* » — J'ai lu dans un article de *l'Illustration* (2 décembre 1865) que axiome « est tout bonnement la traduction de deux vers anglais, de deux vers d'Young. » Il est dommage que l'auteur ne les ait pas cités.

1. « Le prince, lit-on dans la *Revue Britannique*, a pu se dire en mourant qu'il n'en coûte guère, les niais aidant, pour avoir tout l'esprit parlé de son époque. »

2. *Histoire de Dix Ans*, t. V, p. 290. — On n'a pas oublié de répéter ce joli mensonge dans l'*Histoire de Louis-Philippe*, par M. Amédée Boudin, t. II, p. 367.

Or, savez-vous d'où vient le *mot* ? D'une anecdote qui date à peu près de 1778, que Lebrun a mise en épigramme[1] et que voici racontée par M. de Lévis[2] :

« On prétend qu'il (le médecin Bouvard) répondit au cardinal de \*\*\*, prélat peu regretté (d'autres disent à l'abbé Terray), qui se plaignait de souffrir comme un *damné* : « Quoi ! *déjà*, Monseigneur ? » Pour moi, ajoute M. de Lévis, je crois bien qu'il a pu dire cela d'un de ses malades, mais non pas le lui répondre : les mœurs s'y opposaient. »

Ne trouvez-vous pas que ce dernier fait va bien clore cette nomenclature d'erreurs, de mensonges, de suppositions, de faussetés, etc., et qu'il amène bien ce vers que je m'étais toujours promis de donner pour conclusion à ce petit travail :

Et voilà justement comme on écrit l'histoire !

1. *Œuvres* de Lebrun, 1827, in-16, t. II, . 192.
2. *Souvenirs*, 2º édit., p. 241.

FIN

# TABLE ALPHABÉTIQUE

|  | Pages |
|---|---|
| ABAILARD. Ses lettres à Héloïse sont-elles authentiques? note | 80 |
| — Ses restes sont-ils réellement au cimetière du P. Lachaise? note | 80 |
| ABBATUCCI (le général). Sa retraite sur Huningue, dont le succès est faussement attribué à Moreau | 411 |
| ADAM DE LA HALLE, *le bossu d'Arras*. Etait-il bossu? note | 4 |
| AËTIUS. *Mot* sur sa mort, répété lors de la révocation de l'Édit de Nantes | 40 |
| AGNÈS SOREL. Son discours à Charles VII pour lui donner du courage | 122-124 |
| ALFRED LE GRAND. Parole de ce roi qui a son origine dans un contre-sens, note | 387 |
| *Allez dire à votre maître que nous sommes ici par la volonté du peuple*, etc. | 370-373 |
| *A moi, Auvergne, voilà l'ennemi!* | 351-360 |
| AMYOT (J.). Le roman de son enfance, note | 186 |
| ANNE D'AUTRICHE. Mazarin lui fait ses *mots*, note | 265 |

# TABLE ALPHABÉTIQUE

|  | Pages |
|---|---|
| ANNIBAL. Sur divers faits de son histoire... | 10 |
| — Sa retraite à Capoue.......... | 10 |
| — S'il fondit des rochers avec du vinaigre............... | 10 |
| ANTIOCHUS SIDETÈS. Aventure dont il est le héros et dont on renouvelle l'histoire à l'honneur de François I<sup>er</sup>....... | 38 |
| *Après nous le déluge*............ | 339 |
| ARC (Jeanne d'). Si elle fut bergère?.... | 120 |
| — Son *mot* à Reims.......... | 120 |
| — Si elle fut brûlée?.......... | 121-122 |
| ARCHIMÈDE. La vérité sur son levier..... | 11 |
| — Quand il dit son fameux *Eurêka*, note. | 12 |
| ARCOLE (le pont d'). Mensonge sur l'origine de son nom............... | 431-432 |
| ARÉNA. Son coup de poignard au 18 brumaire. | 410 |
| ARMAGNAC (les enfants d') sous l'échafaud de leur père............... | 131-132 |
| ARISTOTE. Philippe lui écrivit-il pour le charger de l'éducation de son fils?..... | 5-6 |
| ARRIA. Son mot à Pœtus, note....... | 13 |
| ARTEVELD *le brasseur-roi*......... | 97 |
| ASSAS (le chevalier d')........... | 351-360 |
| AUTEROCHES (M. d'). Son *mot* à Fontenoy.. | 348-350 |
| AYAT (comte d') commande le roulement de tambours au pied de l'échafaud de Louis XVI, note........... | 382 |
| BAILLY. Son *mot* en allant au supplice.... | 399-400 |
| BARNAVE. Son *mot* cruel.......... | 367-368 |
| BASSOMPIERRE. Son *mot* sur la virginité.... | 39 |
| — Mensonge qu'il réfute........ | 242 |
| BÉLISAIRE. S'il fut aveugle?......... | 12 |
| BEAUMARCHAIS prend toute une phrase dans le *Moyen de parvenir*.......... | 43 |

# TABLE ALPHABÉTIQUE

|  | Pages |
|---|---|
| BERWICK. Comment il fut tué. | 309 |
| BESSIÈRE dispute à Rapp le gain de la bataille d'Austerlitz, note | 410 |
| BEUGNOT (le comte). *Mots* qu'il fait, note. | 418, 419-422 |
| BLANCHE DE CASTILLE. Ses amours avec Thibault de Champagne. | 79 |
| BOILEAU. Exagérations de son épître sur *le passage du Rhin* et de son ode sur *la prise de Namur* | 280-285 |
| BOUVARD (le médecin). *Mot* de lui qu'on prête à Louis-Philippe. | 442-443 |
| BRENNUS. S'il prit Rome, et s'il fut vaincu par Camille, note. | 26 |
| BRUTUS. Sa conduite envers ses fils jugée. | 8 |
| BULLION. Vases pleins de louis d'or qu'il fait servir au dessert, note | 316 |
| BURIDAN. La vérité de son histoire | 80-81 |
| CADMUS. Venait-il de Phénicie? | 4 |
| CAFÉ. Si nos colonies en doivent les premiers plants à Des Clieux, note. | 328 |
| ÇA IRA, mot de Franklin, origine d'un refrain célèbre, note | 406 |
| CARLOS (don). Roman de sa vie et de sa mort, note. | 186 |
| CAMBRONNE. Ce qu'il n'a pas dit à Waterloo. | 412-414 |
| CAUS (Salomon de) à Bicêtre. | 292-294 |
| CAVAIGNAC (général). Son *mot* en quittant le pouvoir, note. | 190 |
| CAZOTTE. Prophétie que lui prête La Harpe, note. | 403-404 |
| CÉCROPS. Venait-il d'Égypte? | 4 |
| CÈDRE DU JARDIN DES PLANTES. La vérité sur sa légende, note | 328-329 |
| CÉSAR. *Mot* qu'il n'a pas dit | 12 |

|  | Pages |
|---|---|
| CÉSAR. Son *mot* en débarquant en Afrique, note. | 97 |
| — Mensonges des peintres au sujet de sa mort. | 174 |
| — *Mot* qu'il a dit. | 225 |
| *C'est de la boue dans un bas de soie* | 424 |
| *C'est le commencement de la fin.* | 438 |
| *C'est ici le chemin de Bysance*, note. | 387-388 |
| *C'est une croix de bois qui a sauvé le monde.* | 369 |
| *Cette pauvre marquise aura bien mauvais temps* | 341 |
| *Chacun chez soi, chacun pour soi*, note. | 434 |
| CHARLEMAGNE. Son *mot* sur les invasions des Normands | 49-52 |
| — Ambassade que lui envoie le calife, note. | 48 |
| — Son *école palatine* | 53 |
| CHARLES VII et Agnès Sorel | 122-124 |
| — Sur les débauches de sa jeunesse. | 124-126 |
| — Sur un *mot* que lui aurait dit La Hire. | 126 |
| — De quoi mourut-il? | 127-128 |
| CHARLES IX. Ses vers à Ronsard | 185-191 |
| — S'il a tiré sur les Huguenots?. | 192-203 |
| — *Mot* qu'on lui prête devant le cadavre de Coligny, note. | 192-193 |
| — Son *mot* contre les rebelles | 205 |
| — Ses lettres aux gouverneurs des villes après la Saint-Barthélemy, notes. | 206-210 |
| — Son *mot* à Coligny blessé. | 219-221 |
| — S'il eut besoin de sauver la vie à son médecin A. Paré | 222-223 |
| CHARLES X. *Mots* qu'on a faits pour lui | 419-422 |
| CHARLES-QUINT. Mensonges débités sur son compte. | 18 |
| — Discours qu'on lui prête | 171 |

|   |   |
|---|---:|
| CHARTIER (Alain). Ce qu'il faut croire du baiser que lui donna la reine Marguerite d'Écosse, note. | 130 |
| CHATEAUBRIAND. Une phrase de lui restée célèbre. | 424 |
| — Son *mot* sur M. de Talleyrand | 424 |
| CHÉNIER (André) et Roucher sur la charrette. | 393-396 |
| — (Marie-Joseph). S'il faut l'accuser d'avoir laissé périr son frère, note | 393-394 |
| CHIEN DE MONTARGIS. Sa légende. | 45-47 |
| CHILDEBERT et CLOTAIRE. L'épée et les ciseaux. | 59 |
| CHILDÉRIC. Son mariage avec Basine. | 59 |
| CHRISTINE (la reine). Son *mot* sur la révocation de l'édit de Nantes | 39-40 |
| CINQ-MARS. La vérité sur son crime. | 250-254 |
| — Mensonge du tableau de M. Delaroche, qui le représente en barque avec de Thou, à la remorque de Richelieu, note. | 252-253 |
| CLARENCE. Fable sur sa mort | 20 |
| CLAUDE. Son discours au Sénat pour les Gaulois, note. | 27 |
| CLAVIER. Sa réponse lors du procès de Moreau. | 411 |
| CLÉOPATRE. Histoire de sa perle fondue | 11 |
| — Comment elle se tua, note | 11 |
| CLOVIS. Son mariage avec Clotilde. | 59 |
| — Histoire du vase de Soissons | 59 |
| — La Sainte-Ampoule | 61 |
| — Son baptême. | 61-63 |
| COLIGNY. Véritable cause de son assassinat | 217-219 |
| COLUCHE (Jean). Son *mot*: *On ne passe pas*, note. | 432 |
| COLLÉ. Origine très ancienne de sa pièce *la Partie de chasse de Henri IV*. | 44 |
| COLOMB (Christophe). Mensonges de Robertson à son sujet. | 17 |

|  | Pages |
|---|---|
| COMBAT DES TRENTE (le)............... | 99-100 |
| COMNÈNE (Anne). Discours que, dans son *Alexiade*, elle prête à Robert Guiscard, note................. | 74 |
| CONDÉ et son bâton de *maréchal* à Fribourg... | 304-305 |
| — Ses paroles avant la bataille de Lens. | 305-306 |
| *Conspiration des Espagnols contre Venise*, roman de Saint-Réal, note......... | 186 |
| *Contre les rebelles, c'est cruauté que d'être humain*................. | 205 |
| CORNUEL (Madame). Ses *mots*........ | 324-325 |
| COSSÉ-BRISSAC (M. de). Son *mot* à M. de Charolais............... | 345-346 |
| COUCY (le châtelain de) et la dame de Fayel, note................ | 156 |
| CROMWELL. Fable au sujet de l'exhumation de son cadavre............. | 21 |
| — S'il ouvrit le cercueil de Charles Ier. | 21 |
| — S'il mourut de la pierre....... | 23 |
| *Courbe ton front, fier Sicambre*......... | 61-63 |
| CURTIUS. Sa légende............ | 30 |
| DANTON. Ses *mots*, note........... | 400 |
| DEMONAX. Parole de lui qu'on prête à Rabelais................. | 39 |
| DENYS LE TYRAN fut-il maître d'école?.... | 5 |
| DESAIX. Sa dernière parole......... | 378 |
| — S'il décida la victoire à Marengo.. | 406 |
| DINDONS. Si nous les devons aux jésuites... | 244 |
| DIOGÈNE. Ce qu'était son tonneau, note.... | 6 |
| — Le conte de sa lanterne, note..... | 6 |
| DUCANGE. Manuscrit de son *Glossaire*, note.. | 330 |
| DUCIS. *Mot* de lui............. | 392 |
| DU DEFFAND (Madame). *Mot* qu'on lui prête sur les philosophes, note........ | 438 |

|  | Pages |
|---|---|
| DUGUESCLIN. Son pieux usage avant de combattre . . . . . . . . . . . . . | 75 |
| — Histoire des clefs déposées sur son cercueil . . . . . . . . . . . | 114-117 |
| DUPIN (M.). Ses plagiats. . . . . . . . . | 433-435 |
| EDGEWORTH (l'abbé). Ses paroles à Louis XVI sur l'échafaud, note . . . . . . . | 381 |
| — *Mot* qu'il n'a pas dit . . . . . . . . | 379-382 |
| ÉDOUARD III. *Mots* qu'on lui prête . . . . | 96-97 |
| — et Eustache de Saint-Pierre . . . . . | 100-103 |
| EGINHARD et EMMA. Leur histoire . . . . . | 54-57 |
| ENFANTS D'EDOUARD. S'ils furent assassinés. . | 20 |
| ÉSOPE. Était-il bossu ? . . . . . . . . . . | 4 |
| EUSTACHE DE SAINT-PIERRE. Son dévouement. | 100-103 |
| FAVRAS. *Mot* de lui . . . . . . . . . . . | 390 |
| FERAUD, assassiné par méprise, note . . . . . | 383 |
| *Fils de saint Louis, montez au ciel !* . . . . . | 379-382 |
| *Finis Poloniæ*, note . . . . . . . . . . . | 414 |
| FLORIAN parodie un *mot* prêté à Molière . . . | 319-320 |
| FRANÇOIS Ier. *Mots* qu'on lui prête. . 145-150, | 151-154 |
| — *Mot* de lui, prêté au roi Jean, note. . | 113 |
| — Son aventure à la chasse . . . . . . | 38 |
| — et Madame de Châteaubriand . . . . | 155-156 |
| — et Diane de Poitiers. . . . . . . . | 156-157 |
| — et la belle Féronnière . . . . . . . | 158-159 |
| — De quelle maladie il mourut . . . . | 160-161 |
| — et Triboulet. . . . . . . . . . . | 162-164 |
| — au lit de mort de Léonard de Vinci . | 165-170 |
| GALILÉE. La vérité sur sa prison. . . . . . . | 16 |
| — *Mot* qu'il ne dit pas . . . . . . . . | 15-16 |
| GENEVIÈVE (Sainte). Si elle fut bergère. . . . | 120-174 |
| GENLIS (Madame de) est la première qui devine la vérité au sujet du mot : *Il n'y a plus de Pyrénées* . . . . . . . . . . . . | 298-299 |

|   | Pages |
|---|---|
| GEOFFRIN (Madame). Son *mot* sur un menteur qui disait vrai . . . . . . . . . . . . | 298 |
| *Gesta Dei per Francos*, origine de cette phrase . | 107-108 |
| GIRONDINS (banquet des), note . . . . . . . . | 396 |
| GOETHE. Ses dernières paroles . . . . . . . | 379 |
| GOUJON (Jean). Sa mort . . . . . . . . . | 223-224 |
| GRACCHES (les). La vérité sur leur *loi agraire*, note. . . . . . . . . . . . . . . | 9 |
| GRINGONNEUR (Jehan) n'inventa pas les cartes à jouer, note. . . . . . . . . . . . | 118-119 |
| GUILLAUME LE CONQUÉRANT. Son *mot* en débarquant sur le rivage d'Angleterre, note. . . . . . . . . . . . . . . | 97 |
| GUISCARD (Robert) à Dyrrachium, note . . . | 74 |
| GUISE (Henri, duc de). Son *mot* : *Ils n'oseraient*. . . . . . . . . . . . . . . | 225-226 |
| — (François, duc de). Son *mot* à un assassin, note. . . . . . . . . . . . | 218 |
| HACHETTE (Jeanne) . . . . . . . . . . . . | 137-139 |
| HAROUN (le calife). Son ambassade à Charlemagne, note . . . . . . . . . . . | 48 |
| HENRI II et les bas de soie, note . . . . . . | 244 |
| HENRI III. Anecdote qui lui est commune avec Louis XI. . . . . . . . . . . . . | 135-136 |
| — Son éloquence . . . . . . . . . . | 229-230 |
| HENRI IV. Anecdotes . . . . . 33-35, 35-36, 44, 175 |
| — était plus vieux que Sully . . . . . | 175 |
| — Ses paroles à Coutras, note . . . . . | 226-227 |
| — Sa lettre à Crillon. . . . . . . . . | 231-235 |
| — Lettres à François Miron, qu'on lui attribue, note. . . . . . . . . . | 235 |
| — Ce qu'il écrit au baron de Batz, à Chastellux, note. . . . . . . . . | 234-235 |
| — S'il dit : *Paris vaut bien une messe!* | 236-237 |

|   |   |
|---|---:|
|   | Pages |
| HENRI IV et ses chansons : *Charmante Gabrielle; Viens, Aurore, etc.*, note. | 242 |
| — et le grand veneur de Fontainebleau, note. | 242 |
| — et le vin de Suresnes. | 241 |
| — et la *Poule au pot* | 244-245 |
| — *Mot* de lui qu'on prête à Louis XIV. | 377-378 |
| HIS (Charles). *Mot* qu'il doit avoir fait, et prêté. | 379-380 |
| *Honni soit qui mal y pense* | 97 |
| HIPPOCRATE. S'il refusa les présents d'Artaxercès, note | 6 |
| HOPITAL (le chancelier de l'). Ses plaintes après la Saint-Barthélemy, note. | 214 |
| — *Mot* qu'on lui attribue sur les Français, note. | 214 |
| HORACES et CURIACES. Sur cette légende romaine, note | 7-8 |
| — D'où elle vient | 29 |
| HORATIUS COCLÈS. La vérité sur son héroïsme, note. | 26 |
| HUGUES CAPET. Pourquoi on le dit fils d'un boucher | 65-66 |
| *Il faut rendre justice, même au diable* | 14 |
| *Il n'y a pas de héros pour son valet de chambre* | 325 |
| *Il n'y a plus de Pyrénees* | 297-301 |
| *Il n'y a rien de changé en France; il n'y a qu'un Français de plus* | 419-422 |
| *Il y a de l'écho en France, quand on parle ici d'honneur et de patrie.* | 428 |
| *Il y a loin du poignard d'un assassin à la poitrine d'un honnête homme.* | 262 |
| *Ils n'ont rien appris, ni rien oublié.* | 440 |
| ISAURE (Clémence) | 137-138 |

|  | Pages |
|---|---|
| JACQUERIE. Comment on en a exagéré les horreurs | 8 |
| *J'ai failli attendre* | 310-311 |
| *J'avais pourtant quelque chose là* | 393-395 |
| JEAN (le roi). *Mot* qu'on lui prête | 109-113 |
| — Réponse que lui fit un soldat, note. | 111-112 |
| JEAN-SANS-PEUR. Quelle était la vraie devise du duc d'Orléans, dont il se vengea ? | 119 |
| *Je couvre tout de ma robe rouge, etc.* | 256 |
| *Je meurs content; je meurs pour la liberté de mon pays* | 377 |
| *Je souffre comme un damné. — Déjà !* | 442-443 |
| *Je veux laisser mes Anglais aussi libres que leur pensée*, note | 387 |
| *Je vis par curiosité* | 391-392 |
| JOYEUSE. Son *mot* à Coutras | 226 |
| JULIEN. S'il dit quelque chose quand il fut blessé à mort | 13 |
| KELLERMANN à Marengo | 410 |
| KOSCIUSKO. *Mot* qu'il ne dit pas, note | 414 |
| *La balle est folle, la baïonnette est un héros*, note | 370 |
| *La Charte sera désormais une vérité* | 425 |
| *La Cour rend des arrêts et non pas des services* | 423 |
| LAFAYETTE (Madame de). Son *mot* sur M. de la Rochefoucauld, note | 330 |
| *La garde meurt et ne se rend pas* | 412-414 |
| *Laissez passer, laissez faire* | 430 |
| *La légalité nous tue* | 430 |
| *La monnaie de M. de Turenne* | 325 |
| *La mort du duc d'Enghien est plus qu'un crime, c'est une faute* | 439-440 |
| *La mort sans phrase* | 388-389 |
| LANNES (le maréchal). Sa dernière parole | 378 |

|  | Pages |
|---|---|
| *La parole a été donnée à l'homme pour déguiser sa pensée* | 441-442 |
| *La propriété c'est le vol* | 375 |
| *La reconnaissance est la mémoire du cœur* | 401 |
| *La Société de Jésus est une épée dont la poignée est à Rome et la pointe partout* | 433-435 |
| *La Tragédie court les rues* | 392 |
| LAURAGUAIS (le comte de). *Mot* que Louis XV passe pour lui avoir dit | 337-338 |
| — Idée qu'il donne à Sieyès | 374-375 |
| LAUZUN. *Mot qu'il ne dit pas* | 330 |
| *La vie privée d'un citoyen doit être murée* | 437 |
| *Le congrès ne marche pas, mais il danse* | 427-428 |
| *Le corps d'un ennemi mort sent toujours bon*, note | 192-193 |
| *Le divorce est le sacrement de l'adultère* | 427 |
| *L'Empire est fait* | 430 |
| LÉONIDAS. La vérité sur son héroïsme aux Thermopyles | 4 |
| *Le pauvre homme!* | 317 |
| LE PELLETIER SAINT-FARGEAU. Ses dernières paroles | 377 |
| *Le roi de France ne venge pas les injures du duc d'Orléans* | 140-141 |
| *Le roi règne et ne gouverne pas* | 428 |
| *Le sang qui coule est-il donc si pur?* | 367-368 |
| *Les grands ne sont grands que parce que nous sommes à genoux, etc.* | 376-377 |
| *L'État c'est moi* | 264-266 |
| *L'ingratitude est l'indépendance du cœur* | 401 |
| LISIEUX (l'évêque de). Son *mot* à la Saint-Barthélemy | 214-216 |
| *Louise d'Orléans, tire-moi mes bottes* | 330 |
| LOUIS LE GROS. *Mot* qu'on lui prête | 67-69 |

|  | Pages |
|---|---|
| Louis le Gros. Anecdote sur lui, renouvelée des Quatre Fils Aymon, note. . . . . . | 69 |
| Louis IX. S'il s'embarqua pour la croisade à Aigues-Mortes. . . . . . . . . . . | 76-77 |
| — et l'origine des *Quinze-Vingts* . . . . | 77-78 |
| — Ses audiences sous le chêne de Vincennes. . . . . . . . . . . . . . | 78-76 |
| Louis XI. Sa conduite comme fils, comme père, et comme mari . . . . . . . . . . . | 127-130 |
| — Son *Rozier des guerres* . . . . . . . | 129 |
| — S'il inventa les cages-prisons . . . . | 130-131 |
| — S'il créa les postes, note . . . . . . | 130-131 |
| — Sa cruauté envers les enfants de Nemours. . . . . . . . . . . . . . . | 131-132 |
| — et Tristan . . . . . . . . . . . . | 132 |
| — et Coictier . . . . . . . . . . . . | 132-133 |
| — et saint François de Paule. . . . . . | 133-134 |
| — Sa prière à Notre-Dame. . . . . . . | 134 |
| — Les madones de son chapeau, note. . | 134 |
| — S'il fut le premier de nos rois qui reprit le titre de Majesté, note . . . . | 133 |
| — Sa générosité ponr un pauvre diable endormi dans une église. . . . . . | 135 |
| Louis XII. Son *mot* lorsqu'il devint roi. . . . . | 140-141 |
| — Ce qu'il dit au sujet des farces de la Basoche . . . . . . . . . . . . | 142-144 |
| Louis XIII aime les bons mots. . . . . . . . | 246-247 |
| — Anecdote de la lettre cachée dans le sein de mademoiselle de Hautefort. . | 248-249 |
| — Son *mot* sur Cinq-Mars à l'échafaud . | 250-251 |
| — *Mot* de lui qu'on prête à Louis XIV, note . . . . . . . . . . . . . . . | 278 |
| Louis XIV. Parole que lui adresse un paysan. . | 39 |
| — Son *mot* à Louis XIII mourant. . . . | 261 |

|   |   |
|---|---|
| Louis XIV. Son entrée en bottes au Parlement | 263-265 |
| — A-t-il dit : *L'État c'est moi ?* | 263-266 |
| — Son amour pour Marie Mancini | 269-274 |
| — Ses plaisanteries | 275-277 |
| — se répète | 277 |
| — *Mot* d'Henri IV qu'on lui prête | 277-278 |
| — Son *mot* à la mort de sa femme | 278 |
| — *Autre* que lui prête Br. de la Martinière, note | 278 |
| — *Autre* de Louis XIII, qu'on lui attribue, note | 278 |
| — Son remerciement à Boileau pour l'épître sur le passage du Rhin | 279 |
| — Vérité sur le passage du Rhin | 280-285 |
| — Les crottes du siège de Namur; la goutte du roi | 283-285 |
| — A-t-il dit : *Il n'y a plus de Pyrénées ?* | 296-300 |
| — A-t-il pu dire : *J'ai failli attendre ?* | 310-311 |
| — Son *mot* à l'ambassadeur d'Angleterre | 311 |
| — et les vers de *Britannicus* | 312-314 |
| — Sa devise : *Nec pluribus impar*, note | 315 |
| — Ses dépenses à Versailles | 316 |
| — On ne rend plus assez justice à son règne | 331-333 |
| — Son *mot* sur son neveu, futur Régent | 334 |
| Louis XV. Son *mot* à M. de Lauraguais | 337-338 |
| — à Latour | 338-339 |
| — Autre *mot* | 338-339 |
| — prévoit la république | 339-341 |
| — Par qui surnommé le *Bien-Aimé*, note | 340 |

  Pages

Louis XV. Son *mot* à la mort de madame de
    Pompadour. . . . . . . . . . . . .   341
  — Au duc de Richelieu. . . . . . . .   344
  — On lui compose ses réponses . . . .   364
Louis XVI. Ses *mots*. Qui les lui fait ?. . . .   361-363
Louis XVIII. Ses dernières paroles. . . . . .   417-418
  — Son *mot* à propos du pont d'Iéna,
    note. . . . . . . . . . . . . . .   418
Louis-Philippe au lit de mort de M. de Talley-
    rand. . . . . . . . . . . . . . .   442-443
  — crée le mot *juste-milieu*. . . . . . .   429
Louvois, faussaire en écriture politique . . . .   288
Lucrèce. Ce que dit J.-J. Ampère sur la vérité
    de sa mort. . . . . . . . . . . .   7
Luxembourg (le maréchal de). Par qui sur-
    nommé le tapissier de Notre-Dame ?
    note. . . . . . . . . . . . . . .   309
Macaire (le chevalier) et le *chien de Montar-
    gis*. Origine de ce conte. . . . . .   45-47
Mademoiselle et le canon de la Bastille, note .   268
  — et le *mot* de Lauzun. . . . . . . .   330
Maintenon (M^me de) Son *mot* au lit de mort du
    roi . . . . . . . . . . . . . . .   322
  — Sur un billet qu'elle n'a pas dû écrire,
    note . . . . . . . . . . . . . .   323
  — et Villarceaux, note. . . . . . . . .   323
  — S'il faut l'accuser de la révocation de
    l'Édit de Nantes, note . . . . . . .   324
Maistre (Joseph de). S'il dit en mourant : *Je
    m'en vais avec l'Europe*. . . . . . .   379
*Malheureuse France ! Malheureux roi !* . . . .   428
Mancini (Marie). Sa véritable parole au roi. .   269-274
Manlius Torquatus. Son exploit n'est qu'une
    légende, note. . . . . . . . . . .   26

|   |   |
|---|---|
|   | Pages |
| MARGUERITE, femme de saint Louis. Légende à son sujet racontée par Joinville... | 79-80 |
| — Quelle en est l'origine?..... | 79-80 |
| MARIGNY (Enguerrand de). S'il était coupable, note... | 88-89 |
| MASQUE DE FER. Qui c'était, note..... | 291 |
| MASSIEU (le sourd-muet). *Mot* qu'il trouve.. | 401 |
| MARSEILLAISE. L'air est-il de Rouget de l'Isle? note..... | 406 |
| MAUREVERS. Comment ce n'est pas lui qui tira sur Coligny..... | 219 |
| MAURY (l'abbé). Ses *mots*..... | 386 |
| MAZARIN fait l'*esprit* de la reine, note..... | 265 |
| — Son *mot* : *Ils chantent, ils payeront* | 267-268 |
| MAZEPPA. La vérité sur son aventure, note.. | 302 |
| *Messieurs les Anglais, tirez les premiers*.... | 348-349 |
| MILON (le légat). Son *mot* au sac de Béziers. | 103-106 |
| MILTON dictant ses poëmes à ses filles.... | 21-22 |
| MIRABEAU. Son *mot* à M. de Dreux-Breuzé. | 370-373 |
| — Ses emprunts à Volney, à Chamfort. | 373-374 |
| MOLAY (Jacques). Son assignation à Philippe le Bel et à Clément V..... | 84-88 |
| MOLÉ (Mathieu). Son *mot* pendant la Fronde. | 262 |
| MOLIÈRE. S'il doit à Louis XIV un des traits de sa comédie du *Tartuffe*..... | 317 |
| — *Mot* qu'il ne dit pas..... | 318-319 |
| — S'il a dit : *Je prends mon bien où je le trouve*..... | 320-321 |
| *Mon siège est fait*..... | 290 |
| *Monsieur le président ne veut pas qu'on le joue*. | 318-319 |
| MONTLOSIER. Belle parole de lui..... | 369 |
| MONTAIGNE. *Mot* que madame Cornuel trouve dans ses *Essais*, note..... | 325 |
| MONTMORIN. Sa lettre à Charles IX..... | 213 |

|  | Pages |
|---|---|
| MOREAU. La fameuse retraite dont on lui fait l'honneur | 411 |
| — Son procès | 411 |
| NAPOLÉON. Son aventure du ballon au Champ-de-Mars, note | 407 |
| — Le coup de poignard d'Aréna au 18 brumaire | 410 |
| — Phrase qu'il n'a pas prononcée, note | 407 |
| — Fausseté des dernières paroles qu'on lui prête | 378-379 |
| NÉRON. S'il est possible de faire son apologie | 14 |
| *Noblesse oblige* | 426 |
| *Nous dansons sur un volcan* | 428-429 |
| OLIVIER (le chancelier). Son *mot* sur les Français, note | 214-215 |
| OMAR et l'incendie de la bibliothèque d'Alexandrie | 15 |
| *On ne passe pas!...*, note | 432 |
| *On ne prende pas le roi, pas même aux échecs* | 67-69 |
| ORTHE (le vicomte d'). Sa lettre à Charles IX | 206-212 |
| *Où est la femme?* | 427 |
| *Ouvrez, c'est la fortune de la France* | 90-94 |
| PARÉ (Ambroise). S'il était protestant, note | 262-263 |
| *Paris vaut bien une messe* | 236-238 |
| *Pends-toi, Crillon, etc.* | 231-233 |
| PÉPIN et le lion | 47 |
| PÉPIN LE BOSSU. Aventure que lui prête le moine de Saint-Gall, note | 48 |
| PÉRICLÈS. Discours inventé qu'on lui prête | 27 |
| *Périssent les colonies plutôt qu'un principe!* note | 367 |
| Pestiférés de Jaffa (les) | 409 |
| PHARAMOND. S'il a existé | 59-60 |
| PHILIPPE-AUGUSTE à Bouvines | 71-75 |

## TABLE ALPHABÉTIQUE

|  | Pages |
|---|---|
| PHILIPPE DE VALOIS à Crécy | 90-94 |
| PHILIPPE I$^{er}$. *Mot* de lui sur l'obésité de Guillaume le Conquérant, note | 69 |
| PHILIPPE LE BEL. La vérité sur sa prétendue entrevue avec Bertrand de Goth, dans la forêt de Saint-Jean-d'Angély | 81-83 |
| *Plus de hallebardes* | 416 |
| POMPADOUR (Madame de). Son *mot* sur l'avenir | 339 |
| — Date de sa naissance, note | 341-342 |
| — De qui elle est fille | 341-342 |
| PORCIA. Si elle put se tuer en avalant des charbons | 13 |
| PORQUET (l'abbé). Discours qu'il fait, et pour qui | 403-405 |
| PORSENNA. Comment et pourquoi Tite-Live a menti sur ce qui le concerne, note | 26 |
| PRUDHOMME. S'il prend dans une *Mazarinade* l'épigraphe de ses *Révolutions de Paris* | 376-377 |
| *Quid times ? Cæsarem vehis* | 12 |
| QUINZE-VINGTS. La vérité sur leur origine | 77-78 |
| *Qu'on me donne six lignes de la main du plus honnête homme, etc.* | 255 |
| RABELAIS. Dernière parole qu'on lui prête | 39 |
| RACINE. Causes de sa mort | 313-315 |
| *Racine passera comme le café* | 326-328 |
| RANCÉ et le corps décapité de Madame de Montbazon | 291-292 |
| RÉGULUS. Ce qu'il faut croire de son histoire | 10 |
| RÉGENT (le). *Mot* de Louis XIV sur lui | 334 |
| — Comment, de qui, et pourquoi il acquit le diamant qui porte son nom | 334-335 |

|  | Pages |
|---|---|
| RICHELIEU (le cardinal de). Sa politique. | 251-254, 255-260 |
| — ne fût que juste en faisant exécuter Cinq-Mars | 251-254 |
| — *Mots* qu'on lui prête | 255-257 |
| ROMULUS. Légende de son enfance. | 30 |
| ROBESPIERRE. Comment fut composé un de ses rapports | 403-405 |
| — Mot de Dupont de Nemours, qu'on lui prête, note | 367 |
| — S'il se tua, note | 402-403 |
| ROCHEFOUBAULD (le duc de la). S'il commanda d'enlever la statue de la colonne Vendôme? | 430-431 |
| ROCHEFOUCAULD-LIANCOURT (le comte de la). Une note de ses fables et La Fontaine, note | 431 |
| ROLLON. Son mariage avec Giselle | 52 |
| ROUGEMONT. *Mots* qu'il fait et qu'il prête | 415-417 |
| SALVANDY. *Mot* de lui, note | 428-429 |
| SANTERRE. S'il commanda le roulement de tambours au pied de l'échafaud de Louis XVI, note | 382 |
| SANTEUIL. Vérité sur sa mort, note | 315 |
| SAPHO. Son suicide | 5 |
| SARRASIN. Sur sa disgrâce et sa mort, note | 314-315 |
| SCÆVOLA. Sa légende ; pourquoi inventée, note | 8 |
| — D'où elle vient | 29 |
| SCIPION L'AFRICAIN. Sa continence | 12-13 |
| SÉGUIER (le président). *Mot* qu'il n'a pas dit | 423 |
| SÉVIGNÉ (Madame de) justifiée de certains *mots* | 325-329 |
| SIEYÈS (l'abbé). Sa brochure : *Qu'est-ce que le tiers-état?* etc. A qui en doit-il l'idée et le titre? | 374-375 |

|   |   |
|---|---|
| | Pages |
| SEYÈS (l'abbé). Ses *mots*. | 386-390 |
| — Lui doit-on le néologisme *arrière-pensée*? note | 390 |
| *Si la bonne foi était bannie du reste du monde, etc.* | 109-113 |
| *S'il vient chez nous, tout ira bien, etc.* | 427 |
| SIXTE-QUINT. L'anecdote des béquilles et autres, note | 176 |
| SOMBREUIL (Mademoiselle de). Histoire du verre de sang | 397-398 |
| SOPHOCLE. Son procès avec ses fils. | 4-5 |
| SOREL (Agnès). Si elle releva le courage de Charles VII. | 121-124 |
| *Sortez! — Vos ancêtres auraient dit : Sortons!* | 344-346 |
| *Souvent femme varie, etc.* | 151-154 |
| SOUWAROW. Son *mot* sur la balle et la baïonnette, note | 370 |
| STRADELLA. La vérité sur son histoire, note. | 292 |
| STUART (Marie) et Rizzio, note | 176 |
| — Sa chanson. | 178-184 |
| SULLY. Sa lettre au pape. | 239-241 |
| — était plus jeune que Henri IV. | 175 |
| TALLEYRAND. Où il prend son esprit, et comment il lui vient | 435-436 |
| — Ses vrais *mots*. | 437-439 |
| — Plagiat de lui. | 375 |
| TASSE. La vérité sur sa prison, note. | 16-17 |
| TELL (Guillaume). Sur sa légende moins suisse que danoise | 18-19 |
| *Tirez le rideau, la farce est jouée.* | 39 |
| THOU (de). Ses plaintes après la Saint-Barthélemy, note | 214 |
| TORQUATUS (Manlius). Mensonge de son histoire, note | 27 |
| *Tout est perdu, fors l'honneur.* | 145-150 |

|  | Pages |
|---|---|
| TRIBOULET. Son *mot* à François I<sup>er</sup>. | 162-164 |
| *Tu as vaincu, Galiléen* | 13 |
| *Tuez-les tous, Dieu reconnaîtra ceux qui sont à lui* | 104-106 |
| *Tu Marcellus eris*, etc. Histoire de ce vers | 11 |
| TURENNE et l'incendie du Palatinat | 286-288 |
| — Paroles à sa mort | 306-307 |
| *Tu trembles? — C'est de froid.* | 399-400 |
| VANDALES. S'ils méritent leur mauvaise réputation, note | 16 |
| VAUVENARGUE. Esprit qu'on lui prend, note | 375 |
| VERRE D'EAU (le) de la reine Anne. Vérité sur cette anecdote, note | 346-347 |
| VIERGES DE VERDUN (les), ce qu'elles étaient | 396-397 |
| VILLARS. Dernière parole qu'on lui prête | 307-308 |
| — Son *mot* sur les ministres tombés, note | 308 |
| VINCI (Léonard de). Sa mort | 165-170 |
| VIRGINIE. Ce qu'il faut croire de son histoire | 8-9 |
| VITELLIUS. *Mot* de lui, note | 192 |
| VENGEUR (affaire du) | 408-409 |
| VÊPRES SICILIENNES (les) | 17 |
| VINCENT DE PAUL (saint) et le forçat | 292 |
| VERTOT. *Mot* de lui | 290 |
| VOLTAIRE. *Mot* de madame du Deffand à son sujet | 300 |
| — convaincu d'invention historique, note | 300 |
| — S'il a écrit à ses amis : *Mentez! mentez!* note | 301 |
| — avoue qu'il a écrit de mémoire une partie du *Siècle de Louis XIV* | 301 |
| — convient des mensonges de l'*Histoire de Charles XII* | 302 |

|  | Pages |
|---|---|
| *Vous avez fait, Monsieur, trois fautes d'orthographe*. . . . . . . . . . . . . . | 390 |
| *Vous m'aimez, vous êtes roi, et je pars* . . . . . | 269-274 |
| *Vous m'en direz tant !* note . . . . . . . . . . | 344-345 |
| YOUNG. Fable au sujet du tombeau de sa fille. | 21 |

FIN DE LA TABLE ALPHABÉTIQUE.

*Achevé d'imprimer*

le trente et un janvieer mil huit cent quatre-vingt-deux

PAR CH. UNSINGER

POUR

E. DENTU, LIBRAIRE-ÉDITEUR

*A PARIS*

www.ingramcontent.com/pod-product-compliance
Lightning Source LLC
Chambersburg PA
CBHW070207240426
43671CB00007B/578